# 中国淑媛的10堂礼仪课

## ——像靳羽西一样优雅

韦甜甜/著

**中国新贵淑女名媛礼仪课——献给希望永远出色得体的女人们！**

中华工商联合出版社

**图书在版编目(CIP)数据**

　　中国淑媛的 10 堂礼仪课:像靳羽西一样优雅 / 韦甜甜著.
—北京:中华工商联合出版社,2013.8
　　ISBN 978-7-5158-0639-6

　　Ⅰ.①中… Ⅱ.①韦… Ⅲ.①女性-礼仪-通俗读物
Ⅳ.①K891.26-49

　　中国版本图书馆 CIP 数据核字(2013)第 184813 号

中国淑媛的 10 堂礼仪课:像靳羽西一样优雅

| | | |
|---|---|---|
| 作　　者: | 韦甜甜 | |
| 责任编辑: | 吕　莺　吴　琼 | |
| 装帧设计: | 吴小敏 | |
| 责任审读: | 郭敬梅 | |
| 责任印制: | 迈致红 | |
| 出版发行: | 中华工商联合出版社有限责任公司 | |
| 印　　刷: | 三河市燕春印务有限公司 | |
| 版　　次: | 2013 年 10 月第 1 版 | |
| 印　　次: | 2024 年 1 月第 2 次印刷 | |
| 开　　本: | 710mm×1000 mm　1/16 | |
| 字　　数: | 220 千字 | |
| 印　　张: | 17 | |
| 书　　号: | ISBN 978-7-5158-0639-6 | |
| 定　　价: | 68.00 元 | |

服务热线:010-58301130
销售热线:010-58302813
地址邮编:北京市西城区西环广场 A 座
　　　　　19-20 层,100044
http://www.chgslcbs.cn
E-mail:cicap1202@sina.com(营销中心)
E-mail:gslzbs@sina.com(总编室)

# 前　言

## 像靳羽西一样优雅

想必你已经从无数的杂志和媒体里熟识她,很多人会对她的经历以及丰富多样的人生角色感到惊讶和羡慕:从电视节目主持人到慈善活动家,"羽西"化妆品董事长,环球小姐选美大赛中国赛区的总裁……

大家会有疑问,是什么让她——靳羽西在不同的行业里充满热情地转换呢?

羽西回答说:"当然是梦想。每一个人都要有梦想,并不断为了实现它而去努力。但在实现梦想的过程中还要具备一个必胜法宝,那就是优雅。"

那么,怎样才能做到优雅呢?

羽西漂亮吗?从中国传统的审美角度来看,她算不上是天生丽质。但是一个人的美可以通过她优雅大方的形象传递出来,这就是她的魅力。这种优雅绝非矫揉造作,而是更多地源于她的真实、谦和与幽默的态度。

什么是优雅?羽西认为:优雅不是奢华,不是用金钱堆砌的虚浮美丽,也不是盛气凌人的故作清高;优雅就是平实而有礼,就是简单而充实——"优雅并不是那样高不可攀,它存在于生活的方方面面,存在于日常的每个细节中。当一个女人在站立的时候,就一定要坚持站着,而且还要保持着漂亮的样子,这是对自己的尊重,也是对别人的尊重。无论何时都要绽放微笑,常静心聆听,常关心他人,这些被我们所忽略的、最简单却又最基本的品质,就是优雅。"

优雅的根基来自礼仪。

"像靳羽西一样优雅",已经成为了许多中国女性的目标。

聆听羽西,品味羽西,你会发觉,她的优雅源自她内心的纯真,源自她真诚而热情地渴望去帮助那些需要帮助的人,渴望将美传播给这个世界。如今的她依然忙碌,依然神采奕奕,依然微笑着帮助每一个需要帮助的人。很难想象她的生活会"安逸"下来,但毫无疑问,她的生活将永远"优雅"而"丰富"地进行下去。

每个女人都希望自己成为一个漂亮的女人,一个智慧的女人,一个好命的女人。

本书是浓缩总结靳羽西最经典、最全面的女性生活修养和人生哲学之作,结合羽西多年全球生活、工作的亲身经历,以权威的国际化眼光,将经验、教训和启示尽可能地收录其中,是打造"中国名媛"的必备宝典。期望所有女性,特别是期待全方位提升自我的现代女性能因此增添智慧,充实生命。

当你读完本书的时候,我们相信你一定会成为一个美丽优雅的女人,你的人生也将从此变得丰富多彩。

# C目录
## Contents

# 淑女篇

淑女气质和风范的涵义绝对不等同于中国传统意义上的礼教,它是在新的历史条件下,女人在仪表、谈吐、举止、思维上和行为习惯上的一种独具中国特色的女性风采,真正表现出女人纯洁、温柔、真挚的人格魅力。

第一章　着装礼仪:淑女的服饰传递立体的美 ······························ 2

衣食住行,衣是第一。人区别于动物的标志之一就是人有服装,女人更是如此。这个社会对女人的挑剔强于男人很多倍。一个男人可以邋遢,但绝对不允许一个女人邋遢。如果说天生丽质还可以素面朝天的话,那芸芸众生中的你我,究竟有几个可以算作天生丽质的?所幸,我们有了服装业、化妆品业、美容业等,能将每一个女人都修饰得如花似玉,国色天香。

广而言之,三百六十行,能数得出名来的像样的行当几乎都有自己专门的服装行头。各行各业穿什么样的衣服都有讲究。

发型:女人一生的重要标志 /2

学会化妆,获得属于自己的独特韵味 /7

饰品：身份的无言象征 /9

套裙：应景着装，保持和谐 /12

礼服：穿出独一无二的靓丽 /14

鞋袜：形体美中彰显魅力与气质 /18

香水：善用香水，掌握优雅的"软"力量 /21

形体有缺陷，修饰有技巧 /24

掌握色彩秘密，让自己变得更完美 /26

第二章 举止礼仪：在细节处展现淑女风范 ···················· 29

日常生活中人的一举手一投足，一颦一笑，都可概括为举止。

举止是一种不说话的"语言"，能在很大程度上反映一个人的素质，受教育的程度及能够被别人信任的程度。

冰冷生硬、懒散懈怠、矫揉造作的行为，无疑有损于良好的形象。相反，从容潇洒的动作，给人以清新明快的感觉；端庄含蓄的行为，给人以深沉稳健的印象；坦率的微笑，则使人赏心悦目。

因此，作为一个淑女，在交往中应该使自己成为举止优美的人。

切记：没什么都不能没教养 /29

手势语：通过手势读懂对方的内心 /32

微笑：拉近人际距离最温柔的"武器" /34

站立：用最优美典雅的造型打动对方 /36

坐姿：安静中舒展大方 /39

走姿：如风行水上，自然而从容 /42

好声调也能赢得好人缘 /46

第三章　会面礼仪：用亲和力获得对方的尊重 ························ 49

女人出现在社交场合是一件非常正常的事情，要想在社交方面有所突破，需要学会并且加强与人的相处和沟通。

然而，如何才能做到有效的沟通呢？

无论是在社交活动中，还是在工作中，我们能够拥有的最完美的形象，就是不管在上级、下属、朋友之间，都要突出自己的亲和力。

称呼他人：表达敬意也要掌握好技巧　　　　　　　　　　　/49

自我介绍：形式不同，介绍的重点应有所不同　　　　　　　/52

介绍别人：礼到情谊到　　　　　　　　　　　　　　　　　/56

介绍业务：人无我有，人有我优，人优我新　　　　　　　　/58

名片：在尊重别人的同时搭建自己的人脉　　　　　　　　　/62

握手：积极地传递出你的主动和热情　　　　　　　　　　　/65

交流：幽默是距离的"亲善大使"　　　　　　　　　　　　　/67

发自内心地赞美对方，赢得对方的认同　　　　　　　　　　/70

第四章　求职礼仪：借助礼仪走向金牌岗位 ···················· 77

持续多年的"就业寒流"丝毫没有回暖的迹象，供求不匹配仍然是女性求职的最大障碍。

针对这一形势，女人在求职过程中，必须掌握良好的社交礼仪知识，因为良好的社交礼仪知识是走向成功必要的铺路石。如果我们拥有高雅的仪表风度、完善的语言艺术、良好的个人形象，必将赢得企业的尊重，从而获得更多的就业机会。

了解自己：你想干什么？你能干什么？　　　　　　　　　　/77

面试：你准备好一份个性简历了吗？ /80

时间观念是第一道考题 /83

等待面试时的表现，是你职场顺畅的第一步 /84

着装：面试穿着要"秀外慧中" /86

与主考官的第一个照面：无声胜有声的形体语言 /89

语言的力量，让面试官提升对你的重视 /92

自信心不打折，面试切忌结伴而行 /94

面试之后记得说感谢 /97

不要过早地打听结果 /100

隐形人际考验：你是否不卑不亢，不拘小节，冷静果断？ /102

## 第五章　办公室礼仪：一个人综合素质的竞技场所 ················ 105

公司的长足发展不仅有利于老板，更有利于自己。谁都知道从破产的公司里出来的求职者总是很难受到别人的欢迎，而一位从优秀的公司退休的职员却会成为人人希望获得的人才。

如果你愿意做后者，那么在进公司的那一刻起，就请把自己和公司紧密联系起来。礼仪在这个时候会发挥很关键的作用。

审视自己：入职时期，你就代表了公司的形象 /105

进出房间：应允而入，礼貌而出 /107

递交物品：态度谦和，但不能行为随便 /109

办公室不是后花园，5个细节禁忌需绕开 /112

同事相处：尊重别人，不可怠慢任何一个人 /115

接听电话：态度热情，措辞温婉 /118

一张办公桌决定着你的升迁 /121

要主动改正有毁自身形象的办公室陋习 /123

使用电梯要懂礼让 /126

位置和顺序大有文章 /128

办公室异性相处6不要 /130

# 名媛篇

　　羽西是一位富有代表性的魅力社交女人，她不仅时代感强，知识丰富，而且永远懂得在适当的场合给自己一个得体的装扮，做出雅而不媚的笑容。

　　她受到了较好的东西方文化教育和熏陶，不仅仅"用一支口红改变了中国女人的形象"，还提出了女人社交的魅力源自内心。

　　羽西在中国特定的年代成为启蒙中国女性魅力的一个标志性人物，"社交女王"的称号非她莫属。

　　身为女人的你，仔细对照羽西的处世技巧，将自己也培养成一个社交名媛吧！

第六章　商务拜访礼仪：演绎知性女人的优雅 ⋯⋯⋯⋯⋯⋯⋯⋯ 134

　　优雅的女人无论在什么场合都会注意保持自己的形象。

　　掌握一定的拜访礼仪，从个人的角度来看，有助于提高自身的职业素养，塑造专业形象，使交往对象对其产生知性、有亲和力的良好印象；从商业的角度来说，也可以塑造企业形象，提高顾客满意度，从而完善企业文化。

事务性拜访:有约在先,不做不速之客 /134

礼节性拜访:彬彬有礼,别做冒失之客 /138

私人拜访:举止文雅,别做粗俗之客 /140

探望礼仪:选好时间,人到礼到,报喜莫报忧 /142

送花礼仪:每一种花语都有着不同的意义 /144

馈赠礼仪:对方觉得好才是真的好 /148

## 第七章 商务宴会礼仪:在优雅中体会美味,在礼仪中提升人际 … 151

有人乍一听"宴会"两个字,就觉得有点生畏:那得是多大的场面啊,恐怕无缘参加吧。其实不然,职场女性经常会参加各种宴会。概括地说,宴会可以表示祝贺、感谢、欢迎、欢送等友好情感,无论是出席宴会的人还是组织宴会的人,都可以得到一种心理上的满足。只有掌握好用餐礼仪才能迈出商务社交的重要一步。

宴会前的准备:应请尽请,不该请的不请 /151

菜该怎么点,要考虑到客人的禁忌 /154

中餐礼仪:得体地品菜,堪作一道风景线 /157

西餐礼仪:有趣的餐具暗语 /160

工作餐礼仪:适可而止,不必刻意追求档次 /164

自助餐礼仪:文明取食,优雅享受 /168

酒桌上的礼仪:切莫忽略敬酒顺序 /170

结款礼仪:尽量别让客人知道金额 /173

咖啡礼仪:只有讲究礼节,才能体味它的温馨 /176

茶会礼仪:品茗交谈别忘记致祝颂语 /178

不懂细节会让你成为不受欢迎的人 /181

第八章　商务应酬礼仪:细节决定成败,礼仪决定输赢 ············ 184

羽西因工作的原因穿梭于几大洲,曾在文化风俗迥异的国家里居住生活过,也曾近距离地与许多有魅力的职业女性接触过。这一路走来,她说:"商务礼仪作为企业文化不可或缺的组成部分,其作用无可替代。在商务活动中,一个微小的礼仪细节的疏忽,不仅可能会让你落下笑柄,更有可能给自身及公司的形象带来损害,甚至导致一笔交易落空……"当然,她认为,世界上本身并没有真正的完美和极致,但重要的是,朝着这个目标不懈努力。

妙用首因效应,第一眼便决定了输赢　/184

打破思维定势:搬走商务应酬中的"绊脚石"　/188

自暴隐秘,拉近与客户距离的妙招　/191

相似定律:找出与客户的共同爱好　/193

互补定律:寻求合作之道　/196

相互吸引定律:赢得客户好感的捷径　/198

换位思考定律:设身处地理解客户　/201

第九章　特殊场合礼仪:成功地做一个社交名媛 ··················· 205

除了在职场上彰显才华之外,在商务交际中,我们也要艳压群芳。下面这些特殊的场合,在如今已经成为必不可少的交际舞台,而一个优雅聪慧的女人,必定是懂得在这些场合推销自己,展示自己优势的。

舞会:邀人共舞彬彬有礼,翩翩起舞注意分寸　/205

观看演出:叫好与鼓掌也要掌握时机　/208

娱乐场所：及时捧场，适时为自己赢得好人缘　　　　　　　　/211

沙龙聚会：尊重主人，体现高尚修养　　　　　　　　　　　　/213

参观：观而有序，在高雅中品阅学习　　　　　　　　　　　　/215

商务签约：郑重对待，严格履行相关规定　　　　　　　　　　/218

开业典礼：提高美誉度，从良好的形象开始　　　　　　　　　/221

剪彩仪式：借此良机，吸引各界人士的关注　　　　　　　　　/223

涉外会议：慎重选择话题，热情而严谨　　　　　　　　　　　/226

新闻发布会：注意语言艺术，考验综合修养　　　　　　　　　/228

洽谈会：礼敬于人，互惠互利，平等协调　　　　　　　　　　/231

展览会：利用专业信息，提升地位和声誉　　　　　　　　　　/234

## 第十章　优雅是这样修炼出来的 ·························· 238

有一句名言是这样说的，"一夜之间可以出一个暴发户，但三代也不一定能培养出一位绅士。"是的，绅士不是一夜之间造就的。同样，女人的优雅也是模仿不来，着急不得的事，它不同于时髦，时髦可以追，可以赶，可以花大钱去"入流"。优雅却是一种恒久的时尚，它是一种文化和素养的积累，是修养和知识的沉淀。从一个女人优雅的举止里，我们可以看到一种文化教养。

坐拥书香，优雅源自于你的底蕴　　　　　　　　　　　　　　/238

停止抱怨，让积极的情绪成为心灵的主导　　　　　　　　　　/240

不要"下意识"地从众，要做个独具个性和风采的女子　　　　/243

男人的宠爱乃身外之物，自己的宠爱才是货真价实　　　　　　/245

学会自信，为自己播撒希望的种子　　　　　　　　　　　　　/248

真诚的女人是上帝最美的艺术品　　　　　　　　　　　　　　/250

智慧，让女人的魅力历久弥醇　　　　　　　　　　　　　　　/252

注意自己的涵养，气质比美貌更出众　　　　　　　　　　　　/255

淑女篇

淑女气质和风范的涵义绝对不等同于传统意义上的礼教，它是在新的历史条件下，女人在仪表、谈吐、举止、思维上和行为习惯上的一种独具魅力特色的女性风采，真正表现出女人纯洁、温柔、真挚的人格魅力。

## 第一章

# 着装礼仪:
## 淑女的服饰传递立体的美

衣食住行,衣是第一。人区别于动物的标志之一就是人有服装,女人更是如此。这个社会对女人的挑剔强于男人很多倍。一个男人可以邋遢,但绝对不允许一个女人邋遢。如果说天生丽质还可以素面朝天的话,那芸芸众生中的你我,究竟有几个可以算作天生丽质的?所幸,我们有了服装业、化妆品业、美容业等,能将每一个女人都修饰得如花似玉,国色天香。

广而言之,三百六十行,能数得出名来的像样的行当几乎都有自己专门的服装行头。各行各业穿什么样的衣服都有讲究。

### 发型:女人一生的重要标志

发型可以成为一个女人一生的标志,比如鲁豫,比如舒淇,比如杨澜等著名女人,几乎都有她们经典的,让人铭记在心的发型。

羽西,从上个世纪80年代人们看到她的第一眼起,她就留着那个著名的童花头。二十年后也是如此，直到这两年，她才换了一个新模样。她的发质很好，发丝粗细均匀，发色黝黑光滑，富有弹性。她每天早晨起来洗头，为了让头发看起来蓬松灵动，吹头发的时候头部朝下，让吹风机直接吹发根，然后用手指稍微整理一下，一个蓬松有型有款的效果就出来了，整个过程用时大约10分钟。她从来没有烫过头，头发吹干的模样就是她最自然最初的发型，每五个礼拜修剪一次。这样的发型坚持了20多年，人们想不记住她都难。

俗话说：女人看头。头指的是发型和发色。女人可以没有华服，但是绝对不能没有满意的发型。发型就是我们脸部的相框，能对我们的形象起到直观的表现作用。因此有人说"头发是女人的一面旗帜"。女人不仅需要用这面旗帜来表达自己的个性，还可以用它来表达内心的情绪。聪明人能从女人的头发看出女人的品位，揣测出女人的心情——女人就是这样，快乐或忧伤，幸福或痛苦，都免不了要在头发上做足文章，乐此不疲。

作为一个淑女，发型发式要美观大方，需要特别注意的一点是，在选择发卡、发带的时候，其式样同样要庄重大方。在商业场合，切忌发型太过新潮，头发乱如杂草。不管选择何种发型，职场中一般都不允许在头发上滥用装饰之物，比如发胶、发膏，在使用发卡、发绳、发带或者发箍时，应该朴实无华，最好不要用彩色、艳色或者带有卡通、动物、花卉图案的发饰。

什么年龄段留什么发型？什么是流行的发型？有没有终身适合的发型？这些，都是令女人困惑的问题。羽西建议，想要确定自己适合哪种发型，就一定要先了解自己的气质，或者干练，或者妩媚，或者素淡，或者强烈，或者时尚，或者保守，或者浪漫，或者刻板，或者顽皮，或者天真……但无论哪种气质，只要你懂得技巧，都可以在各种发型中找到适合自己的那一款。前提就是你要知道自己是哪一种脸型，你的肤色如何，你的年龄是多少岁。

因此,在这里很有必要了解发型和脸型的匹配原则。

首先我们简单介绍一下女性的几款主要发型以及它们所体现出来的特征:

◎ **短发**

以前女性留短发会被人看成"男人婆",现在,人们对短发有了不同的认识,人们会用"优雅而干练"来评价一位短发女性。短发也有不同的款式,如果刚好到脸庞长度,使头发包围脸部轮廓,可以起到完美修饰脸型的作用。中分的短发,可以营造出成熟、冷静的感觉,是职场女性的完美选择。把头发简单地别在耳后,刘海斜着梳,不要太厚重,这是个百搭发型。还有一种是将短发微卷,并将中分的刘海弯曲而自然地顺到两颊前,将脸型修饰得尖尖的,这种发型能体现出时尚的高贵气质。

◎ **束发**

如果你有一袭长发,可以高高地束起来,这样既增加了动感,又提升优雅别致感。你还可以在扎头发之前用卷发棒把头发卷成大波浪,然后用手自然顺直,扎低马尾,在后脑的位置随意拽出蓬松状。

◎ **中长发**

一款方便打理的、整理有形的中长发,更能增添女性魅力。齐刘海向来都非常有亲和力,也给人更年轻的感觉。穿职场衬衣时,披肩的直发搭配齐刘海,既能展现你的温柔体贴,也不失严谨感。

及肩的中发,虽然没有长发的变换多样,但把发尾向外或向内微微翻卷,也能给人自然而清新的感觉。这样不仅能修饰脸型,还能达到视觉减肥的效果,对宽肩者可以有效调整身材。

◎ **盘发**

头发较少或只有中等长度,既想优雅又想显得更年轻,可以选择辫子盘发。用编辫子的方式收拢面颊两侧的碎发,让发型看上去更加利落、精致,同时可达到视觉上增加盘发发量的效果。如果有个别短的头发容易散落,就用发胶或强度定型的啫喱来固定。

似乎每一款发型都很美,似乎每一种韵味你都想尝试,可是我们要提醒你,发型不是甜点,想试就可以试。选择哪一种发型取决与你的脸部轮廓、身高、气质以及你的社会角色等因素,当然最主要的参考标准还是你的脸型。这里就为你提供不同脸型的发型搭配参考,以便于你能正确选择一款能够替你"说话"的发型。

**标准脸**

特征:整体脸部宽度适中,从额部、面颊到下巴线条修长秀气,脸型如鹅蛋。

这个脸型长久以来被艺术家视为最理想的脸型,有这样脸型的你,无论是什么发型,都可以尝试。如果你个性干练,可以将秀发剪短,打造一个帅气的中性短发发型,让你的完美脸型尽显无疑。如果你的性格温和,可以留一袭乌黑的长发,更好地衬托出你优雅娴静的气质。

**圆形脸**

特征:从正面看,脸短颊圆,颧骨结构不明显,外轮廓从整体上看似圆形。

有这样脸型的你给人可爱、活泼的印象,并且娃娃脸的你,看上去会比实际年纪显小。圆形脸比较适合头顶部提高蓬松,而脸部两侧头发较为拉长或拉低的发型。因为较长的发型会有助于让脸部看来修长;而头顶区蓬松的头发会加长整体脸部的线条,让脸型看来不会那么短和圆。

**梨形脸**

特征:腮部、下巴比颧部还宽,整体脸型成梨形。

为了掩饰腮部大、额头窄的缺陷,梨形脸的你比较适合烫发。选择头顶上部分蓬松、下部分收缩的发型。这样,不仅能用秀发遮挡腮部,还可以营造出消瘦的感觉。

**长形脸**

特征:脸型比较长,横向距离小,脸部轮廓呈长方形状。

如果你的脸型偏长又瘦窄的话,可以留厚厚的齐刘海,这样可以掩盖脸型太长的缺点。脸型过于瘦窄的问题,可以靠两侧头发的卷度来改善。两侧的发根从太阳穴的位置开始就要有蓬松的感觉,这样调整后,长形脸就变成瓜子脸了。

**菱形脸**

特征:面部较为清瘦,颧骨突出,前额与下巴较尖窄。

在做发型时,你可将靠近颧骨的头发做前倾波浪状,以掩盖颧骨,将下巴部分的头发吹得蓬松一些,避免露出脑门。扎马尾或者高盘发都不是适合你的发型。

**方形脸**

特征:脸型棱角分明,尤其是腮部骨骼平直有力,两额角发际线后退,与腮部形成方形四角。

将前额的头发斜斜地盖下来,遮掉一角额头,或者整个发型有点波纹,你都可以尝试,不过要注意,如果你的头发比较柔软,就尽量不要贴着头皮,因为那样给人的视觉印象会更像方形。对一个女性而言,如果发型设计产生这样的效果,自然就是失败的了。

最后还想提醒大家,如果你的肩膀比较宽厚,就最好不要留短发,柔顺的长发可以帮你遮挡这一瑕疵。如果你的臀部过大,那就最好别把头发削得很薄。

如果你的头偏扁,就尽量让发型显得蓬松一些。如果你的脸比较宽,卷发的时候就千万别从脸颊开始,那样塑造出来的大饼脸会使你更糗。

还有,如果你的身材有些矮,头发就不能太长,因为一个人头发的长度是和身高成正比的。个字高、头发短会显得你更高,个子低、头发长会显得你更矮,这些都是修饰发型必要的一些常识,千万谨记哦!

想要魅力四射是需要花心思的,不要总是固守成规,更不能潦草应付,这样就会和美丽擦肩而过。

当然,发型不仅要和脸型相匹配,发质作为完美发型的基础,若是出现毛糙、干枯等问题,即使发型再好,也会大大减分的。

因此发型对女人来说,是一项细致的工程。如果你能够精心呵护,正确选择,绝对可以成为一名游刃有余的职场俏佳人。

## 学会化妆,获得属于自己的独特韵味

女人必须要化妆,至于化妆的好处,比如可以增加自信心,提升个人尊严,更主要的是美化容颜,让自己看起来更美丽更青春,我们就不多说了。

人的第一个感觉是对"存在"的感觉,即外表的第一印象。化妆正好能显露出你自己,标识出你自己,因此显得至关重要。

那么,化妆对女人来说究竟有多重要呢?

答案就在脸上。

窄长脸的女性把腮红涂在远离鼻子的地方,利用视觉错觉使脸看起来更丰满一些;而宽面孔的女性将腮红涂成垂直且模糊不清的一片,则能使脸部有效地"收缩"。恰到好处的眼影可以使双眼熠熠生辉,明亮有神,眼角的细小皱纹在粉底的修饰下已完全不露痕迹地消失了……

可以说化妆术发展到今天,其意义已不再只是改善缺陷,它俨然已经成为了一门艺术。

要了解化妆,首先要了解化妆品。我们都知道,不同类型的化妆品,有着各不相同的功能和特定的使用范围,因此,职场女性在使用化妆品之前,了解一下各种化妆品的具体用法,是很有必要的。否则,如果"张冠李戴","误入歧途",轻则会让他人见笑,严重一点甚至会破坏自己的个人形象。举个例子,作为油脂性润肤膏的一种,香脂因为含有大量油脂,适合人们在冬季使用。将它擦于面部、手背与耳朵后面,不仅可以滋润皮肤,预防皲裂,而且还可以在一定程度上起到御寒防冻的作用。若将其使用于烈日当空的夏季,非但于化妆者毫无帮助,反而会堵塞皮肤毛孔,妨碍其排污、排汗,甚至会让化妆者看上去"油头滑脑","面目可憎"。

关于化妆术,羽西曾经给无数女性详细地上过这一课。

首先,对化妆品的概念一定要清楚。女性化妆品分为四类,第一种是头上的,就是洗发、护发、美发用的产品;第二种是脸上的,诸如洗面奶,滋润霜等各种乳液、润肤蜜等;第三种就是香水、花露水等芳香型的化妆品;最后一种也就是人们特指的化妆品定义,诸如唇膏、眉笔、眼影、睫毛膏、卸妆水等等。

化妆是什么?很多女性会说,"就是涂口红、画眼影、刷睫毛那些活啊!"也对,但也不完全对。上述的化妆其实指的是重点化妆。化妆也分两种,一个是基础化妆,另一个便是重点化妆。基础化妆几乎每个人每天都会进行,比如清洁、滋润、收敛、打底与扑粉等,具有护肤的功用。重点化妆是指眼、睫、眉、颊、唇等器官的细部化妆,包括:加眼影、画眼线、刷睫毛、涂鼻影、擦胭脂与抹唇膏等,能使容颜秀丽并增加立体感,可随不同场合来变化。要说最全面的化妆,还包括皮肤、毛发、指甲、牙齿、眼球 5 个部分的化妆,其中皮肤包括嘴唇,毛发包括睫毛。羽西曾说:"如果你把全套都仔细做下来,我绝对坚信你是举世无双的大美人,这就是化妆的魅力!"

一般来说,作为职场女性,要完成一个全面的化妆,大致都要遵从以上步骤。需要特别注意的是,化妆还有一些禁忌必须知道。比如,不能当众化妆或补妆。职业女性切忌在上班时间或一些公共场合化妆,补妆。常见一些女性,上班时间一有空闲就照镜子,描眉画唇,这是失礼的行为,既不尊重自己,也妨碍他人。如果需要补妆,要到洗手间或化妆间进行,不能在大庭广众之下当场"表演"。另外化妆的禁忌还包括在吊唁、丧礼等场合不可化浓妆,也不宜抹口红。

化妆不但需要结合场地,还需要结合你的服装款式。如果穿礼服则需要高雅，比如头发挽在颈后，妆容就不宜过分浓艳；穿连衣裙时，可以根据裙子的款式和颜色选择相应的妆容；如果穿西装出席隆重的场合，妆容最好精致简单。

化妆是每一位职场女性的必修课，在日常和商务礼仪中扮演着重要的作用，同时这也是女性对自己和别人最起码的尊重，应该给予充分重视。

# 饰品：身份的无言象征

就像衣服一样，女性的装饰品也分为基本件和附件。基本件不该看起来太单调，它们应该是最简单，最经典，也是你衣柜中最常用到的。

羽西说，她经常会用这些饰品——手表、手提包、鞋、眼镜、首饰、皮带、围巾、帽子、手套、钢笔以及花等。"所以我总是买我见到的质量最好的。当我有了一定数量的基本饰物后，就能添加一些新潮的装饰品。"羽西认为：大多数现代女性的衣柜里有三种衣服，休闲装、职业装和特殊场合的着装，同时根据这些衣服，应有很多相应装饰品以供搭配。

### 手表
手表是一件有重要功能的装饰品，就算是从来不买饰品的人也会有一块手表。

羽西有三种手表，休闲表、工作表和特殊场合用的表。大多数时间，她戴的是工作用的手表，所以这是一款经典手表。她会选择在能承受的价位上买最好的。因为其他表不会经常戴，所以她会买设计得很不错的有名设计款。她还会选择一些黑色和红色表带的手表，还有金色和银色的,因为它们能和她所有的衣服和首饰配套。

### 手提包

你认为哪个饰品最重要?许多人会认为鞋最重要。实际上,手提包对女人来说是最重要的。因为你会把它随身携带,一天中会打开它很多次,人人都会注意到它。

为此,羽西从不吝惜花钱去买好的手提包。她觉得,设计精美、质量上乘的名牌手提包固然很重要,但是更重要的是实用性。"当去买包的时候,我一定要搞清楚它的用途是什么。如果是用于旅游,那就一定要大、轻并且分为很多格,容易找得到想要的东西。如果是用于日常工作,那它就是我衣柜里最重要的包了。它可以是中等大小,有拉链,并且至少有两个夹层用于存放日常所需,比如我的手机、化妆包和钱包等。当然,腰包是另外一类很有用的包。去逛街购物和旅行外出时,我用它来放最贵重的东西。"

另外,羽西个人不喜欢口袋太深的包,因为很难找到里面的东西。她喜欢有较长提手的包,这样能背在肩上。因为她的基本色是黑色,所以她的包大多是黑色的,不过也有红色的,因为她喜欢穿黑色和红色的衣服。当然,款式也有很多种。

至于晚宴用的包,羽西喜欢柔软的那种,但她特别强调指出:"有些晚宴用的包实在太小,连一个粉饼和手机都放不下。如果它们太小了,对我就不实用,所以我也从来不买,无论它们有多诱人,因为最终它们会待在我的衣柜里毫无用处,而且浪费钱。"

### 首饰

接下来是女性使用最频繁却也最盲目的一个搭配——首饰。

大多具有黄皮肤、天生的黑发、黑眼睛的东方女性,都适宜佩戴热色调的珠宝首饰。你可选用红色和橘黄色的宝石(例如红宝石、石榴石、黄晶等)美化面部色彩,浓绿色的翡翠和绿宝石也与黄皮肤相当。

同时,宝石的选择应当具有四季特色。春季生机萌动,轻松活泼,自然适合选配轻松淡雅的宝石,紫晶、玛瑙等正合时宜;在酷暑中,珍珠项链、挂坠无疑是项上一道亮丽的风景线,海蓝宝石、白水晶更为人带来一丝清凉之意;秋季,绿松石、石榴石、珊瑚等深色的宝石可以与毛衣形成绝佳的搭配;冬季更适合宝石展现风采,冶艳的翡翠、璀璨的钻石、流光溢彩的红蓝宝石能给人华美而稳重的感觉, 也可以选择热色调的黄色首饰。

◎皮肤较白的女性

这类女性适宜佩戴由钻石、红宝石、蓝宝石、翡翠、澳玉、孔雀石等制作的首饰。冷色调(蓝色、绿色)的宝石,例如蓝宝石、祖母绿、绿松石、黄金石等,能够衬托出白皮肤人的秀丽和文雅。粉红色的芙蓉石尤其适合于皮肤白嫩的年轻女孩。

◎皮肤偏黑的女性

不适合配戴白色或粉红色等与肤色对比强烈的宝石。为了淡化皮肤光彩,可以选择咖啡色或深米色的宝石。

不论佩戴哪种饰物,在款式的选择上都必须配合体型、脸型与服装的美感。其次工作与娱乐、休闲不同,工作场合需要展现自我成熟的魅力,高雅而蕴藉。因此,所佩戴的首饰应选择质地高雅、简单大方的款型,不要过于引人注意。同时,上班时选择的配件,其搭配不能影响工作。也许你喜欢佩戴漂亮的吊坠,能够协调出大方明朗的气质,但是,假如妨碍工作就不应佩戴。例如,会妨碍电话谈话的耳环在上班时就应取下。太长的坠子和过长的项链都可能造成工作中的困扰,需要避免。假如你的饰品在工作时会发出声音,为了不影响工作情绪, 也应立即取下。

# 套裙：应景着装，保持和谐

具体到职业女性的着装技巧，羽西还另有补充。

一套在正式场合穿着的套裙，应该由高档面料缝制，上衣和裙子要采用同一质地、同一色彩的素色面料。在造型上讲究为着装者扬长避短，所以提倡量体裁衣、做工讲究。上衣应注重平整、挺括、贴身，较少使用饰物和花边进行点缀。裙子要以窄裙为主，并且裙长要到膝或者过膝。

色彩方面以冷色调为主，以体现着装者的典雅、端庄和稳重。藏青、炭黑、茶褐、土黄、紫红等稍冷一些的色彩都可以。正式场合穿的套裙要讲究朴素而简洁。以方格为主体图案的套裙，可以使人的整体感觉静中有动，充满活力。一些以圆点、条纹图案为主的套裙，也可以穿着，但不能用花卉、宠物、人物等符号为主体图案。套裙上不要添加过多的点缀，否则会显得杂乱而小气。如果喜欢，可以选择少，而且制作精美、简单的点缀。

对职场女性来说，在各种正式活动中，一般穿套裙最为妥帖。其他场合，上帝给了女人太多展示魅力的服饰，不必在高度放松的场合里还穿着套裙，这样不但会影响他人的情绪，还会使你和现场格格不入。

某公司副总经理林大勇去拜访一位事业上很有成就的女老板。他在办公室外面等候的时候，一想到女老板的名气和出色的业绩，不禁感到有些紧张。可当他被邀请到办公室，见到这位女老板的时候，他心里的紧张立刻就没有了，而且还平添了几分自信。因为这位胖胖的女老板穿了一身超短的套裙，并且还穿了一条有蕾丝花边的裤袜，林大勇对她的印象立刻大打折扣……

根据正式场合对女性着装的要求,羽西给大家几条建议:

一是大小适度。套裙上衣最短可以齐腰,裙子最长可以达到小腿中部,上衣的袖长要盖住手腕。如果太长或者太短,都会给你的形象缩水减分。衬裙的裙腰不能高于套裙的裙腰,不然就暴露在外了。要把衬衫下摆掖到衬裙裙腰和套裙裙腰之间,不能掖到衬裙裙腰内。

二是要穿得端端正正。上衣的领子要完全翻好,衣袋的盖子要拉出来盖住衣袋。衣扣一律全部系上,不允许部分或全部解开,更不允许当着别人的面随便脱下上衣。

三是套裙要协调妆饰。通常情况下,穿着打扮讲究的是着装、化妆和配饰风格统一,相辅相成。穿套裙时,必须维护好个人的形象,不能不化妆,但也不能化浓妆。选配饰也要少,要合乎身份。在工作岗位上,不佩戴任何首饰也是可以的。

四是兼顾举止。套裙最能够体现女性的柔美曲线,所以穿着时就更要求你举止优雅,注意个人的仪态等。当穿上套裙后,站要站得又稳又正,不可以双腿叉开,站得东倒西歪。就坐以后,务必要注意姿态,不要双腿分开过大,或是跷起一条腿来,抖动脚尖;更不可脚尖挑鞋直晃,甚至当众脱下鞋来。走路时不能大步地奔跑,而只能小碎步走,步子要轻而稳。拿自己够不着的东西时,可以请他人帮忙,千万不要逞强,尤其是不要踮起脚尖,伸直胳膊费力地去够,或是俯身探头去拿。

五是一定要穿衬裙。穿套裙的时候一定要穿衬裙。特别是穿丝、棉、麻等薄型面料或浅色面料的套裙时,假如不穿衬裙,就很有可能使内衣"活灵活现"。你可以选择柔软面料的衬裙,而且必须和外面套裙的色彩相互协调。

六是注意一下鞋、袜、裙之间的颜色是否协调。鞋、裙的色彩必须深于或略同于袜子的色彩。如果一位女士在穿白色套裙、白色皮鞋时穿上一双黑袜子,就只会给人以长着一双"乌鸦腿"的感觉。不论是鞋子还是袜子,图案和装饰都不要过多。那些加了网眼、镂空、珠饰、吊带、链扣,或印有时尚图案的鞋袜,只能给人肤浅的感觉。

　　除了根据不同的场合选择穿衣外,女性穿套裙还应显示出个性。每位女性都具有一种最能体现自己个性和品位的风格,那么在着装中一定要适度体现出来,因为衣服是你的第一张名片。

## 礼服:穿出独一无二的靓丽

　　身为女人,时常要出席很多不同的场合,比如举办宴会、会见客户、参加活动等。在不同的场合当中,礼服就成为彰显女性魅力的不二选择。这时候,女性着装就应该要正式一点,以晚礼服为佳。晚礼服的形式可以根据个人喜好去选择,但一定要适合自己的。礼服款式不宜太过暴露和花俏,以简单大方,素雅不失细致为优。想凸显个人魅力,彰显青春优雅,就要选择一套适合自己的礼服。

　　那么,什么样的礼服才是适合自己的呢? 羽西告诉你几个选择标准和技巧。

　　礼服虽然华贵,但并不神秘。在礼服店,以及很多晚宴上,都可以看到各种礼服。最常见的种类有常礼服、小礼服、大礼服(晚礼服)。常礼服多为质地、色泽一致的上衣和裙子;小礼服多为过膝的单色连衣裙;大礼服(晚礼服)通常为袒胸露背的拖地或长及脚面的单色连衣裙。

　　在日常生活中,对女士的礼服要求并不严格,但随着现代社会交际的需要,我们应该更多地了解一些女式礼服的基本常识,特别是晚礼服的着装要求。

　　晚礼服是晚上20:00以后穿用的正式礼服,是女士礼服中最高档次,是最具特色、充分展示个性的礼服样式。它常与披肩、外套、斗篷之类的衣服相配,与华美的装饰手套等共同构成整体装束效果。适用场合多为听音乐会、观看歌剧、参加好友婚礼、出席商务酒会以及参加正规晚宴

等场合。不同的场合需要搭配不同的礼服,但无论哪一款礼服,首先要适合自己。适合的标准有以下几个:

**体型与礼服**

身材娇小玲珑者——适合中高腰、纱面、腰部打折的礼服,以修饰身材比例。应尽量避免下身裙摆过于蓬松,肩袖设计也应避免过于夸张;上身可以多些变化,腰线建议用V字微低腰设计,以增加修长感。

身材修长者——天生的衣架子,任何款式的礼服皆可尝试,尤其以包身下摆呈鱼尾状的款式更能展现身姿。

身材丰腴者——适合直线条的裁剪,穿起来较苗条。花边花朵宜选用较薄的平面蕾丝,不可选高领款式;腰部、裙摆的设计应尽量避免繁复。

**肤色与礼服**

白皙型:可选择粉嫩色系的礼服,避免大红、黑丝绒等太厚重的颜色,否则会有不协调感。

黝黑健康型:可选择亮色系,以搭配健康的形象并衬托肤色。应避免选择粉色系的礼服,否则会被黝黑的肤色掩盖。

偏黄肤色:肤色偏黄会令人觉得气色较差,不妨选择中间色系的礼服。除非脸型较好,一般应避免选择太繁复的礼服。

**脸型与礼服**

圆脸或颈部较短的人以落肩、低胸或V型领的款式为佳;方型脸的人可试试V型或是桃心领样式,应避免四角领设计;倒三角脸与桃心领设计不搭配,可选择船型或大圆领款式;至于人见人爱的鸭蛋脸就幸运多了,并没有什么特别限制。

**配饰与礼服**

再漂亮的礼服穿上身,如果没有饰品的点缀,也会显得黯然失色。最常见的与礼服相配的饰品有珍珠、蓝宝石、祖母绿、钻石等高品质的配饰,也可选择人造宝石。饰品与礼服不是随意搭配的,而是要根据礼服的特色选择饰品,同时饰品还可以根据晚宴的主题而定,可以丰富,也可以简约。

鞋:搭配礼服的皮鞋大多是高跟细祥的凉鞋或修饰性强、与礼服相宜的高跟鞋,如果脚趾外露,就得与面部、手部的化妆同步加以修饰。

包:女士坤包有很多种,大的、小的、软的、硬的应有尽有,与礼服搭配的坤包要求精巧雅致,多选用漆皮、软革、丝绒、金银丝混纺材料,用镶嵌、绣、编等工艺结合制作而成,华丽、浪漫、精巧、雅观是晚礼服用包的共同特点。

尽管有了上面的建议,可是面对五光十色的礼服,你还是忍不住眼花缭乱了吧?如何选择最适合你的那一款呢?是公主型、蓬裙型、贴身型还是王后型?是柔美的丝质软缎还是浪漫的蕾丝面料?你又该从哪儿着手,注意哪些问题呢?我们先看几个案例。

案例一:

数年前,英国皇太后出席伦敦音乐会。皇太后虽年逾古稀,满头银发,但身着鲜艳的玫瑰红晚礼服,饰银灰色长披肩。银灰色的披肩与皇太后银色的头发以及玫瑰红色的晚礼服构成了完美和谐的搭配。皇太后在一大群身着黑色礼服的男士间穿插来往,显得格外高贵优雅,在场的许多人都对皇太后的风度大加赞赏。

案例二:

在隆重的酒会上,琳达戴着长的白色手套(此为商业禁忌),穿着一件被衬裙鼓胀起来、宽大蓬松的裙子。无疑这是非常失败的穿法,,整个晚宴上和她搭讪的人少之又少。曾经一位大使在回答一个年轻女孩该穿什么样式的晚礼服时说:"只要记得不要买会占去太多空间的晚礼服即可。因为你总会需要和其他人近距离沟通交谈,不要因为礼服而使人对你望而却步。"

案例三:

莎莎是标准的90后，有一次她去参加一个宴会，穿了一件领口很低的礼服，即使不弯腰，她的胸部也基本上"一览无余"了。莎莎认为这样很彰显女性魅力。可在那样的场合来说，男人不必幻想她的胸部是什么样子——因为他们一眼就看到了。试想，如果你正与管理阶层谈论你的前途，穿着这类服饰，很难保证你的未来不毁于一旦。

穿好礼服是需要技巧的，而不是随意搭配，由着自己的性子来。一般而言，一件礼服只能在一次大场面中出现。如果这个条件太苛刻，那么至少不要出现在相邻的两次聚会中，让时时相逢的圈内人看到你穿同一件礼服。对大多数职场女性来说，这里给大家提供一些速配晚装。

**黑色永不落伍**

要打扮得入时出挑，最好的办法当然是将服装的主题色与流行色结合起来。如果来不及挑选款式别致的礼服，那就买简单得不能再简单的款式——黑色、开领、无袖，简单含蓄，永远不会落伍。但是别忘记用细节来修饰点睛。比如用精致的流苏刺绣披肩加高跟皮鞋来表现淑女风范，或者用粉红色小山羊皮玫瑰手袋加珊瑚项链来尽显浪漫。

**潮流背心极管用**

临下班了，老板突然通知你，晚上与他一同参加重要酒会。此时回家换衣服自然不可能，难道还临时上街置办一套？一件潮流背心正是此时最好的帮手。平时准备一件有珠片、绣花、闪光材质的小背心，白天穿在外套里面，风光不显；晚上脱去外套，性感、华贵的气氛马上显现。至于背心的颜色，根据自己的肤色随意选购。想抢眼一点儿，可选红、粉等艳色，想含蓄，则可选黑色和灰色。

**中装最能讨巧**

翠绿色的泰式长马甲，或是一袭旗袍——看似随意，却是派对或酒会中的新宠。只要你搭配得体，一身中装完全可以出入各种正式场合。当然了，中装要穿出味道来，还要靠巧手点缀，一些精巧的配饰可以彰显你独特的个性。穿得另类,特别,符合自身气质,这才是最要紧的。

**吊带丝质短裙**

作为礼服,它的款式虽然最简单,却最大限度地表现了一个人的清新、纯净和活力。面料色彩上,花色有亚热带的神秘与激情,黑色显得高贵和神秘,绿色则突出了气质中的宁静腼腆。需要注意的是:吊带裙及礼服短上装的吊带,越细越有晚装味,如果宽度超过7毫米,就不伦不类了。

**吊带短装+丝质直身长裤**

虽然90%以上的女装礼服以裙式出现,但裤装的个性也因此确立起来。吊带短装可以取低胸式、露背式,面料以黑色、绿色、金银色为宜,宽身长裤的颜色可以取与短装相同的色系,这样较容易平衡。需要注意的是,一定要穿细高跟鞋,否则这就像一套毫无特色的便服了。

无论什么服装,都是以得体为前提的,因此不必刻意追求华美的礼服。符合场合要求,符合体型性格,符合你的身份角色,在此基础上,你可以随意发挥,一件长的丝绸披风,一件绸缎外套,一双黑色皮鞋,一个精致的时髦小包,加上各种闪亮的首饰,都会让你成为晚宴新宠,无处不彰显出你的优雅与华贵。

# 鞋袜:形体美中彰显魅力与气质

就像喜欢化妆品一样,许多女人也都是很喜欢鞋子的,但不幸的是,大部分人虽然有满满一柜子的漂亮鞋子,到最后常穿的却只有那几双。

羽西也是女人,她自称"我也不能抗拒买鞋的诱惑,这的确是我的一个弱点"。那么,她的鞋柜中的鞋子都是什么颜色的呢?

其实并不神秘,与她衣柜中的衣服相同,黑、红、粉和橙。羽西说,她从来不穿白色的鞋，因为它们太容易脏了。但是夏天的时候，她会选择米色的鞋子。米色是一种浅色的中性颜色，但它比白色更容易保养。

因为羽西特别喜欢鞋子，所以在这些年中，她几乎买了所有款式的鞋子。可是过了一段时间之后，她发现，自己最常穿的还是经典的五公分黑色船鞋。无搭襻的船鞋是很好的一种款式，因为它使羽西的双腿变得修长，而且五公分的鞋子穿起来会非常舒服。

参加晚宴或者特殊场合的时候，羽西会穿上金色或者银色的鞋子来搭配她的金银首饰，有时也会穿红色或者黑色丝质高跟鞋。她喜欢在鞋子上增添一些莱茵石或者宝石的夹扣，稍微改变一下，就可以穿上它参加宴会了。在休闲的周末或者工作之余，她还有几双舒服的散步鞋或者运动鞋，可以让她尽情地放松。

羽西给女性朋友的一个美丽小窍门，就是鞋袜搭配"四不准"：

不准光腿穿套裙；不准长筒袜有洞；不准鞋袜不配套，穿套装不能穿便装鞋；不准鞋裙之间有空，即袜子的上沿要高于裙子下摆。这也是提醒女性在穿套裙的时候要有意识地注意一下鞋、袜、裙之间的颜色是否协调。另外，不论是鞋子还是袜子，都不能图案太多。

张丽娜是一家时尚杂志社的记者，有一次，领导安排她去采访一位民营企业的女性老总。听说那是一个既能干又极有魅力的女性，对工作一丝不苟，对生活却是极尽享受，最关键的是，即使再忙，她也不会忽视身边美好的东西，尤其对时尚非常敏感，对自己的衣着及其礼仪要求极高。这样的女性，会让很多人产生兴趣，在还未见到她、仅仅是通过介绍了解的时候，张丽娜就已经开始崇拜她了。所以张丽娜事先做了大量的准备工作，采访纲要修改了多次，内心被莫名的激动驱使着。

到了采访当天，穿什么衣服却让张丽娜犯愁。要面对这样一位重量级的人物，尤其是位时尚女性，她当然不能太落伍。张丽娜是一个不懂打扮也不懂服饰礼仪的女孩,平时穿衣服遵循"怎么舒服怎么来"的原则,仗着年轻,随意混搭。那天采访也不例外,她穿了一件紧身吊带裙、热裤(虽然她的腿有点粗壮),一双豹纹凉拖,兴冲冲地直奔采访目的地。当她站在那家公司前台说明自己的身份和来意时,前台小姐那不屑的眼神让她有些尴尬。在再三说明身份、并拿出工作证之后,小姐才勉强地带她进了老总的办公室。

眼前的这位女性,有着高挑的身材,优雅的举止,得体的穿着,让张丽娜又惊讶又崇拜,她突然感觉自己的穿着就像个小丑,来时的兴奋和自信全没了。采访结束后,女老总送她出来。电梯口前,女老总很善意地对她建议:"如果你能换一条黑色丝袜以及一双黑色牛皮鞋的话,那么你将是一位非常出众的女记者。"张丽娜听了,尴尬得恨不得马上逃走。从那以后,她时刻铭记这个教训,再也不乱穿鞋袜了。

在正式场合,女性的鞋子应该是高跟、半高跟皮鞋,或船式、盖式皮鞋,生活中常穿的系带式皮鞋、丁字式皮鞋、皮靴、皮凉鞋等,都不适合采用。鞋子不仅不能随意乱穿,更不能当众脱下。有些女士会有一些不好的习惯,比如喜欢有空便脱下鞋子,或是处于半脱鞋状态。除了进入专门场所需要脱鞋外,不能当着别人的面把脚从鞋里伸出来。社交场合不应该出现扎鞋带这样的举动。不管穿哪一种鞋子,既不应该拖地,也不应该踩地,这样不仅制造噪音,影响别人,还会给别人留下不好的印象。现在女性鞋子的款式五花八门,但是一些类似拖鞋的皮鞋是不能够进入社交或公共场合的,即使在平常的工作场合中,穿拖鞋也是极其不礼貌的行为。

女袜一般分为长袜和短袜。短袜一般只适用于长裤,如果双腿皮肤没有缺陷的话,有时也可用于过膝短裤或裙装,但穿西装套裙时必须穿长袜。之所以要求穿裙装的时候必须配长袜,是因为这样可以通过服饰的搭配来突出女性的腿部美。比如穿暗色的长袜,会使你的腿部显得细瘦,有修正体型的效果;如果穿明色的袜子,则更能突出肌肤美。在裙摆较短的情况下,最好不要用花色较多的有刺绣或袜跟绣的长袜,这些都不适合在公共场合穿。

如上面"四不准"里所说的,袜口无论如何都不该露在裙摆外。过膝长裙配过膝中长袜就行,中等长度的裙子最好穿到腿跟的长袜。如果穿超短裙,就要配齐腿跟的长袜,或是连裤袜。另外,破了的长袜不要再穿。女士的包里应该多备一双长袜,以备不时之需。

# 香水:善用香水,掌握优雅的"软"力量

羽西认为,女人的优雅除了表现在穿着和修养方面,香水也是一个不可或缺的元素。香水是无形的装饰品。善用香水,就相当于掌握了一种征服的"软"力量。与有形的修饰不同,在空间上,香水能更加迅速有效地改变一个人的形象,使得其气质更加高雅,精神更加饱满。香水能够提升人的精气神。使用香水是文明之举,礼貌行为。

不过香水种种,各有用项。羽西不主张随心所欲地乱用香水。她说:"要知道不同社会地位的人、不同职业的人,往往会选用与之相契合的不同品牌和香型的香水。在国际商务交往中,要数中东人用的香水最浓,欧洲人用的较浓,北美人用的较淡。大多数中国人没有体味,不习惯外国人使用的香味浓烈的香水。因此,我们则应选择适合自己环境条件特点的香水。"

## 香水与性格

一位香水业的专家说:"要学会选择香水,首先应了解你自己属于哪一种类型。"如果你是办公室一族,可以选择如橙花、玫瑰花之类的香水,其香味少了份娇柔,多了份沉淀,能让女性的知性之美在你的身上

得到完美的体现。如果你是性感女神,那些能够激发男人最原始本能的香水就再合适不过。你可以选择混合了茉莉、玫瑰、檀香、香油树花等香味的香水,其香味馥郁甘甜,有种难以言喻的纵深感,而这抹香,只有懂得生活、有生活经历的女人才能更淋漓尽致地使其发挥魅力。如果你是一位高贵自信的女人,可以选择紫罗兰,并伴有淡淡的橙花和玫瑰香味的香水,在前调、中调和后调的香味中,令你时而妩媚撩人,时而清新脱俗,时而充满活力,如迷一般,难以捕捉,这也正是你致命诱惑力的所在。如果你是一位甜美俏佳人,比较适合的香水有葡萄柚、香柠檬和橙子,辅以小苍兰、铃兰、荷花、菠萝、西瓜和石榴汁等"混搭"而成,还可以添加檀香、琥珀和白麝香等"性感"香氛,让你在乖顺之中又增添一份性感之美。

**香水与场合**

按香精含量和香气持续的时间,可将香水分为四种,即浓香型(香精含量为15%~20%)、清香型(香精含量为10%~15%)、淡香型(香精含量为5%~10%)和微香型(香精含量为5%以下)。它们的香气持续时间分别为五至七小时、五小时、三至四小时和一至二小时。按照常规,浓香型的香水适合在宴会、舞会、演出等晚间较为正式的活动场合使用;清香型的香水适用于商务交往场合,比如洽谈、会晤等;淡香型的香水适合工作场合;微香型的香水则适用于休闲场合,比如散步、旅游等比较放松的场合。出席的场合不同,应该选择相对应的香水类型,在关键时刻,那一抹若有若无的香味可以为你增添神秘的魅力。

**香水与季节**

香水是以芳香为主要特征的化妆品,其主要功能为溢香祛味,芬芳宜人,但在不同的季节却有不同的用法。比如:早春使用花香型,晚春使用果香型,更能给人以新鲜感;夏季以清淡型香水为主,香水宜少洒、勤洒,只要经常保持令人愉快的淡淡的香气即可;秋季则是各种香型都适合,没有特定的选择;到了冬季,选择香气浓郁一点的花香、动物香型的香水，会给人一种温暖、热烈的感觉。

雨天，外面潮湿的空气会让香气在区域内弥散，这个时候，选择一些淡雅的香水，可以给自己和周围的人带来安详的情绪。如果你是一位运动达人，最好选用无酒精香水或者运动型香水，否则的话，跑步或者逛街下来，汗水与香水的混搭会让人对你敬而远之。

**香水与用法**

无论怎样划分，香水只有挥发出来才能彰显它的独特魅力，因此怎样涂抹香水，也是必须要了解的。

一个女孩着急出去见客户，只见她从抽屉里拿出一瓶香水，向掌心里喷洒很多，然后往头发上抹，往胸襟上抹，往小腿上抹，最后将残余的香水用两只手搓搓，然后在浓郁的香味中离去。的确，香水发挥了它的作用，只是客户很可能从这一身不搭调的香味中判断出她是一个不懂香水的女人，势必对她的业务能力也产生或多或少的怀疑。

可可·香奈儿说过，不用香水的女人没有未来。同样，不会用香水的女人也没有未来。一般而言，香水应洒在脉搏或接触部位，便于其挥发。大部分人习惯喷在耳后、颈部和手腕，但却不宜用在头发、衣物上或身体汗腺部位。特别应注意的是，不要反复摩擦，这样会破坏香水的分子结构，使香味难以持久。

天冷的时候，你可以在熨烫衣服的时候增加一点香味。办法是，在熨衣板上铺一条薄手帕，给手帕上喷些香水，然后再放衣服在上面熨，这样，余香会持续很久。无论你走到哪里，都会将你的香味传递给对方，这无疑是最具个性的标签了。

香水能够赋予女人不同的味道与魅力，也许在不经意间的一抹香气，就能让你的魅力指数直线上升。前提是要分清场合，并选择适合自己的那一款香水，否则就可能会事倍功半了。

# 形体有缺陷，修饰有技巧

每个人的形体都不是十全十美的，那么怎样才能恰到好处地修饰自己的缺陷呢？

羽西的好朋友——美国前国务卿希拉里·克林顿说："面对照相机镜头，我们应该以45°角度斜着站，使臃肿的下身不明显，还要抬头，挺胸，收腹，优雅地笑，手千万不能扭得花枝招展的，自然下垂就好。"

其次，我们还得明白很重要的一点，那就是"女人最重要的不是腰、胸、腿，而是脸。想要把脸打扮得最漂亮，唇膏的使用有讲究，勾唇很关键。不是每个女人都有完美的嘴唇，但却可以把嘴唇勾得完美，即上下唇对称。如果喜欢多点亮光，就加个唇彩吧。"

均衡好看的切割比例是每一位女性都需要掌握的穿衣技巧。人的身体是一个非常奇妙的组合。在生活中，我们发现，几个同样身高的人站在一起，身形比例各不相同，有的人头大一些，有的人上身长一些，有的人腿短一些，有的人虎背熊腰，有的人纤巧玲珑……理想的头身比例为，头的长度占身高的八分之一。实际上，符合这一要求的人仅仅占很少的一部分，大多数人都不能达到这个完美比例，因此在服饰穿着上就不能一概而论。根据自己的形体特点选择适合自己的服装，并且利用服饰巧妙地掩饰形体缺陷、展示魅力部位，你就可以成为一个优雅得体的礼仪女人。

所有着装的基本要求就是得体。得体的表现之一就是要符合自己的形体特征。知道自己上、下半身的比例是首要前提。撇开所有复杂的公式不谈，自我检视的方法，是以手肘弯曲处和腰做比较，二者吻合，大约算是中等比例。腰在上,属上短下长的比例;腰在下,则为上长下短型。中国的女性以第三种比例居多。

明白自己的身体比例之后,就要利用服装来进行调节。裙摆较宽的裙款应是女性的最佳选择。因为宽裙摆能将臀部曲线模糊掉,不易看出臀峰实际的高低,而窄裙使得曲线毕露,便不易发挥这层效果,因此宽裙比窄裙更具有修饰作用。另外,裙腰的高度及皮带也能扮演调整腰线的角色。一个腿不够长的人,尽管要紧跟流行,也应避免选择腰线过低的低腰裙,如要搭配皮带,颜色必须与裙相同才对。

此外还有一个方法,即利用所谓的视觉连贯性来达到延长身高的效果。女性的丝袜与鞋子的颜色应与下半身的衣着相同或相似,从上到下视线没有被截断,看起来最显修长。有时为了颜色的搭配,常有人选择与上衣同色的鞋子,原则上来说,这样配色无可厚非,但如将身材比例也列入考虑,则身材上长下短的人还是应该避免,因为那样会人为地将身材划分为几截,缩短你的身高比例。

至于裤装,如果你的身材并不够理想,建议你还是不要轻易挑战,因为稍有不慎,一条裤子就可以使你"原形毕露"。首先裤子有拉长身形的作用,七分裤和九分裤因为会截断身形,所以不在考虑范围之内。如果你身材匀称,穿一条宽窄适宜的裤子无疑会给你的形象加分。一条长度超过脚底的小喇叭裤配上高跟鞋,能让你顿时窈窕起来。如果你想有更好的修身效果,穿一条长度够长的中直筒西装裤或牛仔裤,踩上高跟鞋,效果也很不错。

最后要补充的是,高跟鞋固然可以增高身高,修饰服饰效果,但在选择上还要注意,鞋跟高度应该和身高成正比,更精确地说应是与腿的长度成正比。所以身材娇小或腿不够长的人,鞋跟高度应以9厘米为上限,再高则会造成鞋跟与小腿长度比例失衡,在姿态上也难免造成举步维艰的窘状。因此女性在利用高跟鞋来弥补身高或腿长不足的现象时,应当有所节制。

# 掌握色彩秘密，让自己变得更完美

一位色彩专家曾说：女性所穿衣服的颜色可以反映出她当时的心情。如果她穿鲜艳的衣服，说明她的心情很好，你可以约她进行一切很HIGH的娱乐活动；如果她穿了暗淡色调的衣服，说明她的情绪很稳定，你可以和她一起去美术馆等让人心情平静的地方；如果她喜欢穿粉色等暖色调的衣服，说明她是一个富有宽容心的女人；如果在与你见面时穿着深蓝色的衣服，可能是想寻找倾诉的对象；如果她大部分的服装都是以黑色为基调，则说明她需要倾诉对象或是希望得到别人的赞美。这就是色彩的魔力。

在生活中我们发现，当一位女性穿了黑色或者深色丝袜时，她的腿就会显得修长而挺拔；当她穿了暖色调的衣服后，会显得略胖。可见只要掌握了色彩心理学，就可以使自己变得更完美。

那么，女性着装中的色彩究竟蕴含着怎样的信息呢？

色彩可以使人的时间感发生混淆，这是它的众多魔力之一。人看着红色，会感觉时间比实际时间长，看着蓝色，则感觉时间比实际时间短。科学家做过这样一个实验，找两个人，让其中一人进入粉红色壁纸、深红色地毯的红色系房间，让另外一人进入蓝色壁纸、蓝色地毯的蓝色系房间，不给他们任何计时器，让他们凭感觉在一小时后从房间中出来。结果，红色系房间中的人在40~50分钟后便出来了，而蓝色系房间中的人在70~80分钟后还没有出来。有人解释说，这是因为红色的房间让人觉得不舒服，所以感觉时间特别漫长。但其实最主要的原因，是人的时间感会被周围的颜色扰乱。

所以，如果你要进行一次细致的洽谈，那么最好还是避免穿红色衣服，选择穿一些色调柔和的衣服会使对方更加舒服一些。如果你要去参加记者招待会,那么一袭红衣无疑是最吸引眼球的。这是因为红色属于暖色,同时还属于膨胀色,可以使物体看起来比实际大。如果一位女记者身着红色衣服坐在一群身着暗色调的男记者中间,那么她被允许提问的几率一定会更大些。

像红色、橙色和黄色这样的暖色都属于膨胀色,可以将物体放大;而蓝色、蓝绿色等冷色系颜色属于收缩色,可以将物体缩小。像藏青色这种明度低的颜色就是收缩色,因而藏青色的物体看起来就比实际小一些。明度为零的黑色更是收缩色的代表。这也就解释了为什么女士穿黑色丝袜,我们就会觉得她的腿比平时细。实际上,这是利用了黑色的收缩效果,使自己的腿看上去比平时细而已,这就是色彩所具有的魔力。

搭配服装时,我们可以采用冷色系中明度低、彩度低的颜色。特别是下半身服饰选择收缩色时,可以收到立竿见影的效果。如果你下身穿黑色,上身穿其他收缩色的外套,效果也很不错。纵贯全身的黑色线条也非常显瘦。需要注意的是,虽然黑色等于苗条,但是如果从头到脚一身黑的话,会让人感觉很沉重。因此我们主张自由选择适合自己体型、肤色的其他色调的上衣以及外套,这样会使你的形象更加明朗,传递给对方的也是一种朝气蓬勃的青春形象。

如果你发现你的同事或客户喜欢穿黑色衣服,那他很可能是一个精明干练的人。当他一袭黑衣出现在你面前时,就已经表达了他的理性和智慧。当然,这个结论不能下得太早,因为还有一种可能就是,他是一个喜欢逃避的人。究竟是哪一种性情,需要在进一步了解之后才能确定。

同样,如果你的同事喜欢穿白色衣服,那他一定有点理想主义,不管对爱情还是事业,他都比较挑剔。这样的人还是很好相处的,因为他有一颗温柔、善良的心,而且家庭观念也很强。他有时候会有些孤独,如果这个时候你乘虚而入,很可能谈妥一份大单子,不过如果是异性的话,小心别掉进爱情的陷阱哦。

喜欢穿灰色衣服的人大多是做事干练、教养良好且知识丰富的人。

他们表现得很稳重,不会过度兴奋,生活也稳稳当当的。他们还能巧妙地避开人生中的各种障碍,具有平衡局面的超强能力,因而很受欢迎。

一想到红色,人们马上会有热烈活泼的印象。的确如此,喜欢穿红衣服的人,行动力较强,是个见风就是雨的人。不过你也要有思想准备,因为喜欢红色的人情绪起伏通常比较大,一旦发起火来,后果不堪设想。他们有时候任性,甚至会很无礼。但没办法,既然需要打交道,就要提前掌握这些,以免陷入被动之中。

有人说,蓝色给人很忧郁的感觉;又有人说,蓝色像宝石,低调而华丽。这些特质能在喜欢穿蓝色衣服的人身上得到体现。他不仅有很强的团队协调能力,还很讲究礼貌,为人也很谦虚谨慎。看到这里,别觉得他样样都好,要知道他如果固执起来,那可是十头牛都拉不回的。

当色彩的色相、明度、纯度三者较为接近时,我们会产生一种柔和的感觉,这被称为调和,是色彩运用中的常用手法。

总之,了解色彩的秘密以及它所传递的心理效用,不但有助于我们得体合理地着装,还可以帮助我们从一个人的服饰颜色中判断他的性格特点,对我们在职场和为人处世方面有着不可忽视的作用。

# 第二章

# 举止礼仪：
## 在细节处展现淑女风范

日常生活中人的一举手一投足，一颦一笑，都可概括为举止。

举止是一种不说话的"语言"，能在很大程度上反映一个人的素质，受教育的程度及能够被别人信任的程度。

冰冷生硬、懒散懈怠、矫揉造作的行为，无疑有损于良好的形象。相反，从容潇洒的动作，给人以清新明快的感觉；端庄含蓄的行为，给人以深沉稳健的印象；坦率的微笑，则使人赏心悦目。

因此，作为一个淑女，在交往中应该使自己成为举止优美的人。

## 切记：没什么都不能没教养

一提到教养，人们总是不自觉地把它和礼貌联系起来。说某某人有教养，就会认为这个人有礼貌。而羽西眼里的教养是：懂礼貌和礼节的人不一定具备教养，而有教养的人通常都懂得遵守他所处环境中的礼节和礼貌。

"我爸爸现在到我家来吃饭，还是穿西装马甲，皮鞋擦得铮亮。我妈妈也是非常注重礼仪的，从小她就教育我做一个有教养的人。其实我们在说一个人有教养时，不仅说明他的外在行为，而且还说明这个人的内涵、道德品质是好的。"

有人曾说，一个人有没有前途，从两件事上就可以体现出来，一是吃饭，二是说话。

举两个例子来说明。

你在争取一份大单子时，对方邀你共进晚餐。你赴约时，对方姗姗来迟。其实，他在看你是不是一坐下来就先点菜不等别人；看你酗不酗酒；吃饭时，看你拿筷子的姿势正不正确，是不是在菜里一阵拨拉之后才挑自己最可口的；看你吃东西的时候是不是喷喷有声……

电话铃响的时候，一位女职员正在匆忙补妆，电话响了足有一分钟她才接过电话。只见她对着话筒不耐烦地问："谁？"然后说："等一下。"等她扫视了一圈后，没有发现对方要找的人，就接着说："人没在，回头再打吧。"

细节之处见人品。原本很简单的事，因为某些人缺乏教养而被搞砸的例子屡见不鲜。如果赴约的人能够耐心等主人到来，并且仔细询问对方是否对菜品忌口后再点菜，如果他能优雅地品菜、礼貌地喝酒、安静地进食，那他绝对不会因为几处差错而失去一份大单子。接电话的女职员也在教养上有所欠缺。说一个"请"字就那么难吗？如果能温婉地表达"你是谁"、"请你等一下"、"请过一会再打过来"，那么，无论是她自己还是对方，都会感到舒服很多。

羽西说:"这些礼仪要求,我在公司里执行得非常严格,我必须让我的每一个员工将礼仪牢记于心。还记得我第一次到巴黎的时候,那里的一切给我留下了非常深刻的印象。第一个晚上,我和一个银行家呆在一起,他带我去了一幢公寓。到了之后,一个女佣过来给我们开门。那银行家彬彬有礼地脱下帽子,尊敬地称呼女仆为'小姐',并向她低头鞠躬。那一瞬间,我感到无比惭愧,因为整个过程中,我只是朝那位小姐微微笑了一下。"

教养不是随心所欲,唯我独尊。教养是善待他人,善待自己,认真地关注他人,真诚地倾听他人,真实地感受他人。尊重他人,就是尊重自己。真正的教养来源于一颗热爱自己、热爱他人的心灵。"己所不欲,勿施于人"是对教养的最好诠释。

宝石上了光之后虽然更亮,但首先它必须是宝石。

羽西认为,一个真正有教养的人举止必定温文尔雅、谦逊知礼,不会轻易动怒,更不会主动挑衅。他从不恶意猜度别人,至于自己去作恶,那更是想都没有想过的事情。他会努力克制自己的欲望,提高自己的品位,出言谨慎,尊重他人。一个有教养的女人,无论在事业还是家庭中,都不用付出太多就可以享有一切,因为无论她在哪里,都能让人感到阳光一样的温暖,都会受到人们的欢迎。因为她带来的是光明,是欢乐。一切卑劣的心思,都会在她面前举手投降,就如蜜蜂怎么会去蜇一个浑身都是蜜的人呢?

是否愿意把提升修养作为自己日常行为的重要内容,并为此做出长期不懈的努力,将会对一个人的事业和人生产生无比深远的影响。女人一定要从各个方面提高自己的教养,用心品悟礼仪的力量,只有不断地修炼,你的今天才能比昨天更有魅力,你的明天才能比今天更加辉煌。

# 手势语:通过手势读懂对方的内心

曾有网友问羽西:"你在公众场合中会有很多手势语,可怎么用才算恰到好处?怎样才能明白对方手势的含义?"

我们都知道,在肢体语言中,手势语是用得最多的。手指的动作,手臂的动作,无不表现着人们的心态和情绪。人们在交谈时,往往以手势配合谈话,达到表情的目的。但手势语是一种动态语,要求人们运用恰当。如表示招呼时,应高抬手臂左右挥动;表示抱歉时,应右手举起作行礼状;个别情况下,努努嘴,眨眨眼,可以完全代替语言而传达相关信息。需要注意的是,女性在使用手势语的时候,幅度一定要小一些,动作轻柔一些,千万不能像男人一样大手一挥,无比豪迈,那样很失礼仪。

礼仪中的手势语很多,我们就比较常用的手势语用法及其本身显示的礼仪内涵,给大家详细介绍一下。

**指示方向**

指示方向最常见的错误手势是,伸出一根食指,朝左边或者右边一指,"就在那儿"。可能在你看来,这是挺正常的手势,甚至还会说:"我就是这么给别人指路的。"但是事实上,这是非常不礼貌的。正确的手势语应该是左手五指并拢伸直,屈肘由身前向左斜前方抬起,抬到约与肩同高时,再向要指示的方向伸出前臂。在此过程中,身体应保持立正,微向左倾。

**指示商品**

在商场,我们在向营业员询问某件商品的位置时,他们会面带微笑,然后伸出胳臂,抬起右手,告诉你前行或左拐等。其动作姿势都非常到位,让人看后感觉很舒服,这就是礼仪的效用。其实我们在必要的时候,也应该像他们一样,屈右臂由身前抬起后,以肘关节为轴,前臂由上向下(或由下向上)摆动，使手臂成为一条斜线，掌心向斜下方(或上方)，并面带微笑示意对方。

**"请"的姿势**

邀请时常见的错误是，嘴上说着"请"，手势却没有相对应的表达，让人感觉有点不搭调，态度也显得不够真诚。正确的邀请手势，应该是五指并拢伸直，掌心向下，手掌平面与地面呈45度左右，腕关节要低于肘关节。做动作时，手从腹前抬起，至上腹高度，然后以肘关节为轴向右摆动，摆到身体右侧稍前停住，同时身体和头部稍微向右倾斜，视线也由此随之移动；双脚并拢或成右丁字步，左臂自然下垂。同时不要忘记面带微笑。

**与人握手**

羽西说："有一次出席会议，一个工作人员和我握手，他紧紧地抓住我的手，嘴里不停地说着溢美之词，足有两分钟之久。尽管我十分体谅他的心情，但还是果断地抽出了手，因为他的行为已经让我很不舒服……"

我们都知道，在见面之初、告别之际、慰问他人、表示感激、略表歉意等时候，往往会与他人握手。一定要注意握手的先后顺序。握手时，双方伸出手的标准先后顺序应为"尊者在先"，即地位高者先伸手，地位低者后伸手。如果是服务人员，通常不要主动伸手和服务对象相握。和人握手时，一般握上三到五秒钟就行了。通常，应该用右手和人相握。左手不宜使用，双手相握也不必常用。

**在读懂手势语的同时悄悄读懂对方内心**

每一个手势都代表了不同的意思。羽西提醒，一定要读懂不同手势语的意思。在你读懂手势语的同时，你也能悄悄读懂了对方的内心。

比如一个人双手自然摊开，表明他的心情很轻松，坦诚而无顾忌；如果他紧握双拳，表明怒不可遏或准备"决战到底"；当你看到一个人以手支头,表明他要么全神贯注,要么十分厌烦;当一个人听到某段论述时迅速用手捂在嘴前,表示他对此感到非常吃惊;当你看到你的老板用手成"八"字形托住下额,表示他在沉思与深算;当你问到某人一件事情的时候,他的反应是用手挠后脑,抓耳垂,表明他有些羞涩或不知所措;在双方谈话中,如果对方的手无目的地乱动,说明他很紧张,情绪难控;如果他双手相搓,如果不是天冷,就是在表达一种期待;咬手指或指甲,表明一个人在心理上还很不成熟,涉世不深;双手指尖相对,支于胸前或下巴,是自信的表现;如果你与某人说话时,他双手插在口袋,则显示出没把你放在眼里或对你不信任。请注意,社交中,在与人交谈时,手势不宜过多,动作不宜过大,速度快慢及时间的长短都要根据场景来控制。千万不能手舞足蹈或者将手指关节扳得"咔咔"直响,这都是非常不礼貌的表现。

还需要注意的是,不同的手势语在不同的国家和地区代表着不同的意思。在跟外国朋友交流前,应提前了解对方所处地区的习俗,以免发生误会,贻笑大方。比如,伸出大拇指,在中国表示胜利、佩服、第一、首领等;在其他国家则有不同意义。拇指向下:一般都表示品德不好、坏或不成功的意思。其他手指也是不同国家有不同意义。

手势语是一种极其复杂的符号,所以不能随意运用,不合礼仪的手势语会给别人造成蔑视对方、没有教养的印象。若是因为一个不恰当的手势语导致职场败北或者损失惨重,那可就得不偿失了哦。

## 微笑:拉近人际距离最温柔的"武器"

在羽西举办的世界小姐大赛中,她要求模特们必须微笑5分钟以上。对模特来说,职业的微笑可以倾倒观众,但是,一个最迷人的微笑一定是发自内心的。有的模特说,她笑到脸部肌肉发抖也达不到5分钟,羽西就告诉她们:"好好想想让你们开心的事,感到美好的事,然后将这种体会用微笑和所有的观众分享。"

不同种族、不同地域、不同文化的人们都能够理解微笑的含义。因为微笑是一种内心活动的自然流露,是人们对某种事物给予肯定以后的外部表现,是人们对他人的理解、关心和爱,以及微笑者自身谦恭、友善、含蓄、自信的反映。微笑不需要翻译,却能架起沟通的桥梁。

有人把微笑这一"体语"比喻为交际中的"货币",人人都能付出,人人也乐于接受。微笑甚至还能产生不可估量的经济效益。

有一首法国小诗这样描述微笑,"微笑一下并不费力,但它却产生无穷的魅力;受惠者变得富有,施予者并不贫穷;它转瞬即逝,却往往留下永久的回忆……"大家都知道微笑是世界上最美丽的表情,但如何微笑,如何准确地绽放这样一个美丽的瞬间,并将这样美好的表情带到人际交往活动中,却不是一件容易的事。

生活中你会见到各种各样的笑,有皮笑肉不笑,有开怀大笑,有强颜欢笑,还有嫣然一笑。最美的莫过于微微一笑,时间不长,但回味很久。这样的笑必定是发自内心的笑,真诚而友好,让人看了,也会敞开心扉对你报之一笑,友谊就此确立。但有些微笑却会让人觉得不舒服。比如一个人长时间看着你笑,你不是会觉得他有问题,就是感觉自己哪里不对劲,"这笑容够瘆人的"。如果有人正在对你微笑,却瞬间收回笑容,如同某种声音戛然而止,你也会很不适应。因此,微笑是一个自然的过程。两个人四目相接时,彼此都展现笑容,这是表达友好最完美的方式。

很多礼仪教材都提出,微笑要露出6~8颗牙,但是羽西认为:"这是非常不现实的。微笑是一个个性化的表情。人跟人情况不同,笑容也应该因人而异。如果硬性规定,人们反而无所适从。设想一下,如果满世界的人微笑时都笑不露齿或六齿裸露,岂不是骇人听闻?"

每个人都有各自的生理和心理特点,展现出的美丽笑容也是大相径庭。有的人开朗、热情,笑时露出一排漂亮的牙齿;有的人内向、含蓄,笑时轻轻抿起嘴唇;有的人成熟、大方,笑时眼睛更会说话。朱莉亚·罗伯茨笑的时几乎可以看见所有的牙齿,嘴角更是高高地提起,谁又能否认这副笑容的魅力呢?

羽西坚定地认为:"世界上最动人、最美丽的微笑是发自内心的,而不是以露出几颗牙,嘴角上提到几度位置,眼睛变化成哪种形状来衡量的。在那个瞬间,展现你独特的气质,自信、勇敢、自然、真诚地去微笑就是最棒的。"

羽西还强调,女性的微笑充满着魔力,一笑倾城,再笑倾国。即便如此,也需要根据场合,该笑的时候笑,不该笑的时候千万不能笑,否则会给人留下一个"不识时务"的坏印象。在交往过程中,目光停留在对方身上的时间应该占整个过程的三分之一至三分之二,在这段时间里,在与对方目光接触的时候,是应该展现出灿烂笑容的。其余的时间段内,应该适当地将笑容稍微收拢,保持亲和的态度就可以了。另外,还要使微笑富有层次,根据交谈的内容和情形自如地收放笑容,并配合目光交流和手势、动作等,同时,要展现出个人的特点,使整个交往过程中的微笑表情富于动态的美感,给人留下美好的印象,促使交往成功。

如果你想成功,想成为一个备受欢迎的女人,那么就一定要保持真诚自然的微笑,这是显示你修养和礼仪的重要途径。在经济学家眼里,微笑是一笔巨大的财富;在心理学家眼里,微笑是最能说服人的心理"武器";在职场中,微笑更是社会交际中最正宗的脸谱。在不同的场合、不同的情况下,如果能用微笑来接纳对方,可以反映出你良好的修养和挚诚的胸怀。

## 站立:用最优美典雅的造型打动对方

读到这里,读者朋友一定已经坐了很长一段时间了,现在我们来谈谈正确的站姿吧。在生活中,大家都知道该怎么站,怎么坐,然而在一些非常特殊的场合,人们却往往发现自己不知道该怎么站,怎么坐了。

站起来,我们首先要抬头挺胸,收紧腹部,女性朋友还要收臀部。走路时也是一样,要把肚子收进去,背脊要挺直。另外,走路不能有太多声音,穿高跟鞋走路越轻越好。女人走路就像跳舞,应该很优美吧。

在一个人未开口之前,他的站立姿势可以从很大程度上体现出他的礼仪修养。然而在生活中,只要你留心观察,就会发现人们的站姿千奇百怪。有一边站着一边抖腿的,有像刘罗锅那样"俯首称臣"般站立的,有双手交叉抱臂而立的,有无精打采勉强撑着躯体站立的……

一位酒店的迎宾小姐站在门口,耳朵里塞着耳麦,有客人来的时候,她一边热情邀请,一边领客人就座。没有客人的时候,她一边惬意地听着音乐,一边微微地摇晃着身体。如果不是工作场合,她绝对是一个充满青春活力的姑娘,但在正式场合,她不正确的站姿就会让她的魅力大打折扣了。

你可千万别觉得站立是一个毫无技术含量的动作,实际上,没有多少人能真正达标。标准的关键词很简单:抬头,挺胸,双手自然下垂,双肩自然放松,双腿直立,保持V字式脚位不动。你可能会说:"这不是礼仪小姐或者空姐的姿势吗?"是的,这也是警察和军人的站姿。在商务交际的任何场合,保持这样的站姿都绝对没错,但要练好这样的站姿,可不简单。

最方便易行的训练方法,就是每天下班后靠墙站立。最好你的对面有一面镜子,你可以对照镜子里的自己,默念上面几个关键词,逐一修正好自己的动作,并保持十分钟左右。OK,一个月后,在任何商务场合,你不一定是最帅最靓的,但绝对是最精神最青春的。

如果下列情况在你身上出现,请及时修正。比如两腿交叉站立;臀部撅起；双手或单手叉腰；无精打采，东倒西歪；攀肩勾背，双臂交叉抱于胸前；探脖、塌腰、耸肩；头部左偏右斜；双手插入衣袋或裤袋中；身体抖动或晃动，或下意识地做小动作，玩弄小物品，不停地拨弄头发，咬手指甲等。还有些人采用"人"字式、蹬踏式等脚位站立，这也是不适当的。所谓的"人"字式脚位，指的就是站立时两脚脚尖靠在一处，而脚后跟之间却大幅度地分开来，这一脚位又叫"内八字"。所谓蹬踏式，则是指站立时为图舒服，而在一只脚站在地上的同时，将另外一只脚踩在鞋帮上、踏在椅面上、蹬在窗台上或桌面上。这些小动作尽管有时无伤大雅，但对你的整体形象却是有害而无益的。

场合不同，对站姿的要求也有所不同。在非正式场合，站姿可以稍微随意一点，为了避免呆板，你可以做灵活变动，双脚可以选择并拢，也可以一前一后，自然成型。肌肉保持放松，但整个身体应保持挺直。在向人问候或作介绍的时候，不论是握手还是鞠躬，身体的重心都应当在中间，双腿保持挺直。有些人为了表达出自己的热情，不但伸出两只手和对方握手，整个身体也几乎要扑到人家身上，这样是很不礼貌的。如果女士着礼服或旗袍出席正式场合时，可以双脚前后站立，并保持约5厘米的距离，以一只脚为重心，这样不但随意优雅，而且能体现出女性的柔雅之美。

这里我们要特别指出，乘坐交通工具的时候，也要注意站姿。无论是公车、地铁还是商务乘车，都要注意相应的站姿礼仪。身子要挺直，臀部略微用力，小腹内收，不要驼背弯腰。双腿应尽量伸直，膝部不宜弯曲，而是应当有意识地稍向后挺。双脚之间可以以适宜为原则张开一定的距离，重心要放在自己的脚后跟与脚趾中间。不到万不得已，叉开的双脚不宜宽于肩部。头部位置以能目视前方为最佳。如果同时和你的客户或者服务对象在一起，要保持一定的身体距离，免得误撞到对方，同时应尽可能地保持安定感，最好不要在行车中频繁地摇晃身体，这样会给人不够稳重的印象。

古人云:行如风,站如松,坐如钟,卧如弓。这是对人的行为举止最基本的要求,延伸到今天,这就是一个人在社交礼仪中应该遵从的行为要点。

## 坐姿:安静中舒展大方

长年在写字楼里工作的白领,每天一坐就是七八个小时,长时间对着电脑,于是养成了勾着脑袋、弯着腰的习惯,久而久之,颈椎病和腰椎疼痛就开始光顾了。究其原因,还是坐姿不正确。

正确的坐姿不但自然大方,而且有利健康。体现在行为上,要把握好几个要领。

**入座时要轻。**

在一次聚餐中,一个小姑娘因为迟到了,疾步匆匆进入包间,然后大步走到座位前,一屁股坐下,因感觉位置不对,连人带椅子一起朝前挪动,挪了三次才就位,椅子和地面的摩擦发出刺耳的声音。一位长者微微地皱了一下眉,在整个用餐过程中都没有和她说一句话。

女人入座时,要是穿着漂亮的裙子,就应用手将裙边稍稍拢一下,不要坐下后再拉拽衣裙,那样很不优雅。在正式场合,一般从椅子的左边入座,离座时也要从椅子左边离开,这是一种礼貌。如果椅子位置不合适,需要挪动位置,应当先把椅子移至欲就座处,然后入座。坐在椅子上移动位置,是有违社交礼仪的。

**双肩要平。**两臂自然弯曲,两只手很随意地放在腿上、椅子上或是沙发扶手上都可以。

**双膝要拢。**特别是女性,无论朝左还是朝右,都要双腿并拢,或交叠或成小"V"字型。男性两膝可以分开一拳左右的距离,但不能尽情打开腿脚,那样会显得粗俗和傲慢。

**落座要半**。就是落座后应坐满椅子的2 / 3,宽座沙发则至少坐1 / 2。落座后,至少10分钟左右时间不要靠椅背。如果坐在椅子边,会显得迫不及待,尽情向后靠,则显得骄傲自满,都是不礼貌的坐姿。

**离座要稳**。如果你打算离座,那么右脚应先向后收半步,然后站起。起身之前最好先示意一下,不要突然起身,让众人毫无防备。

在不同的场合,人们会有不同的坐姿,甚至在同一个场合,人们也会变换几种坐姿。不同的姿势有着不同的心理暗示,尤其当你面对不同的人、不同的话题和不同的氛围时,你的坐姿就变得意义深刻起来。

我们经常持有的几种坐姿有:

● 正襟危坐

这是一种很严肃的坐姿,要求双脚并拢垂直于地面,腰杆挺直地端坐于椅子上,入座者的严肃和拘谨不言而喻。如果是在陌生环境中,做出这样的动作往往是重视对方的表现;如果在熟人面前也这样,则说明入座者做事认真严谨,从不冒险行事。但长时间保持这个坐姿,难免拘泥于形式,而显得有些呆板,缺乏弹性。

● 身体蜷缩

这个坐姿我们也经常会看到,尤其是一些职场新人,会时不时有这样的动作。他会把身体蜷缩在一起,双手夹在大腿中间,这样的坐姿体现了他的自卑和焦躁不安。采取这种坐姿的人,往往比较自卑,对自己缺乏信心,习惯于服从他人的安排。一旦做了错事,心里就会焦虑不安。

● 跷二郎腿

双腿交叉,架腿而坐,这样的坐姿会给人带来舒服感,也体现了一个人的优越感和放松心态。根据腿部交叉的位置不同,又可分为膝盖和膝盖交叉、脚踝和膝盖交叉两种。在人际交往中,如果对方做出膝盖和膝盖交叉的动作,那表明他心有戒备,而且对谈话的内容有些漫不经心;

如果对方做出脚踝和膝盖交叉的动作,则表明他比较自信,喜欢争强好胜,渴望获得支配地位。当然,脚踝和膝盖交叉的动作最好不要采用,因为那样会显得你很无礼。

●抱头后仰

在交谈中,如果你发现对方变换坐姿,将双手交叉放在脑后,身体后仰,靠在椅子或者沙发上,你就可以领略到他的自恃和冷酷。这样的人通常自我感觉都很良好,习惯以居高临下的姿态看待别人,甚至无视对方的存在,让人感觉很不舒服。事实表明,女性最讨厌男人们做出这样的姿势。

●身体前倾

很明显,如果对方对你或者你的话题感兴趣的话,他就会身体前倾,很专注地听你说话。从心理学的角度来看,人们总是会将身体倾向于给他们带来美好体验的事物,而远离给他们带去糟糕体验的东西。如果你在和客户交谈的过程中,发现他有这样的坐姿,无疑你已经成功了一半。他对你以及你的产品很感兴趣,继续加油就可以胜利。

●骑跨而坐

这样的动作一般会出现在熟人之间或者非正式场合。是将椅背冲向自己,以骑跨的姿势坐在椅子上。这种人一般是支配欲望很强烈的人。当他面对一件事或者一个人的时候,一开始通常会很谨慎,一旦感觉到厌烦时,就会尝试去支配对方,而这个时候,椅子后背正好充当了他的挡箭牌,可以有效避免他人的攻击。

●蓄势待发

可以体会到,当某位领导漫长的发言结束或者会议散场时,我们都会做出身体微微向前倾,一只脚前一只脚后,双手分别放在两个膝盖上的姿态。只需要两手用力就可以完成"起身"这个动作,即准备离开了。

无论如何,优雅的坐姿传递着自信、友好、热情的信息,同时也显示出高雅庄重的良好风范。一个人的坐姿一定要符合端庄、文雅、得体、大方的整体要求,这也是文明礼仪的基本素养体现。

# 走姿:如风行水上,自然而从容

女人应该竭尽所能把自己变美。但是在生活中,经常能看到一些女孩穿得很漂亮,长得也很漂亮,可是一走路却迈着八字步,或者低头驼背,要么就是左顾右盼,脚擦地面,扭腰摆臀,勾肩搭背等。除非是在拍电影,不然,仅此一个姿势就会让人反感。

不管男人还是女人,走路都要端端正正,目视前方,不要左顾右盼,不要回头张望,走路时脚步要干净利索,有鲜明的节奏感。不能把手插在衣服口袋里,尤其不要插在裤袋里,也不要叉腰或倒背着手,这些都很不美观。特别是女人,一定要在行走中体现女性的阴柔之美,就是要走碎步,步态要自如、匀称、轻盈,显示出含蓄之美。

当然,百人百性,每个人的性情都能在走姿上体现出来。比如性子急的人走路也是急匆匆的;性子慢的人走路也是慢吞吞的;懒散之人走路趿拉着脚;脚踏实地的人走路步子会迈得很重。在矫正一个人行走姿势的时候,有些礼仪老师会拿一本书放在他的头上,放稳后松手,让他开始行走,这样虽然有些不自然,但却是一种非常有效的方法,可以使身体挺直,大腿关节有节奏地摆动,膝关节不会有大幅度的摆动,于是就显得步伐轻捷,有如风行水上的飘逸之感。

很多人,在家里休闲的时候,喜欢散散漫漫地踱步,步调会比较慢,如果是赶路或者去办事,那一定是脚步匆匆的。也就是说,一个人的走姿在不同的场合里有不同的要求,比如在室内走路要轻而稳,在花园里散步要轻而缓,在病房里或阅览室里走路要轻而柔,步态要因地、因人、因事而宜。

另外,一个人脚步的强弱、轻重、快慢,迈步的幅度及走路的姿势也可以从另一方面体现出这个人的性格。大踏步走路的人,一般身体健康,为人十分善良、好胜而顽固;走路姿态非常柔弱无力的人,精神和健康大都也十分衰弱;喜欢拖着鞋子走路的人,或者鞋跟磨损较严重的人,大都缺乏积极性,不喜欢变化,也没有什么特殊才能,属于平常之辈;那些走路急的人,也大都是急性子、脾气暴躁的人;那些走路悠哉游哉的人,一般独立性很强;一边走路一边回头看的人,其猜忌心与嫉妒心特别强烈。

羽西说,她曾去一家大型企业参观,给他们带路的是一位入职不久的女孩。女孩很热情,性子也急,在一行人当中她走得很快,不大工夫就遥遥领先,迫使他们不得不气喘吁吁地跟在后面,一场参观搞得像赶集一样。

这就涉及到所谓的行进礼仪。一群人行走中,作为引导者,要遵循"以前为尊,以后为卑"的原则。也就是说,前面走的人在位次上要高于后面行走的人。一般应当请客人、女士、尊长行走在前,主人、男士、晚辈与职位较低者则应随后而行。还需要注意的是,在中国,无论在哪里,行走时最好自觉地走在道路的右侧,这样便于他人通过。如果你负责领路的话,最好能主动上前带路或开路。如果路面较宽,可以容许几个人并排走的话,就要遵循"以内为尊,以外为卑"的原则。当三个人一起并排行进时,有时亦可以居于中间的位置为尊贵之位。以前进方向为准,并行的三个人由尊而卑依次应为:居中者,居右者,居左者。

在地方狭小的通道、过道或楼梯间,如果有人交谈,就不能从中间穿行,应先道一声,"对不起,请让一下",待对方挪动后,再从侧面或背面通过。如果你无意中碰撞了对方,应主动道歉,说过"对不起"方可离开。行走时不要碰撞酒店陈设或花木,超越别人时,要礼貌致歉。与上级、宾客相遇时,要点头示礼致意。

走姿是每个人在日常礼仪中都要注意的问题,应随时矫正,随时规范。这样,无论你是步伐矫健、轻松灵活、富有弹性,还是行走稳健、端庄自然,都会给人以欢悦、柔和之感。了解这些必要的常识,对于塑造一个美丽有型的女人,将起到不可估量的作用。

**乘车也要美丽优雅。**无论是乘坐商务车,还是私家轿车,哪怕是公交车,也要体现出女人美丽优雅的一面。很多女人不懂乘车礼仪,往往会闹笑话,给人留下"不懂礼仪"的坏印象。

小欧奉董事长之命去迎接归国华侨金教授,与金教授同行的还有他的夫人和秘书。人员到齐后,小欧提了提长裙,不管不顾地拉开车门,自己就坐到了副驾驶位置。金教授的秘书一愣,只得在后面默默地打开车门请金教授与夫人入座。车子启动后,小欧从口袋里摸出一袋饼干,一边吃一边说:"赶着时间接人了,都没顾上吃早点,别介意啊,我应付几口。"然后整个车厢都听见她咀嚼饼干的声音。小欧并不知道,金教授是董事长请来的国外知名专家,因为她的随意行为,金教授只是应付了一下就匆匆离开了。

我们盘点一下,年轻的小欧在不知不觉中犯下了两个错误:一是不懂乘车座次顺序,二是没有文明乘车。小小的失误换来莫大的遗憾,不能不说可惜。

乘车顺序的基本要求是:倘若条件允许,须请尊长、女士、来宾先上车,后下车。要根据场合的不同做出更具体的决定。

如果是公务接待,就应该严格按规定来。因为公务接待比较正式,有专职司机驾车,这时副驾驶的后座就是最"礼貌"的座位。到达酒店时,后排右座门正好对着大厅正门,会有服务生过来开右座车门,方便客人下车。另外,公务接待时,副驾驶席被称为"随员座",一般是翻译、秘书的位置,让客人坐在这里非常不礼貌。

现在私家车越来越多了,自己开车去接人的情况时常有之。这时需要遵从的乘车顺序就是自己要先下车,照顾客人上下车后再上车。如果乘坐由专职司机驾驶的轿车,应请尊长、女士、来宾从右侧车门先上车,自己再从车后绕到左侧车门后上车。下车时,也是自己先从左侧下车,从车后绕过来帮助对方开侧门。如果左侧车门不宜开启,于右门上车时,要里座先上,外座后上。总之,以方便易行为宜。如果乘坐三排座以上的轿车,通常应以距离车门的远近为序上下车。上车时,距车门最远者先上,其他人随后由远而近依次而上。下车时,距车门最近者先下,其他随后由近而远依次而下。

另外要注意文明乘车,应尽量避免一些不雅的动作,以免给客人留下不好的印象。具体表现为3点:

**动作要雅**。在轿车上切勿坐得东倒西歪。穿短裙的女士上下车最好采用背入式或正出式,即上车时双腿并拢,背对车门坐下后,再收入双腿;下车时正面面对车门,双脚着地后,再移身车外。

**要讲卫生**。不要在车上吸烟,或是连吃带喝,随手乱扔;不要往车外丢东西、吐痰或擤鼻涕;不要在车上脱鞋、脱袜、换衣服,或是用脚蹬踩座位;更不要将手或腿、脚伸出车窗之外。

**要顾安全**。不要与驾车者长谈,以防其走神。在开、关车门时,不要弄出大的声响,同时避免夹伤人。当自己上下车、开关门时,要先看后行,不要疏忽大意,出手伤人。

乘车坐哪儿最安全?这是每一个人都关心的问题。事实上,安全只是一个相对的概念,所谓的安全座位只是专家通过事故调查分析和实车检测后得出的结论。分析结果显示,出车祸时,车内后排乘客的安全指数比前排乘客高出至少59%;如果后排正中间的位置上有乘客,那么车祸时,其安全指数比后排其他座位上的乘客高25%。

基于此,再结合乘车人的角色身份,轿车的座次就有了"尊"、"卑"之说。不同的轿车类型有着不同的座次顺序,还需要具体区别对待。

第一种,双排、三排座的小型轿车。如果由主人亲自驾驶,一般前排为上,后排为下。如果由专职司机驾驶,通常后排为上,前排为下;以右为尊,以左为卑。

第二种,多排座的中型轿车。无论由何人驾驶,均以前排为上,后排为下,右高左低。

第三种,轻型越野车。其座次尊卑依次为:副驾驶座,后排右座,后排左座。

如果是涉外活动,还应该提前了解国外的乘车礼仪,做出相应的变动。西方很多国家的乘车礼仪和我国有所不同,不能墨守陈规,按部就班。

# 好声调也能赢得好人缘

羽西的声音比较低沉,让人感觉很舒服。"这是我的朋友们对我的评价,所以当我偶尔恶作剧,突然用一种尖锐的声音说话时,大家都惊呆了——这样的声音不美吧,所以要训练一种动听的声音。"

大家不要以为羽西以前就是这个嗓音,这可是她用每小时500美元的代价,请人专门训练出来的。羽西在电话机上专门安装了一个测试仪,用来显示说话时的音量,慢慢地,才形成了她现在这样的说话方式。在日常生活中,要时刻提醒自己注意说话时的语音语调。

声音对一个人的形象塑造很重要。很多女人喜欢用又高又亮的声音说话,觉得那样的声音才是上天赐给女人的,其实并不是。低沉的,轻柔的,带一点磁性的声音更有吸引力。

说话的声音绝对不能单调乏味,音阶的变化能加强你的说服力,说话抑扬顿挫是你对自己的工作热情的表现,同时也是感动人心的根本力量。不管是多么简短的对话,只有不断变化的说话语速和语调才能令你的话充满吸引力,客户也才愿意洗耳恭听。

高谈阔论,然后突然结束,给对方留下一片宁静,在这样的氛围中,你的话会余音绕梁,方才说话的语气、声调、速度以及强弱的组合都会在宁静中产生巨大的效果。让客户感受到你的魅力,他就一定不会把你的话当耳旁风。你的热诚显示在你说话的声音里,显示在你的眼神、表情以及动作里,对方会一直看着你,从你所有的表现中判断你的诚意和你的智慧。

一个人的态度是友好还是充满敌意,是冷静还是激动,是诚恳还是虚假……都可以从他的声调节奏、停顿等表现出来。比如说话声调平稳的人,通常具有正直的性格,心态稳健,性格持重。说话声音洪亮,中气较足的人一般都是单位领导。这样的人在职场、官场都比较容易升迁,容易给人留下成熟、稳健、自信的印象。说话较轻的人,为人小心谨慎,比较内敛。说话语调不平稳的人,大都内向或胆小,这样的人一般都比较悲观。如果你遇到一个人,他说话的语气抑扬顿挫,节奏分明,像唱歌一样,那么他很可能是幻想家或者艺术家,这样的人一般表现欲较强,喜欢自我欣赏,为人比较圆滑。说话语气很急很冲,声音很大的人,一般都很任性。语气低沉的人,对凡事都抱有怀疑感,性格急躁而任性,有自大倾向。

在英国,曾经有一位女性想竞选议员,但雄心勃勃的她并不受周围人的欢迎。有人认为"她的音调很高,能吓死飞过的麻雀"。后来她接受了别人的建议,把音调降了下来,结果令她的气场大大增强。她就是"铁娘子"撒切尔夫人。

你的声音的品质以及你对上述声音品质的调控方式,都将极大地影响着你的说服力,以及人们对你性格的判断。

举个简单的例子，当你在和陌生人说话或者问一个问题的时候，对方回答你的语气和语调可以给你两种截然不同的感觉。当人们在用既高调且重的音和你说话时，你一定会感到很不舒服，认为那个人对自己有意见才这样说话的。相反，如果他用温和的语气和平缓的语调和你说话，会让人觉得他很友好，同时也体现出他是一个有教养的人。

常说言为心声，语言是一个人性格和思想的载体，而语调和语气则是人的个性的表达方式。比如一个说话大声，而且语调高亢的人，一定是那种脾气暴躁、爱计较问题的人，这样的人在日常生活当中经常遇见，而且这样的人常常很难受大家欢迎。

对女人来说，如果一位女性的声音像男性，那她也具有男性的性格，直率、粗心、不喜欢做家务等。说话时高声尖叫的女人，其性情促狭，爱计较和辩论，容易激动，虚荣心很强，缺乏诚实感。说话声调沙哑的女人，其性格通常豪放不羁，享乐欲强，有野性成分。拥有低沉而富有魅力的声音的女性会有多次的恋爱史，在职场上很容易得异性缘。

俗语说：听话听声，锣鼓听音。我们在判断一个人说话的情绪和意图时，固然要听他"说什么"，但更应该注意他"怎样说"，即从他的声调高低，音量大小，抑扬顿挫及转折、停顿中领会其"言外之意"，这些就叫辅助语言。在人际交往中，如果你正确使用辅助语言，就可以达到有效的沟通效果。因此，语气和语调对一个人的个人形象能够起到很大的作用。尤其是在你和他人交谈的时候，你的一个不经意的语调都能够给他人留下很深刻的印象。因此，选择好的声调，才能赢得良好的人缘。

# 第三章

# 会面礼仪：
## 用亲和力获得对方的尊重

女人出现在社交场合是一件非常正常的事情，要想在社交方面有所突破，需要学会并且加强与人的相处和沟通。

然而，如何才能做到有效的沟通呢？

无论是在社交活动中，还是在工作中，我们能够拥有的最完美的形象，就是不管在上级、下属、朋友之间，都要突出自己的亲和力。

## 称呼他人：表达敬意也要掌握好技巧

在这个社会，口才对一个人的发展起到了前所未有的重要作用。会不会讲话，能不能说到别人心里去，体现了一个人的智慧，决定了他的受欢迎程度。尤其是在社交当中，一个女人即使长得再漂亮，可话说得不讨人喜欢，也是很难成功的。而称呼是说话关键中的关键。

羽西说，她的一个下属为自己的一个外国朋友订做生日蛋糕，并要求打一份贺卡。蛋糕店小姐接到订单后问她："请问您的朋友是小姐还是太太？"这位下属想了想那位外国朋友的年龄，于是就说："应该是太太吧。"

蛋糕做好以后，小姐把蛋糕送到指定的地方，敲开门，见到一位女士，小姐礼貌地问："您好，请问您是怀特太太吗？"女士一愣，不高兴地说："你找错人了。"就把门关上了。蛋糕店的小姐糊涂了，再次确认，地址和房间都对，小姐再次敲开门，说："没错，怀特太太，这正是您的朋友送给您的蛋糕！"谁知道这位女士叫道："这里只有怀特小姐，没有怀特太太！"说完，"啪"的一声，又把门关上了。

可见一句不正确的称呼会招惹来多大的麻烦。在任何场合，人与人见面，我们碰到的第一个问题就是怎样得体地称呼别人，才能表现出尊重他人的态度。一声得体又充满感情的称呼，不仅体现出说话者文化和礼仪修养，也会使交往对象感到愉快、亲切，促进双方感情的交融，为以后的深层次交往打下良好的基础。因此有人把称呼比作是交谈前的"敲门砖"，它在一定程度上决定着社会交往的成功与否。

其实最简单的称呼就是，对男人通称"先生"，对女士通称"小姐"，即使她已经结婚，听到这样的称呼也不会反感。当然，现在我们对"小姐"的称呼有着不同的理解（比如很多人用这个词暗指从事色情职业的女性)，那么就叫某某女士好了。非正式场合下，你可以将8~88岁的女性都叫美女，但正式场合里，还是要有所区分的。

这里给大家提出一个模拟情景：如果你有急事，要到某个公司去一趟，但不知道该怎么走。如果需要问路，面对各个年龄、身份的人，你该怎样称呼人家？

最常见的称呼是这样的：遇到年轻的男的就叫"小伙子"或者"帅哥"，遇到年长的叫"大哥"，遇到有白头发的叫"大伯"，遇到90后可以叫"美眉"，遇到60后或者50后叫"大姐"或者"阿姨"。遇到70后或者80后的女性就比较纠结了，因为不知道人家结没结婚，叫得大了，人家肯定不高兴,叫得小了,显得人家不够成熟。如果不慎喊一句"小姐",弄不好会招来耳光。看来啊,这称呼真不是可以乱叫的。

言归正传,针对比较正式的场合,经常用到的称呼有下面几类：

**一、敬称。**

在会议或者宴会上,我们经常会听到有人称呼别人时用"您"、"您老"、"您老人家"等词,比如对年长的人或者职称高的人都用"您"。工作场合人们习惯于用职业称谓,比如打招呼常用的"李老师""张教练""陈警官""宋医生"等。还有对职衔的称谓,常用的称谓词有董事长、总裁、总经理、主席、总理、局长、队长、书记、厂长、经理、工程师、教授等。

在非正式场合可相对随意一些,只要是相同年龄或者相同级别的人就可以直呼其名,比如"羽西""叶莺""陈冲"等。最忌讳岁数小的人对岁数大的人称呼"老张""老李",这样很不礼貌,有失礼仪。

至于先生、夫人、太太、小姐、女士等,这些都是很流行的称谓,而且不受行业和职称限制,是人们比较喜欢的称谓方式,可以经常使用。

**二、谦称。**

谦称是抑己的称呼,通常是为了表达谦虚而使用。较常用的有称自己的见解为"鄙见""陋见";称自己的作品为"拙著""拙文";称自己的住房为"寒舍""斗室""敝斋""陋室"等。

**三、美称。**

一般是长辈对晚辈表示喜爱和看重的称呼,多用于书面语,比如"贤弟""贤侄""贤婿"等;美称用作对方子女为"公子""千金"。

**四、婉称。**

一般用"阁下"尊称长者,对人容貌称"尊颜"。男性长者常用"威颜",女性长者常用"慈颜",表示慈祥慈爱之意。

一句不恰当的称呼会成为商务社交中的绊脚石。称呼时千万注意几点:不能叫别人的小名;不能叫别人的绰号;不能随便叫别人的昵称;不能叫排行;忌用蔑称和贬称。尤其是正式场合,即使关系再铁再熟,都不能肆无忌惮地"阿猫""臭蛋"地称呼,这样很倒胃口,也显得你很没有修养。

另外,无论是正式场合还是非正式场合都应该谨记,称呼要得体,不要做作。不要为了礼仪而礼仪,矫揉造作地称呼别人,这样会让对方感觉很虚假,很不舒服。要根据场合,根据不同的文化层次来称呼对方。

## 自我介绍:形式不同,介绍的重点应有所不同

"你好,我是羽西。"这是羽西多少年来一直坚持使用的自我介绍,不管是接电话还是公共场合自我介绍,都是这两句话,简单明了。

很多女性在介绍自己的时候,用语繁杂累赘,扭扭捏捏、支支吾吾说了半天,也没让人听明白她在说什么。尽管都是自我介绍,可在不同的场合遇到不同的人,侧重点也会有所不同,需要大家灵活应对。

一家德国公司的总经理史密斯先生,在得知与新星贸易公司的合作进行得很顺利时,便决定携夫人一同前来中方公司进一步考察和观光。李静陪同新星贸易公司的张总经理前来迎接,在机场出口见面时,经介绍后,张经理热情地与外方公司经理及夫人握手问好。而李静面带微笑地开口:"史密斯先生、夫人,您好!我是新星贸易公司的项目部经理李静。这位是我们公司张正耀总经理。张总,这就是我多次向您提说过的史密斯先生,这位是他美丽优雅的太太史密斯夫人。"

这是一个很好的开端。这样的介绍,让人觉得舒服、开心、得体、大方。

自我介绍的基本要求是使对方快速而准确地了解你。但根据场合和社交要求不同,自我介绍也分为几种类型:

**自我展示型**：这样的自我介绍比较适合求职应聘或者谈判会晤等比较重要的场合，介绍的前提是有的放矢，根据对方需求的条件，结合自己的实际情况，坦诚地将这些信息介绍给对方，从而得到对方对自己最大程度的认可。比如，你好，我是XX公司的经理XXX。

**受理委托型**：当你必须替别人完成一件事情或者某项任务，而受理的一方对你缺乏了解时，就需要向对方做出自我介绍。比如领导委托你将一份文件转交给一位公司老总时，见到那位老总，你就需要介绍：我是某某公司的员工，我的领导某某某委托我将这份文件转交给您。自我介绍的时候必须把自己与委托人最关键、也是最重要的利益关系介绍清楚，以求得受理人的重视与接纳。

**询问了解型**：如果是朋友之间、同事之间或者一些非正式场合里，人们之间还不够熟悉时，由于对方缺乏了解，难免对你问这问那，这时你不但要客气耐心，还要把握好自我介绍的尺度，只需要介绍基本信息，比如身份职业等就可，不必过多地自我描述，更不必将个人隐私透露给对方。问什么答什么就可以了。女人大都话多，一不小心打开话匣子，就往往要承担言多必失的后果，所以要谨记。

**书面介绍型**：在一些文件信函中需要以书面形式介绍自己的状况，比如名片、个人简历以及申报表格的填写，这种自我介绍简明扼要，只需要将重大经历写清楚就可以，对方看后一目了然。对一些关键性的细节，可以展开言辞做适当描述。

比如你现在参加一个活动，进入会场中，就会有人来和你搭讪："我是……，请问您是做哪行的？"你就需要做相关介绍："我从事美容化妆行业，是某某美容连锁机构的化妆师某某某。"要是在飞机、高铁上你遇到邻座向你打招呼，你自我介绍的时候，简单说明你叫什么，做什么行业就可以了。现在的人自我保护意识都比较强烈，不是特殊场合或者特殊要求，一般都不愿意透露过多的个人信息，寒暄式的自我介绍就是用来应对不想深交的人的，只介绍最简单的个人信息就可以了。

在公务场合的自我介绍一般比较正式，包括以下四个基本要素：第一，单位；第二，部门；第三，职务；第四，姓名。行业之间，客户之间，自我介绍时可以这样说，"我是星火集团第二项目部的部门经理王媛媛。"如果有名片就递上名片，上面信息一目了然，再方便合适不过。如果没有带名片，就采用以上方式简单报出你的信息即可。

在社交场合中，自我介绍就显得稍微随意一点，你可以根据具体场合和人群做出相应的自我介绍。大体上有这么几个内容：第一，姓名；第二，职业；第三，籍贯；第四，爱好；第五，跟交往对象所共同认识的人。

比如去参加一个沙龙，你需要自我介绍时可以说："我叫许亚丽，是一位美容顾问，平时喜欢旅游摄影。"在这些信息中，你的某个信息或许能和对方擦出火花，就可以迅速拉近彼此距离，也许他正好是你的老乡，也许他正好是某个朋友认识的人，也许他正好对你的职业感兴趣等。这样，不知不觉中，你的人脉就得以拓展，个人价值也得以提升。

开门见山是最常见的自我介绍方法，然而，这也是人们公认的最笨拙的一种自我介绍方法。但是，如果你能选择好最佳的时机，措辞恰当，用简洁明快的语调和语言、合适的语速将自己的姓名、个性、特长等内容全部或部分介绍给对方，让对方感觉到你的朴实、灵秀、自信，同样会给人留下好印象。

大家好，我叫雨天，因为刚好出生在雨天，老爸又刚好姓夏，于是就叫"夏雨天"了。

我为人热情大方，有朋友还说我挺幽默，我比较喜欢烹调，如果大家不介意，我们可以切磋切磋如何煮方便面才能不糊锅？呵呵，开个玩笑。我也是个文学青年，但是偶尔也读读美容杂志，看看娱乐八卦。我还经常参与一些体育锻炼，比如爬山、游泳、打羽毛球。不过除了上面的特长，我毛病也挺多的，比如爱睡懒觉、爱上网、爱嘻嘻哈哈地和人打闹。如果有不介意的朋友可以找我，我很热衷交朋友呢。

这是在一次联谊会上，一位名叫夏雨天的女孩的自我介绍。活泼幽默的语言让人印象深刻，使她一下子就和陌生人拉近了距离。

当然，社交活动的环境和氛围不同，我们就要选择不同的自我介绍方法。有些场合，要求自我介绍简洁、干练；而有些场合，你越是温婉，俏皮，体现女人的柔美和灵秀，越是能深得人们的注意和喜欢；更有些场所，一定要严肃严谨，所以要随场合的变化而灵活地运用。

做自我介绍的时候，一定要面带微笑。如果你一直绷着一张脸，首先在面部表情上就让人产生了距离感，就是说得再好，都不会达到预期的效果。之前我们提到过，面部表情其实也是一种语言，它是拉近人与人距离的最直接的语言。

除了注意表情，还有就要注意你的表达。一般来说，需要设法做个独特而简短的自我介绍来讨人喜欢，同时让对方牢牢地记住你，而且记住的也一定要是正面形象。做自我介绍的时候，切忌用背诵的口气。心理上一定要放松，形态上自然大方一点，表达出来的语言自然也就不会太拘束。自我介绍不是让你背课文，因此要注意语调、声线。就像平时与人交谈一样，你的语气越平和，语调越自然，表达出来的效果也就越接近你预期的效果。

做自我介绍的时候，千万不要啰啰唆唆地说了一大堆，到最后别人还不知道你到底是谁，你有什么兴趣爱好和特长。你要巧妙地把你的爱好、特长安插在一些准备好的幽默片段里。你也可以适时地引用别人的言论，或者朋友、老师对你的一些评价，以便大家记住你。尽量少用虚词、感叹词，也千万不要自吹自擂，这样容易让人产生厌恶的心理。

最后提醒大家的是，在做自我介绍时，一定要看着对方的眼睛，向对方表达善意和友好。还有就是对自己的头衔、职称、业绩不可夸大，但也不必刻意自贬显得谦虚，三言两语介绍完就可以了，时间最好不超过30秒钟，越简洁明了越好，喋喋不休的人很难得到对方的认可。在非正式场合你可以适度幽默一下，但正式场合一定要严肃谨慎，千万不能闹笑话，更不能因为一句不恰当的自我介绍而使自己的形象减分。

# 介绍别人：礼到情谊到

有一首歌这样唱道：千里难寻是朋友，朋友多了路好走。现在世人都认可这样一个道理：漂亮的女人和能干的女人都不如命好的女人。那么，什么是命好呢？其实也就是长得漂亮加上聪明能干，但这其中有一个关键的因素就是人缘好、人脉广。有人赏识，有人帮扶，女人的好命之路才能走得更远。

于是，你认识我，我认识她，就形成了所谓的人际关系。那么在人际交往和相处中，有一件事情必须要有技巧地面对，那就是怎么介绍他人，怎么恰到好处地介绍他人，并被对方接受和认可。

这是一个很有技术含量的问题。

如果在晚宴上，你可以这样说："尊敬的约翰·威尔逊先生，请允许我把丽萨小姐介绍给您。"要是在日常或者职场中，场合比较随便一些的话，可以略去敬语与被介绍人的名字，如"张小姐，让我来给你介绍一下，这位是李先生"。一般来讲，介绍的时间宜短不宜长，内容宜简不宜繁，通常的做法是连姓带名加上尊称、敬语和较为正式的介绍语。

什么时候适合作介绍？当然是在条件允许的情况下。要是你看到对方正聚精会神地忙着工作、与人谈话、急着赶路、手抱重物，或者他情绪欠佳、心事重重，此时如果要勉强地介绍一位他不想认识的人，他很可能心生反感，心不在焉甚至感到难堪，这种情形下，我们最好暂时放弃为他人作介绍，重新寻找机会。这是对他人的尊重，也是对自己的尊重。

要是对方有时间、有心情、有气氛，有结识朋友的欲望，那么抓住时机介绍他人，一定会达到很好的社交效果。

把谁介绍给谁？这是很多人在帮别人介绍时遇到的难题。在社交中通常应遵循这样的原则，就是"尊者拥有优先知情权"（"尊者"就是指年长者、身份高者、女士、客人等）。因此，应当先为年长者介绍年轻者；先为身份高者介绍身份低者；先为上级介绍下级；先为女士介绍男士；先为先到者介绍后到者；先为外单位人士介绍本单位同事；先为客人介绍自己家里人；先为已婚女性介绍未婚女性等。当然，这些也不是教条，应视具体环境灵活运用，如年轻女士和年长男士结识，肯定是要先将女方介绍给男方。

这样就有人要问了，那要是需要一连介绍好几个朋友互相认识的话，又该怎么做呢？当然不是要你拉着某一个人作点名式巡回，使对方尴尬。要是在会议或者宴会上，你可以按照顺时针或者逆时针的顺序给大家一一作介绍。介绍姓名时，口齿要清楚，如果有必要，还可有补充的说明。如介绍李某，可以说是"木子李"；介绍章某，可以说是"立早章"，这样既听得明确，又便于记忆。那个被介绍的人也不能像商场的服装模特那样杵在那儿，一动不动。在别人介绍自己的时候，你也要有礼貌的表示，比如点头或握手致意。现在，名片的使用逐渐广泛，在作介绍时，如果被介绍人适时递上一张名片，既是礼貌，又容易使对方准确记住自己，无疑是个两全其美的好办法。

在介绍别人的时候，不但要叙述清楚对方的身份和相关资料，还要配合相应的肢体动作，别干巴巴地只顾着嘴上说。手的动作应是手指并拢，掌心向上，胳膊略向外伸，指向被介绍者。但绝对不要用手指对被介绍者指指点点。另外也不可以对被介绍的某一方冠以"我的好朋友"，因为这似乎在暗示另外一个人不是你的朋友，显得不友善也不礼貌。最好能在介绍前找到被介绍双方的某些共同点，比如都喜欢跳舞，都喜欢画画，这样会使初识的交谈更加顺利。要是介绍人感到时间宽裕，气氛融洽,在为被介绍人作介绍时,除了介绍其姓名、单位和所任职务外,还可以介绍双方的爱好、特长、个人学历、荣誉等,为双方提供交谈的机会,便于更好的了解和认识。

即使书中讲述得再全面,也不可能面面俱到,因此在生活中,我们要活学活用,遇到一些难于按常规处理的情况,应具体问题具体分析。打个比方,如果你要介绍两位地位不相上下的经理先生以及两位经理夫人认识,就难免会犯难。对前者,你不能按照"把职位低者介绍给职位高者"的惯例行事,因为两位经理先生的职位高低难分伯仲。对后者,你恐怕也不能按照"把晚辈介绍给长辈"的规矩去做,因为女士的年龄属于个人秘密,更何况没有一位女士愿意承认自己"显得老"的。

羽西建议,在这种职位难分高下、年龄大小不便明说的情况下,只有采取"先温后火"或"先亲后疏"的办法,才能"安全过关"。"先温后火"意即把脾气好的一方介绍给脾气欠佳的一方;先亲后疏,意即把与自己关系密切的一方介绍给自己较为生疏的一方。一般而言,脾气好的人,自己的熟人,总归好说话;而脾气欠佳的人、自己较为生疏的人,大都比较挑剔,是不好得罪的。

无论从哪个角度讲,自己在为他人作介绍时的所作所为,都直接关系到被介绍者留在对方心目中的第一印象的好坏,因此必须慎重对待。

## 介绍业务:人无我有,人有我优,人优我新

现在的女性大多数都会走向职场,其中有一大部分会成为白领。好命的女人不但要是贤妻良母,还要在社会争得一席地位,经济独立、感情独立、思想独立才符合新时代好女人的标准。

就像女婿第一次见丈母娘一样,职场女人一定要把自己最完美的第一印象留给客户,因为任何人都没有第二次机会去改变自己在对方心

目中的第一印象。

在你选择好衣服，化好妆容，准备拜访你的客户之前，还要做足一项准备，那就是怎样让客户在第一时间喜欢你的产品，认可你的业务。

比如你要将这支口红推销给客户，你就首先要站在客户的立场上去想一想，她是不是需要这支口红？有这支口红会对她带来什么样的改变？这个说服过程怎样进行才更完美一些？

这里有一组数据，有专家统计过，在销售成功的整个过程中，语言占38%，谈话时的动作占55%，谈话的内容只占7%。也就是说生意成功的关键在于语言和动作。还有专家统计，整个谈话的过程中，80%是在和客户闲聊，只有20%的语言是用于谈业务。

所以我们在走访客户之前，一定要做好语言的准备。你如何在5分钟内把自己的来意说清楚？和客户交谈半个小时的话，要说些什么？和客户交谈一个小时又应该说些什么？

俗话说，没有卖不出去的产品，只有卖不出去产品的人。推销产品的过程，其实也是在推销你的人生，客户满意你的产品了，你的业绩提升了，你的职位也会随即提升，你的人生也会面临更高的一个层次。

因此，要做一个好命的女人，就必须学会推销，掌握必要的技巧，促成有效的产品销售。产品销售首先要做好产品介绍，介绍得好了，别人才可能买。

有效的产品介绍包括三个部分：了解产品、了解顾客、产品介绍。只有在了解产品和顾客的情况下才能做到有的放矢，所谓"知彼知己，百战不殆"。中文的"怕"字，左边是竖心旁，右边是一个"白"字，我们可以理解为"心里一片空白自然就怕"。因此在卖出产品之前，你自己首先要做到胸有成竹。

你必须掌握以下资料：公司的背景，成立时间，过去的重要经历；直销商的数量以及成长速度；公司的销售量，公司管理层对行业的熟悉程度等等。

大家都有这样的体会，在现代的社会中，"时间"与"耐心"都是十分有限的。因此，如果你无法用最短的时间吸引对方的注意，让对方快速进入你的思维频道并产生共鸣，通常意味着你会被判提早"出局"。

这里，羽西教给你几个技巧：

首先，既然你是代表了你的公司和行业，给对方的第一印象就一定要专业与亲切。无论是面对认识的还是不认识的人，你都要注意形象。你的服饰、打扮和言行举止无不是你综合素质的体现，如果能让对方感到你的诚信和品质，你就已经赢了一大半。如果奢侈品柜台站着一个素面朝天、穿着廉价的女孩，顾客难免会怀疑，这些奢侈品八成是假的吧。

其次，用最恰当的语言、最恰当的方式表达对方最想听到的内容，让对方感觉你是真正关心他，帮助他。你要尽可能找机会赞美对方，但一定要出于真诚。

再次，你的开场白应该简短而有创意，不要叨叨絮絮地讲一些陈腔滥调。同时，要强调你所提供资讯的重要性，让对方觉得错过会非常可惜。

"羽西之家"的一个职员说，很多女性朋友喜欢买衣服，她们今天买一件蓝色的衬衣，明天买一件绿色的T恤，后天买一件橘黄色的大衣，大后天再买条咖啡色的裤子……完全没有规划自己的衣橱。这样问题就出来了：如果你的基本服饰颜色这么多，又该怎么搭配呢？就像不懂搭配一样，如果不懂化妆，又怎么呈现给别人精致的面容呢？那么，你就可以从这里入手，从服饰搭配到化妆美容再到你的产品推介，这样，你只需要用很短的时间，就能让顾客喜欢你的产品，甚至依赖你所传递的美丽信息。

当你成功地吸引了客户的注意之后，就必须有效地进行衔接，快速切入主题，引发他对你所销售的"产品"与"事业机会"的兴趣，让他知道你所提供的产品能够带给他什么切身的好处，让他感到你是真正关心他，了解他的需要。

一般来说，做业务或者产品介绍有四句话需要注意：

其一，人无我有。你的这个产品或者业务必须要有独特之处，如果你能把最鲜明的特点用最简短的话语描述出来，就可以在第一时间引起对方的注意，从而为成功介绍打下良好的基础。

其二，人有我优。有些产品、有些服务大家都有，但是如果你的更完善，质量更好，技术更新，那就一定不要吝啬宣传你的优势，但也不要过于夸大，为了宣传业务而进行虚假宣传，也是不提倡的。

其三，人优我新。现代技术日新月异，在同等优质服务和优质产品的前提下，把你的产品和业务的新奇之处介绍出来，便是打动市场和对方的闪亮之处。

其四，诚实无欺。上面也说到了，无论业务或者产品，无论能否把它们推销出去，前提都是不能蒙人。如果为了一时的成功去欺骗客户，最后遭到投诉起诉，反而会给你的产品和业务招致负面影响，最后得不偿失。

还有很重要的一点，请大家谨记，在进行业务介绍的时候，千万不要为了抬高自己产品的优势而诋毁同行或者同类产品。同行是冤家，要争夺同一个市场，瓜分同一块蛋糕，其竞争惨烈可想而知，但通过指桑骂槐来抬高自己的产品，实际上是变相贬低了自己的产品。不管在哪个行业，都要讲行业道德。一个遵守行业道德的人是尊重对手的，这不仅是一种教养，也是做人的一种风度。何况，也许今天是冤家，明天就是合作伙伴了呢？

找准时机，选好方式，灵活巧妙地介绍产品业务，不但会给对方留下好的印象，也会促成交易成功，为后面的合作打下良好的基础。

## 名片：在尊重别人的同时搭建自己的人脉

现在的职场女人一般都有名片，而且设计得都很漂亮，质量也很不错。

先问大家一个有趣的问题：名片上能不能写字？

羽西谈到，有一次在一个活动上，她在一张名片上写了一个词，这个动作被一个记者发现了。那位记者就追着她，非要看看她在名片上做了什么注脚，实在拗不过，她就给那位记者看了，其实上面只写了一个单词short（很矮）。那是她为了加深对某个人印象而做的一个备注。

羽西认为，在名片上写字一般分为两种情况：一种是在交换名片之前，做了涂改；再一种是收到名片之后，做一些必要的注脚，比如"是某某董事长的老婆、红头发、水瓶座"之类，帮助你记录和这个人交谈的相关信息，以便日后回忆。

首先，我们要摆明的态度是：名片最好是不要涂改，特别是当你的职位比其他人低或有求于人的时候。但如果信息临时有变动，不得不改的话，建议至少认真一些，划掉之前的内容，再把新的内容写在旁边，并在交换名片时候加以解释。第二种情况，反正名片已经归你啦，怎么写随你便，但要千万小心，不要让原来的主人发现了。

其实名片并不是现代人特有的专利，在汉代，人们就开始使用名片了。据清代学者赵翼在其著作《陔余丛考》中记载，"古人通名，本用削本书字，汉时谓之谒，汉末谓之刺，汉以后则虽用纸，而仍相沿曰刺"。可见，名片的前身即我国古代所用的"谒"、"刺"。

名片其实就是介绍信，它能用最简短的信息准确地介绍一个人。名片发展至今，已成为具有一定社会性、广泛性，便于携带、使用、保存和查阅的信息载体之一。在社交场合与他人进行交际应酬时，我们都离不开名片。名片的使用正确与否，亦成为影响人际交往成功与否的一个因素。

在日常生活中，我们可以见到各种使用名片的方式，有一只手递名片的，有硬朝怀里塞的，有发残损名片的，也有双手递过个性十足的名片的。伴随着交际的丰富多样性，名片还可以随赠送鲜花或礼物，以及在发送介绍信、致谢信、邀请信、慰问信时使用。在名片上面还可以留下简短附言。由此可见，小名片有大学问。

在今天这个快节奏的时代，名片可以代替正式的拜访。在不同的地区交换名片时，有着不同的礼仪：在日本，无论是接受名片还是递上名片，都必须用双手，同时应当微微弯腰；在阿拉伯地区，绝对不能用左手接受名片，更不能用左手递名片给阿拉伯人；在我国，递名片的方式显示了一个人的修养，也是对交往对象尊重与否的直接体现。

无论你的名片多么花哨个性，在社交场合中都应该遵循以下几个基本要求：

一是足量适用。最好随身携带一个名片夹，里面装上数量充足的名片。在某个论坛大会上，很多人背着双肩包，在5000人的大会现场逐个散发名片，最后因为信息不对称，导致很多人的椅子下面遗落着很多名片，给人不舒服的感觉。

二是名片要完好无损。有些人因为名片信息不全，会临时用笔在上面补充一些内容，由于保存不善，导致名片模糊一片，甚至出现折皱、破烂、肮脏、污损、涂改的情况。

三是名片要统一放在一个位置。不能在给人发名片时，又是公文包，又是裤兜地到处找名片，显得慌乱无措，毫无准备。

你的名片要发给谁？这是在发送名片前需要思考的问题。除非你真的想主动与人结识，否则名片务必要在交往双方均有结识对方并欲建立联系的意愿的前提下发送。如果双方或其中一方并没有这种愿望，则无须发送名片，否则会有强人所难之嫌。在你认为的确有必要时发送名片，才会令名片发挥功效。不要在用餐、戏剧、跳舞之时发送名片，也不要在大庭广众之下向多位陌生人发送名片。

怎么发名片？发名片的目的是为了结识更多的目标人群，那么在结识之前必然要先打招呼。就像我们看到的一样，在递出名片时，先微笑着和人打招呼，说些"你好，请了解一下，我们是……""可否交换一下名片"之类的提示语。在交换名片的时候，应当由位低者向位高者发送名片，再由后者回复前者。但在多人之间递交名片时，不宜以职务高低决定发送顺序，切勿跳跃式的进行发送，甚至遗漏其中某些人。最佳方法是由近而远，按顺时针或逆时针方向依次发送。

在接受他人名片时，不论你有多忙，都要暂停手中一切事情，并起身站立相迎，面含微笑，双手接过名片。如果实在腾不出手，至少也要用右手，而不得使用左手。接过名片后，应先向对方致谢，然后将其从头至尾默读一遍，遇有显示对方荣耀的职务、头衔，不妨轻读出声，以示尊重和敬佩。接到他人名片后，不能随意乱丢乱放，乱揉乱折，即使不用，也不能当着别人的面将名片丢弃，这是非常不礼貌的行为。经常看到有些人在接过别人的名片后，草草看一眼，就顺手丢进旁边的垃圾桶。换位思考，如果是你的名片，别人接过去后顺手丢进垃圾桶，你会做何感想？

接受了他人的名片后，礼貌起见，你应当回赠给对方一枚自己的名片。如果没有名片、名片用完了或者忘了带名片时，应向对方做出合理解释并致以歉意，切莫毫无反应。

交换一张名片意味着你多认识一个人，多一个朋友，或者未来多一个合作伙伴。在"人脉=钱脉"的思想下，妥善保存好名片成为一项必不可少的任务。这里推荐的存放名片的方法有：

1.按照工作单位分类；

2.按姓名拼音字母分类；

3.按姓名笔划分类;

4.按部门、专业分类;

5.按国别、地区分类;

6.输入商务通、电脑等电子设备中,使用其内置的分类方法。

名片不是发出去或者收回来后就没事了,而是要根据自己的实际情况有选择地利用起来。和对方不定时地保持联系,在节假日时给对方打个电话或者发个祝福的邮件是保持联络的最佳方式。"朋友多了路好走",在你为对方默默付出的时候,必然也会得到对方的支持和帮助。

"圈子对了,事就成了。"找准圈子,然后走进圈子,将你个性十足的名片传递到每一个人的手中,命运之神必会在悄然之间助你一臂之力。

## 握手:积极地传递出你的主动和热情

握手是见面礼中最常见一种。

艾丽,是某著名房地产公司的副总裁。一天,她接待了来访的建筑材料公司主管销售的韦经理。韦经理被秘书领进了艾丽的办公室,秘书对艾丽说:"艾总,这是公司的韦经理。"艾丽离开办公桌,面带笑容,走向韦经理。韦经理先伸出手来,与艾丽握了握手。艾丽客气地对他说:"很高兴你来为我们公司介绍这些产品。这样吧,让我看一看这些材料再和你联系。"韦经理在几分钟内就被艾丽送出了办公室。在接下来的几天内,韦经理多次打电话,但得到的是秘书的回答:"艾总不在。"到底是什么让艾丽这么反感一个只说了两句话的人呢?

原因在于握手!韦经理是一个男人,职位又低于艾丽,握手应该由艾丽先伸手而不是他。艾丽说:"他伸给我的手不但看起来毫无生机,握起来更像一条死鱼,冰冷、松软、毫无热情。当我握着他的手时,他的手掌也没有任何反应,仅仅在这几秒钟里,他就留给我一个极坏的印象。"

　　虽然握手是陌生人之间第一次的身体接触,但这几秒钟的时间足可以决定别人对你的喜欢程度。握手的方式、用力的轻重、手掌的湿度,像哑剧一样无声地向对方描述着你的性格、可信程度、心理状态。握手的质量好坏,表现了你对别人的态度是热情还是冷淡,是积极还是消极,是尊重别人、诚恳相待,还是居高临下,屈尊地敷衍了事。

　　一个积极的、有力度的正确的握手,表达了你友好的态度和可信度,也表现了你对别人的重视和尊重。一个无力的、漫不经心的、错误的握手,立刻传送出了不利于你的信息,让你无法用语言来弥补,它在对方的心里留下了对你非常不利的第一印象。毫不夸张地说,握手在商业社会里,几乎意味着经济效益。

　　那么,怎样把握和创造这样的经济效益呢?那就应该掌握必要的握手礼仪。

　　试问:在一群人中,你应该先和谁握手,再和谁握手?这真的是让很多职场人士犯难的问题。特别是在彼此不够熟悉的情况下,一双热情的手迟迟不敢伸出去。请你记住,握手时,一定是主人、长辈、上司、女士先伸出手,客人、晚辈、下属、男士再相迎握手。

　　握手一定要用右手。如果你伸出左手,即使你是左撇子也没人会理睬你,这是基本的常识。尤其是职场年轻人,在别人向对方介绍你的时候,不要先着急伸手,等对方介绍完后,再紧握对方的手,时间一般以1~3秒为宜。特别是男性,尤其是年轻的男性,如果漫不经心地接触对方的手,是非常不礼貌的。如果恰好握手的对象是一位女性,就更要注意,必须要等女士伸手后你再握手,轻轻一握就可以。在和长辈握手时,年轻者一般要等年长者先伸出手后再握;在和上级握手时,下级要等上级先伸出手,再趋前握手。另外,接待来访客人时,主人有向客人先伸手的义务,以示欢迎;送别客人时,主人也应主动握手表示"欢迎再次光临"。

曾有人将"握手"称作人际交往中的"硬通货",的确如此。或许你还不知道,在短短的几秒钟的握手时间里,对方已经将你的性格心理摸得一清二楚。

心理学家及身体语言专家们认为,通过握手能判断人的性格。在同性的陌生人中,主动伸出手的人的性格坚定、热情或者有丰富的人际关系经验;性格支配欲望强的人,会让自己的手心朝下,压在别人的手上;手心湿漉漉、汗淋淋的人,他的性格可能不会轻松,经常会感到焦虑、紧张,尤其是这次会见对他有压力;性格粗犷、豪放,甚至莽撞的人,会过度地握住别人的手,像要把对方的骨头都握碎;如果你伸出手来对方没有反应,可能是他不懂礼仪,或者他有意冷淡,让你难堪,也可能是根本没有看见,或者是性格极端封闭,内向;双手紧握对方手的人,表现出超人的热情和极度盼望的心情,这种被称为"手套式"的握手,是为政治家们所钟情的,用来操纵人们心理的握手方式,它表现了对被握手人的亲密和渴望,能缩短或消融人与人之间的距离。

在看过这一章之后,你学会握手了吗?

## 交流:幽默是距离的"亲善大使"

现在越来越多的观众喜欢看"聊天""脱口秀"类节目,也有越来越多的此类节目脱颖而出,深受观众喜爱。但并不是每个主持人都适合主持这类节目。我们发现,但凡深受观众喜爱的节目的主持人都思维敏捷、反应快捷、感情丰富,对答也是或幽默、或调侃、或弥补对方表达语汇的不足。尤为重要的是,主持人的表情应随着"聊天"的内容而变化,或皱眉、或大笑、或沉思,把自己的感情融合进去,以引起对方和观众的共鸣。有些主持人比较呆板,总是调动不起现场的气氛,整个节目看起来像是一场审判。这就是交流的失败。

如今女人的压力颇多，又要年轻漂亮，还要聪明能干，还要收入多多。而要成为一个受欢迎的女人，靠的就是智慧，而幽默就是智慧中最大的力量。幽默可以淡化人的消极情绪，消除沮丧与痛苦。具有幽默感的人，他们的生活充满情趣，许多看来令人痛苦烦恼之事，他们却应付得轻松自如。可见幽默具有多么强大的魔力！

在音乐厅里，主持人走上舞台，发现台下的观众才不到五成，他有些失望，但是很快就调整好了情绪，恢复了自信，他走向舞台的脚灯处，对观众说："这个城市一定很有钱。我看到你们每个人都买了两三张座位票。"音乐厅里顿时响起一片笑声。为数不多的观众立刻对这位主持人产生了好感，也开始聚精会神地欣赏精彩的音乐剧。

人们常有这样的体会，在紧张的氛围、严肃的场合、陌生的人群中，一句幽默话，一个风趣故事，能使人笑逐颜开，并迅速拉近彼此之间的距离。美国一位心理学家说过："幽默是一种最有趣、最有感染力、最具有普遍意义的传递艺术。"

每个女人都想成为人际交往中的开心果，可怎样才能学会幽默，成为一个有幽默感的女人呢？这几乎是人人都关心的问题。在培养幽默细胞之前，我们有必要先来了解一下幽默的注意事项，因为稍有不慎，幽默就会成为麻烦的替身。

**要内容高雅**。幽默的内容粗俗或不雅，也能博人一笑，但过后就容易让人感觉到乏味、无聊和反感，从而损害幽默者的形象。

**要态度友善**。幽默的过程是情感互相交流传递的过程，以挖苦对方、发泄厌恶为目的，就不能称为幽默，也许别人不如你口齿伶俐，但这样的"幽默"，只能给人留下不好的印象。幽默要从友善的角度出发，既能达到调节气氛的目的，又可以体现出自己的风格和善意。

**要注意场合**。在庄重、严肃的场合，幽默要注意分寸，否则会引起反感甚至招惹来麻烦。同时还要注意，因为身份、性格和心情的不同，人们对幽默的承受能力也有差异。面对同样一个幽默，不同的两个人可能会有截然不同的反应。一般来说，晚辈对长辈，下级对上级，男士对女士，要慎重使用幽默，即使是同辈之间，如果对方性格内向敏感，使用幽默也要慎重，或者他平时性格开朗，但你恰好碰到他不愉快的时候，也不要随便幽默。

还要把握好幽默的"度"。分清楚场合和对象，不能用低俗的笑料、恶意的模仿来嘲笑弱者，或从负面的角度来表达幽默。此外，还应避免用有关宗教、种族、政治、两性、对方所在行业不光明的前景以及其他可能让人不愉快的素材。

歌剧《刘三姐》中，秀才说："刘三姐，谁跟你讲天讲地的？我们要讲眼前。"刘三姐："讲眼前——眼前眉毛几多根？问你脸皮有多厚？问你鼻梁有几斤？"一句话把秀才问得哑口无言，博得了所有人的热烈掌声。这就是用曲解的方法达到了幽默的效果。其次，多尝试从不同角度去思考问题，会获得不一样的结果。

有一次，电视购物中一位女主持人给观众介绍一种摔不碎的玻璃杯，几次试镜都很顺利。不巧，正式播出时，杯子竟然摔得粉碎。该女主持人镇定地说："看来发明这种玻璃杯的人没有考虑到我的力气"，幽默的语言，使她一下子摆脱了窘境，并化解了杯子不结实的误会。

平时还要多看些幽默的书籍，培养幽默感的最佳方法就是欣赏别人的幽默。正所谓"熟读唐诗三百首，不会做诗也会吟"。见得多，听得多了，骨子里的幽默感自然也就多了。学会幽默，适时地幽默，你会成为最受欢迎的人。

# 发自内心地赞美对方,赢得对方的认同

人总是喜欢被赞美的。在现实生活中,无论是与朋友还是与客户交谈,不妨多谈谈对方的得意之事,这样容易赢得对方的认同。如果谈得恰到好处,对方肯定会高兴,并对你有好感。

美国著名的柯达公司创始人伊斯曼曾捐赠巨款在罗彻斯特建造一座音乐堂、一座纪念馆和一座戏院。为承包这批建筑物内的座椅,许多制造商展开了激烈的竞争。但是,找伊斯曼谈生意的商人无不乘兴而来,败兴而归,一无所获。正是在这样的情况下,"优美座位公司"的经理亚当森前来会见伊斯曼,希望能够得到这笔价值9万美元的生意。

伊斯曼的秘书在引见亚当森前,就对他说:"我知道您急于得到这批订货,但我现在可以告诉您,如果您占用了伊斯曼先生5分钟以上的时间,您就完了。他是一个很严厉的大忙人,所以您进去后要快快地讲。"亚当森微笑着点头称是。

亚当森被引进伊斯曼的办公室后,看见伊斯曼正埋头于桌上的一堆文件,于是他静静地站在那里仔细地打量起这间办公室来。

过了一会儿,伊斯曼抬起头来,发现了亚当森,便问道:"先生有何见教?"

秘书在为亚当森作了简单的介绍后,便退了出去。这时,亚当森没有谈生意,而是说:"伊斯曼先生,在等您的时候,我仔细地观察了您这间办公室。我本人长期从事室内的木工装修,但从来没见过装修得这么精致的办公室。"

伊期曼回答说:"哎呀!您提醒了我差不多忘记了的事情。这间办公室是我亲自设计的,当初刚建好的时候,我喜欢极了。但是后来一忙,一连几个星期，我都没有机会仔细欣赏一下这个房间。"

亚当森走到墙边，用手在木板上一擦，说："我想这是英国橡木，是不是？意大利的橡木质地不是这样的。"

"是的，"伊斯曼高兴地站起身来回答说，"那是从英国进口的橡木，是我的一位专门研究室内橡木的朋友专程去英国为我订的货。"

伊斯曼心情极好，便带着亚当森仔细地参观起办公室来。

他把办公室内所有的装饰一件件向亚当森作介绍，从木质谈到比例，又从比例扯到颜色，从手艺谈到价格，然后又详细介绍了他设计的经过。

亚当森微笑着聆听，饶有兴致。他看到伊斯曼谈兴正浓，便好奇地询问起他的经历。伊斯曼便向他讲述了自己苦难的青少年时代，母子俩如何在贫困中挣扎的情景，自己发明柯达相机的经过，以及自己为社会所作的巨额的捐赠……

亚当森由衷地赞扬了他的功德心。

本来秘书警告过亚当森，谈话不要超过5分钟。结果，亚当森和伊斯曼谈了一个小时，又一个小时，一直谈到中午。

最后伊斯曼对亚当森说："上次我在日本买了几张椅子，放在我家的走廊里，由于日晒都脱了漆。昨天我上街买了油漆，打算由我自己把它们重新漆好。您有兴趣看看我的油漆表演吗？好了，到我家里和我一起吃午饭，再看看我的手艺吧。"

午饭之后，伊斯曼便动手，把椅子一一漆好，并深感自豪。直到亚当森告别的时候，两人都未谈及生意。

但是最后，亚当森不但得到了大批的订单，而且和伊斯曼结下了终身的友谊。

为什么伊斯曼把这笔大生意给了亚当森，而没有给别人呢？这与亚当森的口才有很大关系。如果他一进办公室就谈生意，十有八九要被赶出来。亚当森成功的诀窍,就在于他了解谈判对象。他从伊斯曼的办公室入手,巧妙地赞扬了伊斯曼的成就,谈得更多的是伊斯曼的得意之事,这样,就使伊斯曼的自尊心得到了极大的满足,把他视为知己。这笔生意当然非亚当森莫属了。

赞美是一种说话的艺术,运用得当,会使被赞美者心情愉悦;而作为赞美者自己,也能从赞美他人的过程中感受到快乐。

但是,在这里我们需要弄清楚一个问题,那就是,赞美与"拍马屁"究竟有什么不同?赞美是否就是"拍马屁"?怎样才能让自己对他人的赞美不变成"拍马屁"?

真诚的赞美与"拍马屁"之间的最大区别就是:你的赞美是否发自内心。真诚的赞美是发自于内心深处的一种赞赏,一种冲动,它反映的是一个人对另一个人的认可;但是拍马屁不同,它并非是发自内心地对另一个人赞美或认可,而是基于内心早已存在的一种目的,一种对眼前或日后所能获得的"回报"的投资。"拍马屁"者在"赞美"他人的时候,脸上虽然会眉飞色舞,但却总有几分不自在,他的言语尽管是甜蜜蜜的,但他的内心却是一片冰冷。他在赞美一个人的时候,心里想的可能只是如何顺利办完与自己利益相关的事,如何获得自我满足。

真诚的赞美与"拍马屁"之间的另一个区别就是:真诚的赞美是实事求是的,是有理有据的;而拍马屁却常常是凭空捏造的,无理无据的。

一个真心想赞美别人的人,在赞美时,会非常有针对性和分寸,知道哪些是讴歌,哪些是提醒,哪些是反对。在他们看来,真正的十全十美是不存在的,事物不存在完美,人也不可能十全十美。因而他们对一个人的评价不会用"最最"之类的文字,也不会用"他是完美的""没有缺点的"等措辞来评价一个人。而"拍马屁"者则会无事生非,喜欢用一些词语将赞美的内容扩大任意倍,大放厥词,喜欢将大事特夸,小事大夸,无事也要夸。如此的赞美,你会喜欢吗?你能接受吗?

一句赞美的话能给人带来愉悦的心情。赞美不等于"拍马屁",赞美是一门艺术，要想满足人们对赞美的渴望，我们需要把握下面几个小要点：

**赞美的内容要具体**

赞美要具体，不能含糊其辞，否则可能会让对方感到混乱和窘迫。赞美越具体，说明你对被赞美者越了解，也越容易让对方接受你的赞美。

克莱斯勒公司为罗斯福总统制造了一辆汽车，因为他下肢瘫痪，不能使用普通的小汽车，因此这辆车采用了特殊的设计。工程师将汽车送到白宫，总统立即对它产生了极大的兴趣："我觉得简直不可思议，只需按按钮，车子就能跑起来，真是太奇妙了！"

他的朋友们也在一旁欣赏汽车，总统当着大家的面夸奖："我真感激你们花费时间和精力研制了这辆车，这是件了不起的事！"总统接着欣赏了车的散热器、车灯等。也就是说，他提到了车的每一个细节，并坚持让夫人和他的朋友们注意这些装置。这些具体的赞美，让人感到了他的真心和诚意。

**赞美也要讲究策略**

虽然人人都爱听赞美的话，但是并非任何赞美都能使对方高兴。所以说，在赞美一个人时，一定要有策略性的手段，可以赞美他的一些"身外之物"，也可以赞美他的一些不为人知却自以为得意的事。只有别出心裁，才能打动对方的心。

有一个男孩，长得很像某位电影明星，当他和朋友一起出来玩时，首次见到他的人总是说他和某个明星长得很像。通常被认为与某个名演员很像，大多数人不会生气，但这个男孩听着，心里就是不舒服。

也许朋友们在说这半奉承、半开玩笑的话时，并没有特别的含义。但是，事实上这种赞美的方法实在不怎么高明，因为那位电影明星专演冷酷反派的人物，因此说他俩相像，虽然是赞美，却也等于在指责他的缺点。

赞美也是门大学问，就像上面的例子。男孩自认为是缺点的事，却被别人拿来"夸赞",确实让他有些难以接受。所以,当你想赞美别人时,首先要引出对方更多的话题,看出对方希望被怎样赞美,然后再对症下药,一矢中的。也就是说,你的赞美要能满足对方的心理需要。因此,在没有弄清楚对方的喜好前,最好不要随便就使用你的赞誉之词,免得弄巧成拙。这是其一。

其二,当你赞美了对方后,在对方表现出满意的态度时,切记不要就此结束,应适当改变表达方式,再三地赞美同一点。因为仅仅一两次的赞美会被认为是一种奉承,而重复的赞美,可信度就会提高。所以,赞美对方时一定要再三强调,并随时注意对方态度的变化。

赞美的话语是一把"双刃剑",能增进人际交往中的人际关系,但过分的赞美,就会被认为你过于虚伪或别有用心,你也因此会受到鄙视,影响你和他人的正常交往。

事实上,我们在赞美他人的时候,无须在对方的人品或性格上下工夫,而应该针对其过去的事迹、行为或身上的优点等,即对成型的具体事物作适当的赞美。如果你对对方说:"你真是好人啊!"你的赞美也许是发自肺腑的,但在初次见面的短时间内,你的判断理由又是什么呢?因此你的赞美便可能引起对方的怀疑和戒心。但若是夸奖对方的事迹或行为,情况就不同了,因为是对既成事实的赞美,与交情的深浅没有太大关系,对方也比较容易接受。如果对方是女性,那么她身上的衣服与首饰,便是我们赞美的最好题材。

知道了赞美的效用后,与其毫无准备地面对一个初识的人,倒不如先准备好赞美的材料。有了这样的准备,对方往往会因为你的一句赞美而毫无保留地打开心扉,与你成为朋友。

不过,任何赞美的话都一定要切合实际。到别人家做客,与其乱捧一气,不如赞美他的房子布置得别出心裁,或赞美一个精巧的盆景,或赞美装饰的精致,总之,要注意欣赏他人的爱好与情趣。

主人喜欢养金鱼,你应该试着去欣赏那些鱼的美丽;主人爱养花,你应该去赞美他所养的花草。赞美别人最近取得的工作成绩,赞美别人心爱的宠物,比说上无数空泛的客气话要有效得多。

特别关注别人的某一件事物,一定能使人在欣喜之余还觉得感激。士为知己者死,女为悦己者容。钟子期死时,伯牙不再鼓琴,感恩知己至如此地步,其原因不外乎子期能懂得并欣赏他的琴声,并能给予他恰如其分的赞美。所以拥有"金口玉言"的人,常常会因为一句赞美的话说得恰到好处,从而为前途打下基础。

有句俗话说:夸人减龄,遇货添钱。这也是一种赞美。

芸芸众生中,每一个人都希望自己永远年轻,因此成年人对自己的年龄非常敏感。

由于成年人普遍存在怕老的心理,所以"夸人减龄"就成了讨人喜欢的说话技巧。这种技巧在于把对方的年龄尽量往小了说,从而使对方觉得自己年轻,养生有术等,产生一种心理上的满足。比如一个三十多岁的人,你说他看上去只有二十多岁,一个六十多岁的人,你说他看上去只有四五十岁,采用这种说法,对方是不会认为你缺乏眼力、对你反感的,相反,他会对你产生好感,形成心理相容。

"夸人减龄"这种方法只适用于成年人(特别是中老年人),相反,对幼儿、少年,用"逢人长命"(年龄往大了说)的方法,效果会比较好,因为他们有一种渴望成长的心理。

还有一种是"遇货添钱法",货,就是所购买的物品。买东西是再平常不过的日常行为。在我们的心中,能用"廉价"购得"美物",是善于购物者所具有的特质,是精明人的一种象征,虽然我们不会、也不可能都是精明购物者,但我们还是希望自己的购物能力能得到别人的认可。因此,当我们买了一件物品之后,如果花了50元,别人认为只需30元时,我们就会有一种失落感,觉得自己不会买东西。但当我们花了30元,别人认为需要50元时,我们则有一种兴奋感,觉得自己很会买东西。由于这种购物心态的存在,"遇货添钱"这种说话方式也就很能打动人心。

　　甲买了一套款式不错的西服,乙知道市场行情,这种衣服两三百元完全可以买下。于是乙在品评时说:"这套西服不错, 恐怕得六七百元吧?"甲一听笑了,高兴地说:"老兄走眼了,我160元就买下啦!"

　　这里乙的说法就很有技巧性,在他不知道甲花了多少钱买下这套衣服的情况下,故意说高衣服的价格,使对方产生成就感,当然也就使得对方高兴。

　　"遇货添钱法"是一种客气,操作起来也简单,对物品价格高估就行了。当然"价格高估"也需要注意,一要对物价心里有底,二不能过分高估,否则也收不到好的效果。

# 第四章

# 求职礼仪：
## 借助礼仪走向金牌岗位

在就业上，供求不匹配仍然是女性求职的最大障碍。

针对这一问题，女性在求职过程中，必须掌握良好的社交礼仪知识，因为良好的社交礼仪知识是走向成功必要的铺路石。如果我们拥有高雅的仪表风度、完善的语言艺术、良好的个人形象，必将赢得企业的尊重，从而获得更多的就业机会。

## 了解自己：你想干什么？你能干什么？

"如果我要评价自己成功不成功，我只有一个衡量标准，就是我快乐吗？我很爱我做的工作吗？我是不是一个很快乐的人？"

这是在一次录制节目时，羽西的开场白。她对自己的要求就是去做自己喜欢做的事情。从小她就爱弹钢琴，但她却不想去当鲁宾斯坦第二，她只做能当第一的事情。于是她就去了纽约，先是做进出口贸易，后来开始做起了主持人。在让世界了解中国的过程中，她对东方女性的美越来越痴迷，于是第一支口红就成了她内心最大的诱惑和向往。让中国女性认识美，发现自己的美并且主动去塑造自己的美，从而享受优雅美丽的人生,就是她最大的动力和目标。

"一贯的中国红,一贯的精致妆容,会让身边每一个接触我的人感受到美和快乐。不论和谁在一起,不管做什么,我都习惯体贴和理解地从对方的角度去想问题和说话,去理解对方的思维模式和人生感悟。这就是我对自己的了解和要求。我做到了,所以我很快乐!"羽西在节目现场这样说。

那么,你呢?你想做什么?你能做什么?

问出这个问题后,很多人的表情是茫然的,可以断定,很多女人,几乎都没有想过这个问题。这个和年龄无关,很多女人活到20岁、30岁,甚至四五十岁的时候都不了解自己。你问她这个问题的时候,她可能会不以为然地对你说:"糊里糊涂活着呗!"也会有人说:"有个工作,有份收入就不错了,这年头没法要求高。"

糊里糊涂活着的女人就一定不是优雅的女人,她固然可以有美丽的容貌,有优越的生活,但她的内心、她的精神一定是苍白荒芜的。女人的优雅是自内而外的,要做到内外兼修,就要先从了解自己开始。

现在叫得很响的一句话是:性格决定命运。在职场也是,不同的性格在不同的行业就会有不同的职业前景。比如一个性格活泼的人,在销售、公关等与社会沟通方面相关的行业可能会有不错的前景,但要是让她去做技术研究的话,每天对着电脑或者机器,她绝对会崩溃的。同样,一个性格内向的女人,要求她去做市场前沿的工作也是不现实的,面对客户她都害羞得张不了口,你怎么跟她要求业绩?

每个女人在走向职场,要选择一份职业时,都要谨慎地依据自己的性格和能力,完成和内心的对话,问问自己:你想做什么?你能做什么?

拥有硕士学历的小叶,被分配到一个研究所做行政秘书和研究人员,可在她工作的两年时间内,她对单位的研究课题丝毫不感兴趣,对做的行政工作也逐渐厌恶，加上工资太低，她觉得实在不想干了。可是又不知道自己该干什么，能干什么，她的内心非常苦恼。

经济学专业的李静在毕业后留校做了老师，工作稳定，收入也不错，可她一点都不喜欢教书，工作四年后就从高校辞职了。她文笔不错，与人沟通的能力也比较强，面对社会上五花八门的行业，她一时不知道自己该进入哪个行业，有些迷茫。

很多女人在进入职场后，工作一段时间就会出现类似上述案例的职业心理疾病。换句话说，在毕业之初，几乎人人都有雄心壮志，但渐渐的，我们发现有些人倦怠了，有些人浮躁了，有些人疲劳了，有些人偏激了，究其原因，就是没有认真地分析自己想干什么，能干什么。每一个人的性格不同，爱好不同，所受环境影响的大小不同，决定了每一个人的职业规划有所区别。

在选择行业时，羽西建议大家可以根据两个方面进行选择：

其一，兴趣。兴趣成就辉煌。做什么事情都得有兴趣才能做好。如果你不想在工作了几年之后，感叹这个行业没意思，或在年老之后哀怨今生白活了，那么你就一定要认真考虑一下，究竟哪个行业才是你最感兴趣的。

其二，未来前景。这是在选择行业时，必须要考虑到的问题。要知道，行业的未来其实也就是你的未来，因此谨慎选择一个未来前景良好的行业，是对你自己人生的负责。

俗话说：三百六十行，行行出状元。社会上形形色色的职业，总结起来大概有销售、市场、客服、物流、行政、人事、财务、技术、管理几个大类。在这里值得一提的是，500强企业的CEO当中，最多的是销售出身，其次是财务出身，这两者加起来大概超过总数的95%。因此在你选择职业的时候，首先要做的是问你自己，你到底想要过怎样的人生？如果你只是想要一份安稳的工作，每天能够准时上下班，周末休息，那销售就一定不适合你,文员或许会是你的不错选择。

很多时候我们是因为不知道自己想要什么,才会那么迷茫,那么不快乐。如果你对这个问题已经有了自己的答案,那么还得考虑到接下来的一个问题,你是否有能力胜任这个职位?

如果你是一个不擅与人交往的人, 但你又十分渴望能出人头地,在事业上取得成功,那么技术岗位可能会挺适合你。总之在选择职业时,你一定要问自己"你想做什么"和"你能做什么",如果答案能够一致的话,恭喜你,你已经找到了适合自己的工作。

制定目标的时候千万不能盲目自大,好高骛远。要一切结合自己的实际,从实际出发,考虑到自身能力的方方面面,才能做出最适合自己的职业规划。所以一定要设定两个目标,首先是近期目标,在三、五年之内你的目标是什么,在这个小目标实现之后,可结合实际情况对长期目标做适时调整。刚工作没几年就谈10年后的梦想显然为时过早。

如果你不相信这句话,羽西建议你多看看那些成功人士的访谈录,看看他们都是怎么成功的。如果你和他性格相似的话,借鉴他的经历,对你来说,也许是个不错的办法。

总之,用一句形象的比喻来表达的话,了解自己就好比探索旅程中的航海图,它会告诉你方向在那里,何时何地应该乘风疾行,何时何地应该撤帆躲避,最终完成一次最经济、最完美的旅程。

你想做什么,你能做什么,你想好了吗?

## 面试:你准备好一份个性简历了吗?

如果你自己是一个人力资源主管,有很多人来到你的公司应聘,你会选择谁呢?

一个素面朝天的女人吗?一个邋里邋遢的女人吗?当然不会,你一定会选择一个会打扮的女孩子。

所以,在我们凭借美丽的外表赢得第一次机会之后,接下来就要赢得第二次机会了,那就是,你得有一份很有个性的简历。

试想,一堆简历放在那里,面试官怎么选出你来,那一定是你的简历中有吸引他眼球的地方,比如简历的设计很有个性,或者叙述很有个性,要不就是你的经历很特别,等等。

这些不是学历、工作能力、工作经验的问题,而是你如何用一两张纸表现出这些东西并且让人力资源主管认可的问题。一份好的简历,呈现在人力资源主管面前的不仅是最基本的信息:你是谁?有什么能力?有什么工作经验?同时它还能让人力资源主管看到聘请你能为公司带来什么样的回报,为什么要聘用你而不是其他人。这就不是下载一个简历模板就可以做到的事情了。

简历是什么?就是你的名片和广告。"面对一百个应聘企业,需准备一百份不同的简历。"因为不同的企业有不同的用人要求,你必须要用相应的合适的简历来体现你正是企业要找的人。

在生活中,很多人并不是这样的。大家常常会准备一份简历,然后复印上一百份,抱着到人才市场到处分发,最后导致的结果往往是无人问津。究其原因,就是不合适。因为一份不合适的简历导致了不合适的结果。

只有用心"规划"后写出的简历,才能够从人力资源主管桌上厚厚的简历中脱颖而出。

学日语专业的朱坤雪向往日资企业。可是她的个人简历给人的信息就是"除了日语她就不会别的",最后导致的结果就是,苦苦寻找了很长时间,她还是没能找到相应的工作。最后在老师的建议下,她分别针对"文员"、"文案"制作了两份不同的简历,内容各有差异,富有戏剧性的是,她在同一天接到了两个面试通知。也就是说,她有针对性的个性简历得到了用人单位的认可，显而易见，只有目的明确，才能有一个好的结果。

在各式各样的简历中，最糟糕的莫过于"万金油"一样的简历，感觉什么都会，又什么都不会，人力资源主管看不出你到底想做什么工作。在双方都一头雾水的情况下，出现奇迹的可能性几乎为零。

所以说，简历虽小，学问却大。一份个性化十足的简历无异于给自己做了一个宣传广告。要想达到这样的效果，一份简历应该具备以下几个特点：

一、要简短。如果你寻求一个部门经理职位，或专业技术职位，写上一两页纸的简历是正常的。不过大多数情况是，作为大忙人的人力资源主管根本无暇顾及你那份超过两页纸的简历，假如你又写得繁琐冗长，那么无论你有多大的才华，也终将失败。

二、消灭错误。假如你过人的才华毁灭在几个错别字或者标点符号上，那简直亏死了。

三、视觉舒适。动用不同的文字、字形、字号，很好地设计版式，使用优质的纸张，总之，让人力资源主管在惊喜中发现你。

四、不可面面俱到。很多年轻人容易犯的一个错误就是，恨不得在简历中把自己所有的经历都写尽。过分张扬不好，一定要重点强调你有干某项工作的特别技能，以及你所取得的成就和证书，不能"眉毛胡子一把抓"；过分谦卑也不好，这个也谦虚，那个也谦虚，最后面试官也不清楚你能干什么。

羽西最后建议：我们常常能看到各类宣传广告，那些成功的广告都有一个共同的特点，就是迎合消费者的需求。我们也常常收到各种名片，那些成功人士的名片都有一个特点：简洁。我们结合这两个特点，就可以制作出专属于自己的个人简历。要记住，有的而放矢，才能事半而功倍。

# 时间观念是第一道考题

时间对每一个人都是公平的，但由于每个人的时间的观念不同，最后导致了不同的结果。特别当你想做一个好女人，一个有着广阔职场前景的女人的时候，就一定要树立严格的时间观念。

张华终于有幸与另一名入选者一起参加最后一轮面试。他在面试即将开始时才赶到现场，在接下来近半个小时的面试中，他从容不迫地回答了该公司老总的提问。面试即将结束时，老总问张华："你能告诉我现在的确切时间吗？"张华看了手机后，随即说出了时间。上午面试结束后，张华被告知未被录取。原因是，张华的手机时间比准确时间慢了将近10分钟。即使他比另一名应聘者有着技能上的优势，但因为他时间观念淡薄，最终被淘汰了。

曾经有一家企业因误时而白白赔偿美国公司70万美金，也曾有人为提前完成项目赢得商机而欢欣鼓舞。守时已经成为职业道德的一个基本要求。对参加面试的人来说，应提前10~15分钟到达面试地点，稍作休息调整，熟悉一下环境，稳定一下心神，然后以最佳的状态去面试。在面试时迟到或是匆匆忙忙赶到，是致命的错误。面试迟到的话，不管你有什么理由，也会被视为缺乏自我管理和约束能力，即缺乏职业能力，给面试者留下非常不好的印象。不管什么理由，迟到会影响自身的形象，这是一个对他人、对自己尊重的问题。

如果迟到了，不要找那些城市很大、交通拥堵、地方陌生等借口和理由，因为主动权在你的手里，如果路程较远的话，你可以提前一两个小时出发，宁可早到半个小时都不要迟到3分钟。

　　一个对自己负责的人会先去探一次路,熟悉交通线路、地形,甚至事先搞清公司洗手间的位置,这样她就知道了面试的具体地点,同时也了解了路上所需的时间。你只有做一个非常守时的人,对方才有可能信任你,继而将重任交给你。

　　在一家公司面试快结束的时候,忽然跑进来一个女孩,她气喘吁吁,大汗淋漓,因为是夏天,她的汗臭味顿时扑鼻,让人格外不舒服。还有一个女生坐到面试官的对面时,被发现她的扣子是用不同颜色的线缝的,和整件衣服格格不入。或者有的女孩的嘴角还有没擦干净的辣椒油的痕迹。

　　这些细节都很煞风景。职场很残酷,不需要同情,要的只有守时和认真。因此郑重建议要去参加面试的女人,一定要提前到场,抽出时间整理仪容,虽然只有几秒钟时间,却可以给人留下一个良好的第一印象。

　　这里需要说明的是,强调时间观念是相对于应聘人员而言的。招聘人员是允许迟到的,这一点一定要清楚。对招聘人员的迟到,千万不要太介意,也不要太介意面试人员的礼仪、素养。如果他们有不妥之处,你应尽量表现得大度开朗一些,这样往往能使坏事变好事。否则,招聘人员一迟到,你的不满情绪就溢于言表,面露愠色,对方对你的第一印象就会大打折扣,甚至导致你满盘皆输。因为面试也是一种人际磨合能力的考查,你得体、周到的表现,是有百利而无一害的。

## 等待面试时的表现,是你职场顺畅的第一步

　　一家公司,在人都到齐后,故意推迟了5分钟进行面试,人力资源主管坐在办公室里,通过走廊的监控器能清晰地看到每一个面试者的表

现。里面的情形真是五花八门。有玩手机的,有交头接耳聊天的,有嗑瓜子的,有靠在椅子上打盹的,还有一位和陪同而来的情侣抱在一起亲吻的……

这是他们最真实的时刻,也是看出一个人的品质的最佳时机。

另一家公司,也在招聘。人事部主任从桌上拿起一份简历,那是一个有着数年外企管理经验的高级管理人员,有让人羡慕的工作经历。主任向副总郑重推荐:"她是我们的最佳人选,我想,即使她面试不能通过,我们也应该留下她——难得的管理人才啊。"

副总点点头:"还是看看她的表现吧。"

那位最佳人选如约来到办公室,大概三十岁,看得出来也是一个对生活讲究的女人,妆容精致,服饰、坤包也都很有品位,举止稳重而大方。服务人员打开办公室的门:"对不起,范小姐,因为有些事情耽搁,您需要等十分钟左右。请进,祝您好运!"

那位范小姐点点头,微微皱了皱眉,说了声谢谢,便走进了办公室。

考察他的人立即投入了状态,他们紧张地看着她的每一个表现。范小姐进屋后再次皱了皱眉,只见她轻轻整了整裙子,然后坐了下来,不一会又站起来,她关闭了空调,然后关了灯,将地上散落的文件收起来放到桌上,然后走进了卫生间……虽然卫生间里没有摄像头,但是主考的人都意识到她一定是去关水龙头的。大家都兴奋起来:"太好了,这就是我们所要的人。"

几分钟后,范小姐从卫生间出来,她看了看表,然后径自开门出去。

"快拦住她,告诉她,她被我们录取了。"副总激动地吩咐,人事部主任亲自跑了出去:"范小姐,欢迎你来到我们公司。自我介绍一下,我是公司的人事部主任。"

"你好! 主任先生,"范小姐礼貌地点点头,"我想我并不适合在这里工作。"

"为什么?"副总也跟着走了出来。

"你们没有按照约定的时间主持考试,说明你们时间观念不强;这样的天气开空调,大白天亮着灯,说明公司的日常管理混乱,浪费严重;文件散落在地上,卫生间的水龙头损坏看来也不是一两天了,这说明公司的凝聚力不强,员工的工作状态不佳……"

接着范小姐笑了笑:"如果这就是你们的面试题,那也太老套了,说明管理者的智慧有限,而且时间已经超过了十分钟,但你们仍未出现,所以我不想在这里浪费更多的时间。"说完她优雅地转身离去。

面试中的一举一动,一言一行,都是个人礼仪的体现。找工作是与面试官最直接的"短兵相接",通过这些找工作过程中要注意的"面试礼仪",可以让考官对找工作者的职业素质给予更高的分数,而在竞争激烈的求职中脱颖而出。

按照预约进入公司之后,你首先要到前台把访问的主题、有无约定、访问者的名字和自己的名字报上。到达面试地点后,应在等候室耐心等候,并保持安静及正确的坐姿。如果可能,我建议你最好借此机会多了解一下公司以及产品信息,也可以准备一些有关面试的问题,调整自己到最佳状态。

人生就是选择。要得到精采的人生,还是懒散地度过,其实都是你的选择。既然选择了职场,那就认真对待你的选择,等待面试时的表现,是你职场顺畅的第一步。

## 着装:面试穿着要"秀外慧中"

羽西在接受采访时说:"从小的家庭环境和我后来从事的事业都注定了我和'美'不可分割。我是一个对美认真并且严格的人,从进公司的第一天起,我就不自觉地用这个标准衡量我所有的员工。

"我常常在面试场合见到一些穿着奇装异服的女人，有穿着吊带衫、贴着纹身贴的；有穿着肥大的宽腿裤的；有化烟熏妆、露出半个屁股的；还有穿乞丐服的……其实，这些都是面试时的不和谐音符。如果你衣着得体，妆容恰当，不仅表示你对我的尊重，也能够给面试官留下一个良好的印象。所以，这个'面子'工作你不但要做，还要做得精细、巧妙，这样，你才能在你想得到的工作上又加上了一把'保险'"。

洋洋有满满一衣橱的衣服，从衣服的质地，款式，到鞋子、包包的搭配，她都是个非常讲究的人。可这次她要应聘工商系统的办公室文员。却犯了难：穿套装很优雅，穿休闲装很个性，穿运动装很舒服，穿裤子显得双腿修长，穿裙子显得身材窈窕，究竟该穿什么样的衣服呢？

一位有经验的人士建议说，应聘文员时，穿着要显得优雅、美丽、精致，最好穿套裙，但要记住上衣要盖住腰部，裙子长不过小腿。洋洋打破砂锅问到底："那衣服是色彩鲜艳点好还是淡雅点好？要不要化妆？可不可以喷香水？高跟鞋多高合适？……"

的确，洋洋遇到的问题也是大多数应试者遇到的着装问题。这里根据不同岗位，羽西给大家推荐不同的着装款式：

行政类：服装风格以典雅为原则，选择套装，给人以简洁、干练的感觉。

技术类：简单素色、中性的西服套装是最佳选择，一般来说，选择冷色调比较合适。

市场类：要选择能够让人感觉舒服和干练的服饰。

会计与律师：比其他行业更需要简单、干练，质感佳且色调中性的服饰。

艺术类：兼具时髦与沉稳，有创意的色彩穿着起来会更合适些。

女人的服装款式比较丰富，在穿的时候，在款式和颜色上都需要注意。如果你应聘的是广告、设计、策划之类重视创意思维的行业和领域，可以不必塑造过于沉稳、内敛的形象，个性的休闲装、形象鲜明的T恤、高档的丝质衬衣、颜色发白的牛仔裤等都是不错的选择。其他岗位则需根据上面的建议有选择地穿衣。

妆容要和衣服搭配，这也是最基本的原则。有时在面试现场可以看到个别女性的口红颜色是深红色的，但套装的颜色却是浅色的，这种一冷一暖的色调搭配当然是不和谐的。还有些人的眼影、腮红、口红颜色属于完全不同的色系，那张青春的脸就变成了"调色板"，不但让自己丢了"面子"，而且让考官觉得有失尊重。最简单的办法就是口红、腮红、服装的颜色比较接近，眼影可略有差别，但不宜反差太大。香水也是如此，可以选择一些淡雅的味道，不能过于浓烈，如果味道重得连面试官都要捂鼻子，你想还能有好结果吗？

不要求你一定要穿得多珠光宝气，但至少要整洁得体，穿着标准也就五个原则：

一、必须干净整洁。试想，如果你去应聘做护士，结果你的衣服上都是汗渍污渍，恐怕患者见了都会产生惊恐心理，谁知道那些诸如感染或者拿错药的事情不会在你身上发生呢？

二、符合潮流。不能太超前，也不能太复古。颜色不应过分鲜艳，款式不应太杂乱，更不能穿着太暴露或太紧身，合身的正装最合适。这里不是T台，你可以彰显自己的个性，但工作的效率毕竟还是要靠严谨得来。

三、符合身份。譬如说董事长、总经理在职场中的着装要求就应当比较高一些，而一般工作人员的着装要求则可稍微低一些。

四、扬长避短。比如肚子上有赘肉，那就穿得宽松一点；如果你的腿很漂亮，那裙子就可以穿窄一点。

五、遵守惯例。惯例就是上班穿上班的衣服，舞会穿舞会的衣服，在家穿在家的衣服。你要是在工作时穿一件无比华丽的礼服，那肯定不搭调。

其实,找工作也如同商业行为,雇主是买方,你是卖方,要吸引买方,除了"慧中"外,还要"秀外"。用得体的穿着给面试官留下美好的印象,既有助于你提高面试成功的几率,也是尊重他人,尊重自己的表现。

## 与主考官的第一个照面:无声胜有声的形体语言

这是一位著名女舞蹈家的真实经历。在她十四岁时,舞蹈技能已经十分出色,于是去一家专业剧团应试。考场设在练功房,考官们整齐地坐成一排。当她进入考场后,茫然四顾,看到主考官们后,她用手指搅着衣角,站在那里很不自然。

主考官手执一大头针对她说:"这是什么?""针。"旋即考官将针掷向地上(实际上并未扔出),说:"请把它拣起来。"女孩趴在地上认真寻找,终无所获,急得直掉眼泪。几分钟过去,考官说:"考试结束,请叫下一名考生。"小女孩急于表白:"我会跳小天鹅,会演白毛女!"结果无济于事,她还是被客气地"请"出了考场。

几天过后,经过专家的点拨和女孩的苦苦努力,她又获得补考的机会。在得到应允之后,女孩推开门走进去,向考官们深鞠一躬,然后面带微笑地看着老师们。考试的题目是:"请你把眼镜找出来,戴好。"小女孩心领神会,立即用自己熟悉的舞蹈"词汇"表现没带眼镜时的彷徨、呆滞及找到并戴好眼镜后的喜悦、明亮。

主考官面露喜色,示意她可以离开了。女孩再次深鞠一躬,然后说谢谢,转身出去时,还没有忘记轻轻带上门。从此这位小女孩踏上了舞蹈事业的成功大路。

在这类面试考察中,正确解读"无声"的肢体语言最为重要。这一方面需要日积月累的扎实训练,另一方面也需要临场发挥,灵活机动。

除了讲话以外,肢体语言也是重要的公关手段,主要包括:手势语、目光语、身势语、面部语等,通过仪表、姿态、神情、动作来传递信息,它们在交谈中往往起着有声语言无法比拟的效果,是塑造职业形象的更高境界。一个微笑的表情,一个恰当的手势,一个优雅端庄的坐姿,对别人来说无不都是赏心悦目的事情,何况这样美好的情形出现在面试官的眼里。

也许你还不知道,在你和面试官打第一个照面时,你所有的行为都被他尽收眼底,因此礼仪举止在此刻就显得尤为重要。要想在礼仪中为自己加分,就要正确地使用形体语言,准确而恰当地表达自己的意愿,以便得到面试官的认可,为自己多争取一份就业机会。

羽西提醒你,在这几个方面注意自己:

**你坐对了吗?**

你可能会说:谁还不会坐?但事实上,很多人的确不会坐。有些面试者未经面试官允许就走过去,一只脚踢开椅子,然后一屁股坐了下去;还有的人坐在那里一边抖腿,一边不时地把玩着圆珠笔。我们提倡面试时保持轻松自信的状态,但过于随便无异于自毁前程。

即使一个简单的坐姿,也要体现礼仪修养。你对面试官的尊重的表现形式之一,就是得体有礼地坐好。伴随着他的一声"请坐",就拉开了你和面试官的礼仪之序。此时,第一道关卡开始了,坐下时道声"谢谢",是很多人都会遗忘的事情。第二道关卡便是良好的坐姿。坐椅子时最好坐满三分之二,上身挺直,这样显得精神抖擞;身体要略向前倾,表示你对面试官很关注,你在聚精会神地听他提问。不要弓着腰,也不要总把腰挺得很直,这样会给人留下死板的印象。即使面试官看不到你的双膝,我依然建议你膝盖并拢,双手自然地放在上面。跷二郎腿或不停抖动,两臂交叉在胸前,或者把手放在邻座椅背上,这些动作都会给别人留下一种轻浮傲慢、有失庄重的印象。

**你看对了吗?**

在和面试官打过照面后,你的目光应该落在哪里?有人说,当然是看面试官了。回答正确!但这里还有一个问题,你是目不转睛地盯着他,还是眼神四处飘忽不定,或者低下头做羞涩状不敢看面试官?

我们应当正视面试官,但不必总看着他的眼睛,你可以将视线不时停留在他的鼻子或眼睛上,即所谓面部三角区内。要特别注意眼神的交流,这不仅是相互尊重的表示,还可以帮助你更好地获取一些信息,与面试官的动作达成默契。回答问题前,可以把视线投在对方背面的墙上,思考约两三秒钟,时间不宜过长,开口回答问题时,就应该把视线收回来。

**你笑对了吗?**

有个女孩去面试,她秉承着微笑是礼貌的宗旨,从进门开始她就一直微笑,一直到最后离开,这种笑让面试官从开始的欣赏到后面感到了不自在,最后面试官实在忍不住说了一句:"放松就可以,不必太紧张,太拘泥。"女孩顿时收住笑容,说:"我都笑得脸疼了。"

该笑时笑,不该笑的时候不要笑。微笑可以体现出一个人的自信,也能为你消除紧张。面试时面带微笑会增进与面试官的沟通,会百分之百地提高你的外部形象,改善你与面试官的关系。有调查表明:带着赏心悦目的面部表情,应聘的成功率远高于那些目不斜视、笑不露齿的人。但也不能为了达到这个效果就一直笑,时间一长,会给人表情僵硬的感觉。也不要板着面孔,苦着一张脸,否则很难给人以最佳的印象。对方说得对时,微笑并且点头肯定;对方的话能听懂时,笑一笑表示自己听明白了,一切都要顺其自然。

**你的手势表达对了吗?**

人在说话的时候,会自然地用手势来配合表达。如果一个人的手势过多,会让对方看得眼花缭乱,也会给人留下轻浮、不稳重的印象。交谈很投机时,可适当地配合一些手势讲解,但不要频繁耸肩,手舞足蹈。有些求职者由于紧张,双手不知道该放哪儿,于是一会放在桌子上,一会放在裤兜里,一会背在后面,一会又抓耳挠腮,这些行为都不可取。手势不宜多,能够表词达意就可以。如果你把握不准的话,可以借鉴一些成功的案例,多学习学习。

虽然面试只有短短的几分钟时间,但在这几分钟内,你的所作所为无不关乎你的面试结果。只有平时多积累相关礼仪知识,你才能游刃有余地应对。

## 语言的力量,让面试官提升对你的重视

谈起哪些是可以让女孩儿变得更好的建议时,羽西老师说:"英语,首先是英语。说很老实的话,如果你一点英语都不会的话,就去选美,很难。最起码的英语你要懂,所有的排练全部是英语,如果你只可以说中文的话,那怎么可以?在决赛的时候还可以有翻译,但要到最后一个星期才有,所以英语非常关键,没有英语……而且说很老实的话,如果你要做一个super-model,没有英语,你永远做不成。

"我有一次访问法国非常有名的modelaggency的总裁,我问他,出了这么多model,做super-model最关键的是什么?他说,最重要的是英语,她的personality,如果她的性格是很外向的,很能交流的,那就是很好的。说很老实的话,高高的、样子好的、头发好的,这种女孩子很多的,为什么其中一个比另外一个成功呢?就是因为她的personality,因为语言就可以代表很多personality的表达……"

语言对一个女人来说,是非常非常重要的,即使你不是模特,依然要掌握好语言这门工具,至少母语——中文一定要熟练掌握,那是我们沟通交流的必需工具。事实上,很多女人不会说话,不懂得说话的技巧和

智慧。到了职场上,到了面试的时候,其实挺优秀的一个人,结果被几句话断送了职场前景。

从心理学的角度来看,一个人的言谈举止反映的是他(她)的内在修养,比如,一个人的个性、价值取向、气质、所学专业等等。不同类型的人,会表现出不一样的行为习惯,而不同公司,不同部门,也就在面试中通过对应试者言谈举止的观察,来了解他们的内在修养和气质,并以此来确定其是否是自己需要的人选。我比较不喜欢常用以下五种表达方式的女人:言过其实、自卑、自负、哀求和恭维。"我从原单位辞职,决定破釜沉舟,干一番大事业",这样自负的话会吓到面试官。"我父母下岗,家里全靠我支撑,请给我一次机会",拜托,这是工作,没有讨价还价的余地。再说,任何人都不会打心底喜欢一个底气不足的女人,也许在感情里,这类女人会比较受欢迎,但工作上,NO!

面试也就几分钟时间,在这几分钟里,只要你抓住关键点,在重点的几个问题里体现出你的语言功底,可以说,你的整个面试基本就没什么问题了。

1.自我介绍。语言要概括、简洁、有力,绝不能拖泥带水,轻重不分。要突出你与众不同的个性和特长,对照职位的要求展示自己的优点,准确地使用普通话。虽然这点不必重申,但我还是建议面试者尽量不要用简称、方言、土语和口头禅,以免使对方难以听懂。

2.压力类题的语言技巧。面试官当然不会只问你简单问题,一些刁钻古怪的问题才是他们更拿手的,不然怎么体现他的专业水准?即使他的问题让你尴尬,你也要保持风度和礼貌,将计就计。平时多积累不同层面的知识,学会幽默,必要时一句幽默的话会让面试官对你另眼相看。

3.需要做解释的时候。对简历中面试官还不清楚的事情,他会单独提出来请你做解释。这个时候你需要简单客观地列出事实真相,有理有据地告诉对方原委,当说则说,该断则断,这样会给面试官一个实事求是、敢于担当的好印象。要是你像跟闺蜜煲电话粥那样东拉西扯说一大堆,估计面试官已经睡着了。

语言是一个人综合素质的集中体现。平时要做足基本功,多积累各方面的知识,无论面试官问什么你都能应答自如。你是不是一个聪明的女人,一开口说话便一目了然。

## 自信心不打折,面试切忌结伴而行

记得有一次,羽西老师在做客新浪《微访谈·微享生活》回答网友提问时,一位网友向她提问说:"您在很多人心中都是被崇拜的女神,那您有没有崇拜的人呢?"羽西的回答只有8个字:"没有女神,只有女人。"

在羽西看来,每一个女人都是平凡而又不平凡的,当然她自己也不例外。之所以说不平凡,是因为每个女人都可以通过自己的努力实现人生理想,没有谁一定要被人们崇拜,只有自己能给自己信心和力量。

当你认真而热情地对待你所从事的工作和你的人生的时候,你的自信就会油然而生。这和一个人的学历、职务和业绩的高低并不完全相关。很多女人时常困惑:当初我能从数千万学子中脱颖而出,考上大学,取得某个专业的本科学位,或者硕士学位,已经可以称得上是"天之骄子"了,可为什么在工作之后,人生的光彩却越来越黯淡了呢?原因就是不够自信。

有一次,在"羽西之家"的面试现场,羽西看到了一个由同伴陪同来面试的女孩,问她为什么不一个人来。她回答说:"找个伴一起来心理会更踏实些。"不踏实的原因她也说了,因为她是本科文凭,本科的上面还有硕士研究生,还有博士研究生。

　　那么拥有硕士和博士文凭就可以自信了吗？也不是。因为硕士和博士的上面还有研究院和院士呢。如果真的这样比下去的话,恐怕当了国家总统也难以自信,因为一个穷国的总统见到富国的总统也会不自信。一个人要想真正地拥有自信,首先要突破"狭隘比较"的心理障碍。

　　你就是你,无论你是专科还是本科,不管你是苗条还是低矮,亦或是满脸痘痘,那都是你的既定现实。正确地认识自己是培养自信的第一步。有人说,自信来源于成功的暗示,也就是说,某项重任或创新一旦成功了,这个人就会自信。这句话对,也不完全对。打个比方,一个女人本身长得不漂亮,今天运用化妆手段让她变得漂亮了,在那段时期,她获得了自信,可等她卸妆之后,她又变回了自己,所以,化妆并没有从内心和根本上改变她。羽西认为,这句话应该理解为,一个人在做某件事,尤其是在他担当重任或大胆创新的时候,就需要自信,而不是只有在成功之后才能自信。

　　上帝从来都是公平的,他给了你这一样,就会剥夺你另一样。比如你长得很漂亮,可是嗓子却是沙哑的;比如你的智商很高,文凭很高,可惜情商却很低,不懂得跟人打交道。诸如此类的事情,我们周围的例子太多了。而大家往往只是看到别人怎么美好和幸运,总希望那些美好和幸运能被自己所拥有,却很少想到完全可以通过努力来改变自己,使自己变得更加聪明、能干和美丽,再塑一个全新的自我。尼采曾说:"聪明的人只要能认识自己,便什么也不会失去。"事实上,每个人都有巨大的潜能,每个人都有自己独特的个性和长处,每个人都可以选择自己的目标,并通过不懈的努力去争取属于自己的成功。

　　也许你没有硕士学位,但你有着绝好的口才;也许你没有专业技能,但是你善于交际,能结交各行各业的人士。发现并且肯定自己的优点和长处是一个人培养自信心的关键。一个人在自己的生活经历中,在自己所处的社会境遇中,能否真正认识自我,肯定自我,知道如何塑造自我形象,如何把握自我发展,如何选择积极或消极的自我意识,将在很大程度上影响或决定着一个人的前程与命运。换句话说,你可能渺小而平庸,也可能美好而杰出,这在很大程度上取决于你的自我意识究竟如何,取决于你是否能够拥有真正的自信。

说到这里,又回到刚才的命题。如果你连面试都需要人陪伴,那企业就会联想到,把一件工作交给你,是不是也需要有人帮助你才能完成?这就背离了招聘的初衷。

所以,女人千万不能有依赖心理,树立良好的自信心是非常非常重要的。

要想在面试中树立起自信心,就要杜绝以下5种不自信的心理:

1.盲目紧张,缺乏自信。不就是面试,不就是几分钟的谈话嘛,不必像看病一样。有什么就说什么,招聘的人自有定夺,何况面试是双向选择的事情,这家不行还有下一家嘛。

2.追求完美的心态也要不得。如果追求完美,就会对自己很苛刻,容易焦躁不安,这样会形成很大的压力,影响发挥。有的女孩既要求自己穿着得体,打扮漂亮,还要谈吐幽默机智,还要有丰富的阅历打动面试官,如此完美的人,这个世界是绝对没有的,因此,顺其自然,放平心态就OK。

3.死记硬背,千篇一律。在考试中,你死记硬背能偶然得高分,但是在面试中,没有标准答案,不管答案多么标准,你都必须把自己的特点加进去。

4.切忌存在侥幸心理。想着笔试既然过了,面试也没事。即使笔试成绩为第一,面试也是从零开始。对待面试,心态要归零,慎重对待。

5.重学轻练。这一点在很多刚步入社会的女孩身上得到了体现,她们的理论很扎实,实践很薄弱。你可以在家里找家人或者好友扮演面试官多进行练习,好说巧说才能取得好成绩。

"工欲善其事,必先利其器",要想在面试时挥洒自如,必须经过多次演练,树立起自信心,这比找家长或者好友陪伴要实际有效得多。

# 面试之后记得说感谢

在羽西的《魅力何来》那本书里，一直在强调一句话，那就是"做一个有风度、有品位、有修养的现代人"。并且她主张按国际标准，对人们在衣食住行、言谈举止、仪态仪表等方面进行规范。

"当然不同国家和民族，因文化背景不同，在礼仪上也是存在差异的。对中国来说，对中国的女人来说，我认为礼貌非常重要。很多中国人都没有礼貌，女人也是，比如接电话态度很生硬："他不在！"还有买东西插队（夹塞儿），使用公共厕所后不冲洗，完全不考虑别人的方便……礼貌是每个人都应具有的。不只是领导层、涉外人员和文明程度较高的人群才需要，也不是只有在接触外国人时才表现出来，这是一个'礼仪之邦'应有的风范和魅力。我认为最高的礼仪就是对人的关怀，应该在你生活的方方面面体现出来，职场中更应如此。"

一个人讲不讲礼貌，懂不懂感恩，那是修养的问题，但也能从对这个问题的认识上判断一个人的礼仪层次。

有一家公司，招聘一批女员工，来应聘的很多女孩都很漂亮，文凭也都不错，公司的面试和笔试都十分繁琐，一轮轮淘汰下来，最后只剩下5个人。其实这5个人都很优秀，都有较好的外貌条件和学识，而且都毕业于名牌大学。公司通知5个人先回家，等待公司最后的决定。

几天后，其中一位的电子邮箱里收到一封信，信是招聘的公司人事部发去的，内容大概是：经过公司研究决定，你落聘了，但是我们欣赏你的学识、气质，因为名额有限，实是割爱之举。若公司以后有招聘名额，必会优先通知你。你所提交的资料在录入电脑存档后，不日将邮寄返还于你。另外，为感谢你对本公司的信任，随信寄去本公司产品的优惠券一份。祝你开心。

有一个女孩在收到电子邮件的一刻，知道自己落聘了，十分伤心。但她又被公司的诚意所感动，就顺手花了几分钟时间用电子邮件给公司人事部的人发了一封简短的感谢信。结果不用猜想，她被录取了。

其实这只是招聘公司的一个小游戏而已。可那个游戏里，只有她一个人是胜出的，因为她懂得感恩。


羽西建议你，以后去面试，不管最后是不是通过，都记得给面试的公司写一封感谢信，用葛优的话来说就是：散买卖不散交情。这次不行，也许以后还有机会呢。再者，对方给了你一次面试机会，让你获得锻炼，难道不应该感谢吗？但要让这份感谢的心情得到对方的共鸣，就需要认真对待这封感谢信。

**最好手写。**现代化的通讯工具有很多，但一家单位的工作人员为你做了很多事，或者竭力帮助了你的时候，没有什么能比你亲手写的致谢信更有意义了。怀着感激的心情，花一些时间坐下来，想一想帮助你的人，用真诚的态度非常认真地写一封亲笔信表达你的谢意，无论最后结果如何，都已经传递出了你的感激之情。一封简短的特别的致谢信也许只需要几分钟，但是得到的可以说是一千倍的回报。人们会记住你的感谢，即使他们已经忘了曾经为你做过什么。

**用高质量的书写纸。**与其买一些印有"真诚感谢"之类文字的普通书写卡片，不如选择高档的商务明信片，卡片上有浮雕效果的你的姓名或者独具匠心地写上你的相关资料。对方会仅凭你使用的书写纸的质量，来判断你的综合素质，甚至你未来的前途。

**内容简短。**写致谢信不是写情书，不需要很长的篇幅，也不需要辞藻华丽。致谢信的开头应提及自己的姓名及简单情况，以及面试的时间，并对招聘人员表示感谢。致谢信的中间部分要重申对公司、应聘职位的兴趣，增加一些对求职成功有用的新内容。致谢信的结尾可以表示对自己的信心，以及为公司的发展壮大做贡献的决心。

**正确书写姓名和地址。**当给别人写致谢信的时候，最糟糕的错误就是写错对方的名字或写错了对方的职务头衔。因此在发出信件之前，一定要核对信息，确保信息正确地送出。

**及时发出。**最好在面试结束后一两天之内将你的致谢信发出，当然，即使你觉得已经拖延了很长时间，也应该发出你的致谢信，因为迟到的致谢总比没有表示的要好。


小A应聘度假村公关人员的职位，被要求去见销售主管、公关部主管和酒店的总裁。在面试的过程中，她用心注意观察了每个人的办公室是如何装饰的。在进入销售主管的办公室后，她立即就看到他的用旧了的高尔夫球杆，很明显，他喜欢打高尔夫球。酒店总裁的办公室墙上，装饰的都是打马球用的马匹的照片，公共关系部主管则在电话附件中有一套黑白相间的瓷器奶牛。

面试之后，小A去购物中心买了带有马和高尔夫球的卡片，然后她在每张卡片上写了诚恳的致谢词，分别寄给酒店总裁和销售主管。至于那位公关部主管，她给他买了一个白色的13厘米×18厘米的拼图，用带颜色记号的笔在拼图上写下了自己的名字，同致谢信一起寄了过去。一周后，她被雇佣了。


如果你特别想得到那个岗位，那么不妨像当初制作简历那样别出心裁地写一封致谢信，这样不但适合那些面试你的人，同时也可以彰显你的个性，提升你的竞争力，毕竟一封致谢信也是需要创造性思维的。只要你能想到，就一定能做到。只要能做到，就一定能得到。

# 不要过早地打听结果

对于每一个求职者来说,都巴不得面试结束后就有人对他说:你明天就可以来上班了。但这种情况出现的可能性是很小的,因为有那么多人应聘,面试官也不是超人,所以耐心等待是必须的一个过程。

在一般情况下,考官组在每天面试结束后,都要进行讨论和投票,然后送人事部门汇总,最后确定录用人选,这个过程可能要等3~5天。在这段时间一定要淡定,不要过早打听面试结果。过早追问面试结果,只能适得其反,即使有幸被录取,也会给人事负责人留下不好的印象。

有一个女孩在毕业后差不多一年的时间里,都没有找到工作,随着时间的推移,她的心情越来越差。后来朋友介绍她去黄石找工作,在朋友的推介下,她去了一家企业面试。由于生活没有着落,所以她求职心切,面试结束后她就急于询问结果,人力资源经理委婉地告诉她,有结果就会通知她的。可她还是不甘心,认为自己的资历绝对够格,加上朋友本身就是这家企业的员工,所以她胜券在握,后来又几次追问,最后被连人带简历赶了出来。

女孩很纳闷,她不明白自己做错了什么,用她的话来说就是:"我太想得到这份工作了,所以有些迫不及待,可为什么就不能当场告诉我结果呢?"

要知道,现在一两个岗位都可能有几百上千人去竞聘,在招聘没有结束时,就连人力资源经理也不知道谁会是最理想的人选,当场追问结果显然是不明智的行为,这样不但会给面试官留下不够稳重的印象,同时也让他对你能否胜任未来的工作产生怀疑。只有面试结束之后,从众多的简历中挑出最优秀的,加上面试印象,面试官才能初步筛选出理想人选。

一般来说,在面试两周后,或主考官许诺的通知时间到了后,你还没有收到对方答复,就应该打电话或写邮件给招聘单位或主考官,询问是否已做出决定。你可以写信,发Email或打电话询问面试结果。一是提醒一下招聘方,表示自己对这个公司很感兴趣;二是在面试官难以做出判断时,你的信件可能为自己增加入选的机会。即使未被录用,也最好能与主考官保持联系,这也是建立职业关系网的一个重要组成部分,很可能在今后,你仍有机会进入你心仪的单位。如果用电话询问,时间最好不要超过5分钟。一是打电话有可能会干扰到别人的工作;二是如果招聘方感觉不便回答,可能会陷于尴尬;三是会显得自己太着急。

另外,还要摆正心态。面试之后,一次机会就已经过去,回到家里,应该仔细记录整个面试经过,每个面试提问,每个细节,都要记载在面试记录手册里,对自己的面试情况做一个客观的评估。面试成功与否并不是最重要的,最重要的是从上一次面试中分析各种因素,学到经验,在下次面试中表现得更加出色。

如果你同时向几家公司求职,那就要很快收拾好心情,全身心投入应付第二家的面试,在聘书到来之前,都还不能算成功,你不应放弃其他机会。

总之,心态要坦然,尽力而为,量力而行,不要勉强自己去做力所不能及的事,在每一个面试环节都尽可能地给面试官留下良好的印象。追问面试结果或者走后门托人打听都是不够礼貌的行为,更糟糕的是,很可能因为你的这些"小动作",而使得你前面的努力功亏一篑。

## 隐形人际考验:你是否不卑不亢,不拘小节,冷静果断?

根据心理学的原理,如你给人留下的最初印象不好,那么要改变这种印象将是很困难的,这就是负面加重倾向的作用。了解了考官的这一心理特征,我们就应当认真准备自己的应聘资料,尽可能让自己的缺点和不足被优点和特长所掩盖。当然更不要因为自己的穿着打扮、面试开始时的一举一动而给考官留下糟糕的印象。

我们形容一个生动的女人活色生香,就是她的一颦一笑,一坐一站,一个转身一个笑答都蕴含着女性的柔美和智慧,无论你是谁,在什么情境下和她在一起,你都会感觉到那是一种惬意的享受。假如那个人正好是你的面试官,那么你无疑是这场面试中最可能胜出的人选之一。这些不是以貌取人,而是有科学根据的。有研究表明,使用上扬语调易给听者造成悬念,提高他的兴趣,但若持续时间过长,则会引起疲劳。而降调能表现说话人的果敢决断,但有时也会显示他的主观武断。再比如语速,适宜的语速并不是从头到尾一成不变的速度和节奏,而是要根据内容的重要性、难易度,以及对方的注意力情况,调节语速和节奏。良好的语言习惯不仅指不犯语法错误,表达流利,用词得当,言之有物,同样重要的还有说话方式。比如当你被问到"是否能完成一件比较困难的工作"时,用中等速度适当提高音量回答:"我可以试试",与用慢速轻声回答:"我大概可以试试",给人的感觉就会大不一样。前者充满自信,而后者会让人感到缺乏信心。

虽然面试只有短短几分钟,考官也就只问你几个问题,可通过那几个问题,就可以初步评估你是一个什么样的人。你是羞涩内敛还是开朗聪慧,你是"独处女王"还是"公关达人",你是骄傲自满还是不卑不亢,你是优柔寡断还是冷静果断,都会被面试官尽收眼底。

　　建议每一位女性,不要因为对方是决定自己命运的关键人物,就在回答问题时故意讨好,巴结人力资源主管。这种假惺惺的回答会让人力资源主管感到你是一个虚伪的人。还有些人很自以为是,以为经过了数次的面试以后,基本上了解了人力资源主管在面试中会提一些什么样的问题,一旦有开口的机会,就滔滔不绝起来,从自己的个人情况说到工作经历,再说到离职原因,最后说到个人脾性等。这样喧宾夺主的方式是不会让人力资源主管喜欢的。试想,面试官还没问,你就把他要问的问题都回答完了,那么你还让他问什么呢?人力资源主管看你这么能说会道,说不定还会抛几个刁钻刻薄的问题让你小小地尴尬一下。

　　要记住,你是来争取工作机会的,不是来和人力资源主管唇枪舌剑的。给人力资源主管下"战帖"可不是什么明智之选。再者,论资历和经验,人力资源主管要比你阅历丰富得多,何况他还是你的主考官,行与不行,他都有着很大的主宰权,千万不要因为自己的一时兴起,而在面试官面前留下不好的印象。

　　那么,如何在面试中做到不卑不亢,冷静果断,巧妙圆融地处理好面试中的隐形人际考验呢?羽西给你提几个建议,从进门开始,就将优秀的自己展示给人力资源主管看。

　　进门有礼。得到允许进入面试室后,首先要鞠躬,问好,走到位置前,等面试官讲"请坐"后道谢坐下,面对面试官要面带微笑。简短却连贯的几个动作已经悄无声息地告诉面试官,这就是独特又优秀的我。

　　谈吐文雅。当面试官问及你的姓名,年龄,受教育程度,特长,工作经历等问题的时候,都要结合客观事实,一一做出回答,回答的时候简短准确,清晰明了。

　　睿智幽默。在你进入面试室之前,就给自己几分钟想一想:如果你是面试官,你想要什么样的人才?这样一来,你就不会总是以"我"为中心,过于自我表现了。同样,对比较敏感的薪资问题,最好也不要直截了当地说出数字,而是站在公司的角度、岗位的立场去想一想,究竟怎样回答才是最完美的。此时如果你趋炎附势或者溜须拍马,甚至编造一些谎言来敷衍面试官,无疑都是自毁前程的做法。

面试结束,要首先感谢主考官以及公司给自己这次机会,把椅子放回原处,关门前鞠躬,再次表示感谢,随手关门。

这些都是最基本的礼仪要求,这些一一做到之后,无论面试结果是否理想,面试官对你的综合修养以及人际交往的原则和底线都会给出较高评价,同时也会对你亮出了最客观的评分。自然,这不是临阵磨枪,一蹴而就的,而是需要长期的积累和修炼才可以拥有的财富。

# 第五章

# 办公室礼仪：
## 一个人综合素质的竞技场所

公司的长足发展不仅有利于老板，更有利于自己。谁都知道从破产的公司里出来的求职者总是很难受到别人的欢迎，而一位从优秀的公司退休的职员却会成为人人希望获得的人才。

如果你愿意做后者，那么在进公司的那一刻起，就请把自己和公司紧密联系起来。礼仪在这个时候会发挥很关键的作用。

## 审视自己：入职时期，你就代表了公司的形象

一般来说，成熟的领导，通常只看几眼，就大概知道员工是多大年龄，什么阅历，生活状况等信息。特别是刚入职的人，其表现更加明显。

新员工通常分为两类，一类是心理年龄太小，不知道怎么选择成熟的着装；还有一类就是因为长期打扮过于成熟，给人比较老气的感觉。比如那些刚毕业的女孩，在入职初期，身上还带着校园气息，缺乏足够的自信和胆量，穿衣打扮也过于稚气，甚至有的对什么是化妆打扮一无

所知,这样很容易让领导对她的能力产生怀疑,第一印象一旦形成,后面的晋升就会变得很麻烦。

羽西告诉你,对入职新人而言,5分职业,3分时尚,2分活泼才是刚刚好的。如果你身着一身套装,以轻熟女形象出现在公司,无疑会给大家留下一个很好的印象。优雅精致的成熟形象最能够凸显白领这个群体的自身优势,穿时髦得体的着装,在视觉上塑造出曼妙的曲线,同样是决定职场生涯的关键人气因素。

在现代企业中,一般进公司的第一天,有几件事情是必须要做的,那就是宣读员工手册以及公司相关制度和规定,目的就是让每一位员工都充分认识礼仪对塑造企业形象的重要性,让他们以个人形象树立良好的企业形象。而要塑造良好的企业形象,充分发挥员工礼仪的功能和作用是非常重要的。

对职场新人来说,具体要求如下:

如果上班第一天,你穿着迷彩服,我穿着乞丐装,他穿着运动服去上班,那么公司无疑会成为一个大集市,根本没有企业形象可言。假如有客户到公司来,见到这幅情景,估计连谈订单的欲望都没有了。一个职场新人,他的得体的衣着打扮和言谈举止,往往会形成照耀公司形象的"光环",这种"光环"的亮度,则取决于各种礼仪的具体表现是否恰到好处。日本著名实业家松下幸之助本来不修边幅,一次,他去理发室,理发师当场批评他不注重修饰自己的容貌:"你是公司的代表,却如此不注意衣冠整洁,让别人怎么想?连老板都这样邋遢,你想他的公司还会好吗?"自此,松下幸之助便痛改前非,开始注意自己的衣着打扮和在公众面前的仪表仪态。今天的松下产品驰名天下,这与它的创始人松下幸之助的表率作用和严格要求员工懂礼貌、讲仪表是分不开的。

一个公司要想使全体员工团结协作,提高工作效率,保质保量地完成任务,规范礼仪是必不可少的。试想,几千人穿着统一的制服,大家彼此说话客气,工作认真,必然会在无形中提高企业在市场竞争中的生存和发展能力。反之，如果员工不能遵循公关礼仪，他们之间的冲突、矛盾就可能会增多，就不可能很好地协作配合。遇事推诿扯皮，不仅降低工作效率，而且会影响企业目标的实现，甚至会危及企业的生存。

员工的行为是企业形象的一种宣传。

人们往往会从某一个员工、某一个小事情上，衡量一个企业的可信度、服务质量和管理水平。当职场新人的礼仪与企业形象战略保持一致，会使公众认同企业，产生信任和好感，进而提高企业在社会上的地位和声誉。可想而知，如果每一个员工都能够做到待人接物知书达礼，着装得体，举止文明，彬彬有礼，谈吐高雅，企业就会赢得社会的信赖、理解、支持。反之，如果员工言语粗鲁，衣冠不整，举止失度，待人接物冷若冰霜或傲慢无礼，就会有损企业形象，企业就会失去顾客，失去市场，在竞争中处于不利的地位。

对一名新员工来说，有良好的礼仪修养，包括积极的工作态度、文明的语言、规范而高效的工作行为、处理得体的内外关系及和谐圆融的人际关系，对他快速融入企业、适应工作会起到不可忽视的推动作用。同时，个人态度与职场礼仪往往决定了一个人的发展前景。一个懂礼貌、举止得当且能够同时与同事融洽相处的人，肯定会得到领导、同事的认可。反之，任何一个人都不会喜欢无礼的同事，任何一个求发展的公司都不愿意招聘这样的员工，以免损坏公司的形象。

## 进出房间：应允而入，礼貌而出

进出房间敲门，得到允许后再进，告辞之后再退出等，这些都不应该专门论述，但是生活里对此遗忘和忽视的人太多了。

我们常常看到，很多人在进出门时，往往是这样的情形：直接推门而入，用脚踹开，用身体顶开；出来的时候，用脚带上门，或者直接走出来飘然而去，还有的正说着话就走了……

在羽西的家里，如果羽西要去保姆的房间，一定会抬手轻轻地敲门，得到允许后再进去说事。接电话也是，如果羽西不在电话机的旁边，需要保姆帮她接，羽西肯定要客气地请求她，并征得她的同意。

这是最起码的尊重。和别人交往的时候，我们都希望得到对方的尊重，但这种尊重是平等的，是人人都应该享受到的。

中国是一个有着五千年文明的"礼仪之邦"，事无大小，场合不同，皆有礼仪规范可循。进出房门有很多礼仪细节是需要注意的，首先是"将入门，问孰存"、"人问谁，对以名"，也就是说，进他人的房间一定要先敲门，敲门时一般用食指有节奏地敲两三下即可，确定里面有人并且得到应允之后才能进门。同时进出房门时，开关门的声音一定要轻，乒乒乓乓地开关门是十分失礼的，并且不能肘推、脚踢、臀拱、膝顶等。

年轻人通常比较雷厉风行，他们行为随意，最常见的就是人还没到，脚先到了，用脚或者胳膊肘开门，然后用脚带上门。在家里可以随自己意愿，但在办公室一定要注意自己的行为举止，做到礼仪规范。

房门开关时你还需要配合相应的手势。当你引领一位受尊重的人进出房门时，应该是：手拉门请对方先进，手推门自己先进，并做相应的指引手势，这样可以为对方扶住门，以免发生意外，也会显得彬彬有礼。另外，当房间里面有人时，进出房门，都应该正面朝向对方，用你亮丽的面容面对别人，而不是留下一个背影，让人"浮想联翩"。如果与同级、同辈者同时进入，要互相谦让一下。走在前边的人打开门后要为后面的人拉着门。假如是不用拉的门，最后进来的人应主动关门。如果与尊长、客人进入，应当视门的具体情况随机应变。

另外，门开的方向不同，进出也有区别。如果门是朝里开的，秘书应先入内拉住门，侧身再请尊长或客人进入，如果门是朝外开的，秘书应打开门，请尊长、客人先进；如果陪同上级或客人走的是旋转式大门，应自己先迅速过去，在另一边等候。

无论进出哪一类的门，你在接待引领时，都一定要"口"、"手"并用而且做到位。比如一边做着手势一边说，"您请"、"请走这边"、"请各位小心"等提示语。

譬如你抱着资料要出门，正好遇到有人要进门，不管着不着急，你都应该侧身让对方先进来。公司是公共场所，在进出房门的时候，最好不要做出毫无任何必要的动作，要是猛然挥手，踢脚蹬腿等，以免会有无辜的人瞬间遭殃。在和人交谈的时候，切记调低音量，能让对方听清楚就行了，不要大喊大叫，大吵大闹。

即使进门和出门，一个简单的细节也能展现一个人的修养和内涵，特别是作为一个有修养的女人，请别忘记给别人留下一个良好的印象。


## 递交物品：态度谦和，但不能行为随便

有一句话说，做人要不拘小节，但是做事一定要注意细节。注重细节的人，才能把事情做对，把工作做好。那些不注重细节的人，则会因"百分之一的失误"，导致"百分之百的失败"。

100减去1等于多少？你也许会觉得这个问题简单到连幼儿园里的小朋友都知道，但是你能说出它的答案吗？如果你说是99，那就太幼稚了，它的答案是0。不是吗？航天飞机上有成千上万个零部件，一个小小的零件发生故障，就会导致整个发射失败。

羽西在自传中提到，自己曾经到一家企业去谈合作，整个过程都很顺利，对方给出的条件也都是满意的，可就在双方准备签合同的时候，意外发生了。"那位董事长的秘书风风火火走进来，她穿的裙子太短，走

得又太快，身体平衡欠佳，将桌子上的一杯水撞倒了。秘书慌忙去扶茶杯，不想怀里的资料又纷纷扬扬地落了一地。我的脸当时就阴沉了下来，当她将文件重新拣起整理好递给我的时候，我想所有人都明白了我的决定。文件散落只是一个不和谐的音符，最重要的是，她在递给我文件的时候，是用三根手指捏着远远地递给我。这是什么态度？那个瞬间，我看到了这家公司的诸多瑕疵，所以果断决定不合作……"

也许会有人说，人非圣贤，孰能无过？谁都会有犯错误的时候，这样要求别人是不是太苛刻了？

不是，这是原则问题。所谓"礼者，敬人也"。所有礼貌和礼仪的基本出发点都是尊重别人。如果你的行为有悖这一原则，那么，我们之间就是不对等的，不平等的。商业合作如此，与人交往也是如此，夫妻感情更是如此，都离不开这个"礼"字。

那么在办公室传递物品的时候都需要注意哪些礼仪呢？

**传递物品礼仪：**

递交文件或图书杂志。在工作中，如果你需要向对方递交文件或者图书杂志，应该使文字的正面朝着对方，不可倒置。

递交名片。双方相识以后，应互相交换名片。当下级给上级、晚辈给长辈时，一定要用双手恭敬递上。递交时应该将名片的正面指向对方，以方便对方观看。

递送茶杯。应该左手托底，将茶杯把指向客人的右手边，双手递上。

递送饮料、酒水。应将商标朝向客人，左手托底，右手握在距离瓶口三分之一处。

在递送笔、刀剪之类的尖利物品。应将尖头朝向自己，不要指向对方，以免误伤到对方。

递送水果刀。应双手托住刀身，刀刃朝向自己，刀把朝向对方。

如果在传递的过程中，物品不慎落地，那么要先蹲下拣起物品，然后用双手将物品递交给对方。无论传递什么物品，都一定要态度谦和，记得面带微笑，同时搭配礼貌的语言，"X总，这是您要的资料"、"这是水果刀，请您拿好"、"这是我的名片，认识你很高兴"。

应该注意的是，越是正式庄重的场合，越是不够熟悉的人之间，身份地位悬殊越大，越要讲究礼仪。与外宾打交道时，递接物品前可先留意对方是用单手还是双手递接，随后再跟着模仿。因为在泰国、印度、马来西亚和中东等一些国家都用右手拿东西，忌用左手。给别人递东西也都要用右手以示尊重。他们认为左手是用来洗澡、上厕所的，是不干净的。日本人则喜欢用右手送自己的名片，左手接对方名片。

**接物品的方法：**

接奖状：如果你荣幸地成为公司"年度优秀员工"或者做出了特殊贡献，在颁奖典礼上，要用双手去接奖状，行鞠躬礼仪后转过身体，面朝台下，将奖状高举过头向大家展示，然后双手拿好贴在胸前。

接物品：当对方向你递交物品时，一定要双眼看着对方，面带微笑接过物品，拿到物品时，别忘记说声"谢谢"。

递交物品时还需要注意几个细节，总结为"八字方针"，分别是：稳妥、到位、卫生、自然。

**稳妥**

手持物品时，可根据其具体重量、形状以及易碎与否，采取不同的手势。既可以使用双手，也可以只用一只手，最重要的是，要确保物品的安全，尽量轻拿轻放，同时也要防止伤人伤己。

**到位**

有不少物品，在需要手持时，应当将手置于一定的位置，这就是"持物到位"的含义。比如，不能在给客人递送茶水时，因为没有端好，还没有递到客人的手里，就茶杯落地或者茶水洒出来，这是很不礼貌的。

**卫生**

持物之时，还要注意卫生问题。为人取拿食品时，切忌直接下手。敬茶、斟酒送汤、上菜时,千万不要把手指搭在杯、碗、碟、盘边沿,更不能使手指浸泡在其中。

**自然**

手持物品时,可依据本人的能力与实际需要,酌情采取拿、捏、提、提、抓、扛、夹等不同的姿势。不过一定要避免在持物时手势夸张,失去自然美。

一递一接中,体现的都是对别人的尊重和个人的修养。在自然礼貌中完成人与人之间的交流,达到最好的沟通效果,无疑会为你的职场生涯增添一道美丽的风景。

# 办公室不是"后花园",5个细节禁忌需绕开

跷着二郎腿,吃着零食,看着电视,天南海北聊着天,甚至可以互相喝别人杯子里的茶水饮料,有时评价过头,对方也不会很在意,这些场景都发生在最亲密的人之间,比如你的家人、朋友、情侣和爱人之间,但在公司里绝对不允许出现这些情形,"随意"便是大忌。

公司毕竟是公司,是竞争的地方,是工作的地方,任何的随意和疏忽都有可能铸成大错。大家多少都会知道些办公室的公共礼仪,但是对办公室中的禁忌礼仪,可能很多人还不太清楚。

羽西提醒你,下面的禁忌一定要注意规避:

**缺乏公共观念**

小李的男朋友在外地,每天他们都要煲一通电话粥,长则一两个小时,短则二三十分钟。当然,恋人之间打电话无可厚非,问题是小李是用办公室的电话打的。每天下班后,等大家走得差不多了,小李就开始和男友打电话,从天气到吃什么,再到公司大小的事全部汇报一遍,聊得

不亦乐乎。时间长了，同事、领导难免有意见，直到小李被总经理当面批评之后，她才就此收手。可因为这件事给领导留下一个不好的印象，恐怕她日后的晋升就成了一大难题。

单位里的一切公共设施都是为了方便大家，以提高工作效率，打电话也好，传真、复印也好，都要注意爱惜和保护。然而有些人给好友拨个电话，动辄就聊上一两个小时，在办公室这样的公共场合，不但公话私用，还影响了他人的工作和情绪，实属不应该。

**形象不得体**

琳琅是个不折不扣的潮妹，流行什么她一定会第一时间买来穿在身上，时间一长，她俨然成了办公室里的时尚先锋。爱美是女人的天性，得体漂亮的着装也会带给大家赏心悦目的感觉。问题是琳琅的衣服太乍眼，为了达到最好的效果，她又是做发型，又是喷香水，又是佩戴各种首饰项链，搞得花里胡哨，像棵圣诞树。不但如此，她还在办公桌上摆着化妆品、镜子和靓照，有时还忙里偷闲地照照镜子，补补妆。这不仅给同事一种她工作能力低下的感觉，而且在众目睽睽之下，不加掩饰地修饰自己也实在有伤大雅。

坐在办会室里，浓妆艳抹、环佩叮当、香气逼人、暴露过多，或衣着不整、品位低俗，都属禁忌之列。工作时，语言、举止要尽量保持得体大方，过多的方言土语、粗俗不雅的词汇都应避免。无论对上司、下属还是同级，都应该不卑不亢，以礼相待，友好相处。

**偷听别人讲话**

如果其他两人在私下谈话，你却停下手中活计，伸长两只耳朵听；或者是别人在打电话时，你两眼紧盯打电话的人，耳朵灵得像兔子一样，这些都会使你在别人眼中的形象大打折扣。

有时做这件事的人可能并无恶意，纯粹是出于好奇，但给人一种非常不尊重的感觉。

沈玉在办公室的年纪比较小，也是刚入职不久，因为对大家都不熟悉，她希望通过多种方式了解大家。其中她最热衷的一件事就是偷听别人谈话。偷听本身已经不对了，她还将偷听的内容肆意传播，在同事之间大说"主任的性丑闻"、"同事某某的老公背叛了她"、"某某又骗着家人和情人去旅游度假"……

如果你极其热衷于传播一些低级趣味的流言，至少你不要指望旁人同你一样热衷于倾听。那些"道不同不相为谋"的同事迟早会对你避之唯恐不及。即使你凭借各种小道消息一时成为茶水房里的红人，但对一个口无遮拦的饶舌者，永远没有人会待之以真心。

**随便挪用他人东西**

那些未经许可就随意挪用他人物品，事后又不打招呼的人，实在显得没有一点教养。至于那些用后不归还原处，甚至经常忘记归还的人，就更低一档了。

陈芸是个大大咧咧的女孩，平时在办公室里随便惯了，因为无伤大雅，大家也都不去介意。可是有一件事情让大家很不舒服，就是她经常动同事的东西。比如放在桌上的一本时尚杂志，莫名其妙就不见了，然后隔若干天后，杂志又完好无损地躺在那里。类似护手霜以及签字笔的事情还算小事，有一次下班后，陈芸说她的电脑坏了，需要借用一下查阅资料。于是，她打开了同事的电脑。可是那台电脑上还有一些保密文档，在对方不知情的情况下被陈芸阅览了。在那件事之后，那位同事就不再和陈芸来往，之后不久，办公室的同事纷纷给自己的抽屉上锁，给电脑也加了密码。陈芸这才意识到自己犯下的错误有多严重了。

**把办公室当自家居室**

为了方便，会有很多同事中午自带饭盒，用微波炉加热一下。可有的同事煞有介事地把办公室当成自家小厨，热了饭再煮点小菜做汤，一顿挺丰盛的午餐就有了，饭后将餐具之类随手一放。下午上班后，同事们就要在这种充满菜味的屋子进进出出，感觉实在不妙。

还有的同事会把自己的靠枕，甚至蚕丝被都带到办公室，午饭之后躺在沙发上惬意地睡个午觉，视周围的同事于无物，这会让大家感觉很不自在。

良好的修养和人际关系毫无疑问能使你的工作开展得更为顺利，使你的努力事半功倍。因此，没有人愿意成为毫无人缘的"办公室讨厌虫"。那么就请对照着上面的办公室禁忌，看看自己是否在无意之中犯了禁，有则改之，无则加勉。

# 同事相处：尊重别人，不可怠慢任何一个人

很多人在形容现在的社会时，喜欢用一个词：势利。有名、有利、有权、有钱的人往往能受到更高待遇，而那些没名、没利、没权、没钱的人就要经常忍受不屑的目光。公司里尤其常见这类戴着有色眼镜看人的人。也许这类人凭借势利可以一时间攀得高枝，但大浪淘沙，最后摔得最惨的也是这类人。

李娜是个挺不错的人，平时工作积极主动，表现很好，待人也热情大方，跟同事关系不错。在最初工作的一两年内，领导非常看好她。可是，一个小小的动作却使她的形象在同事眼中一落千丈。有一天，公司主持召开一场员工大会，在大家等待总经理到来的时候，其中有一位同事觉得地板有些脏，便主动拖起地来，此时，李娜一直站在阳台旁边。突然，

李娜走过来，坚持拿过同事的拖把替他拖地。本来地已差不多拖完了，根本不需要她的帮忙，可李娜却执意要求，那位同事只好把拖把给了她。刚接过拖把不一会儿，总经理就推门而入，看见李娜在勤勤恳恳地拖地，微笑地表示赞扬。但李娜这种虚假的面孔被同事知道了，她在公司的人际关系也越来越差了。

办公室本来就是一个竞技场所，每个人都需要展示出自己的特长和优势，可如果一味刻意表现，不仅得不到同事的好感，反而会引起大家的排斥和敌意。真正善于表现的人，常常既表现了自己，又未露声色，真正地展示教养与才华的自我表现绝对无可厚非，太过虚伪，不但不尊重别人，还会被同事们疏远。

现在的女人，正在越来越多地融入社会和职场。其实算下来，和同事相处的时间远比和家人相处的时间多。同事之间保持融洽和谐的关系，也有利于助推个人事业的不断前进。其中一个最基本的原则就是，对所有的同事一视同仁，包括那些从底层干起的办公室新人，哪怕是扫地的阿姨，你也不能怠慢。这是对别人的尊重，也是对自己的尊重。俗话说：真人不露相。你永远无法预知那些寂寂无闻的小人物背后有没有大人物撑腰，或是他们绝不会对大人物们产生影响。再说，给老板留下你处处树敌的印象，对你的未来毫无益处。

人往高处走，这是一种普遍心态，但倘若做得太过火，成为一个办公室"攀贵者"，时时在伺机捕捉任何一个能趋炎附势，令自己一步登天的机会，一旦被周围的人发现，恐怕最后就会落下个"孤家寡人"的凄惨下场。

相互尊重是处理好任何一种人际关系的基础，同事关系也不例外。同事关系不同于亲友关系，它不是以亲情为纽带的社会关系。亲友之间一时的失礼，可以用亲情来弥补，而同事之间的关系是以工作为纽带的，一旦失礼，创伤则难以愈合。所以，处理好同事之间的关系，最重要的是尊重对方。要知道，在一个单位，势利小人是最让人瞧不起的，也是最不受欢迎的，即便他的工作是优秀、成功的，人格上的瑕疵也足以抹煞这一切。

请谨记，在工作岗位对待同事要一视同仁，不要遇到有能力的同事是一个样，遇到能力较弱的同事又是一个样，给人一种"势利小人"的印象。

美芬得到这份工作相当不容易，因此她特别珍惜这次机会。在办公室里，她努力和每一位同事处好关系。隔三差五，她会请同事吃饭，逢年过节，她必定会给每一位同事送上祝福短信，时不时的，她还会送大家一些小礼物，就连看门的张阿姨也不例外。一年后，在竞选部门经理的时候，美芬理所当然地上任。在整个部门里，她不是业务最熟练的，也不是资历最老的，但却是人缘最好的那一个。她用自己的尊重换回了别人对她的尊重。

实际上，这才是最健康、最正常的同事交往原则。"铁打的营盘流水的兵"，你周围的每一个人，都有可能明天成为你的领导，都有可能成为扭转你命运的新贵。请记住，任何一个人都不喜欢被人戴着"有色眼镜"看待，不卑不亢、谦恭有礼地对待每一个人也是展现一个人素质最重要的方面。

面对晋升、加薪，应抛开杂念，不要手段、不玩技巧；面对强于自己的竞争对手，要谦虚学习别人的经验；面对弱于自己的人，也不要张狂自负。如果与同事有意见分歧，则完全可以展开友好的讨论，但不要争吵，应该学会用无可辩驳的事实及从容镇定的声音表白自己的观点。心怀宽广，处世坦荡，是每一个期望成功的职场新人应该练就的本领。不占便宜，不谈隐私，不故作姿态，不趋炎附势，提高自己，融入办公室的人际圈，才能为以后的每一次晋升做好充足的准备。

# 接听电话:态度热情,措辞温婉

在现代社会中,通讯越来越发达,很多年轻人都是一人好几部电话。手机的款式越来越新颖,档次越来越优质,女人的生活也随之变得丰富多彩起来。那么,我们接听电话的时候,是不是也变得更有礼貌和修养了呢?

在办公室里,我们时常听到以下接电话的内容,"喂,说话""你找谁""你有什么事,他不在,过会儿再打过来",这种毫不客气、张口即来的接电话方式,无论谁听了都会感到反感。即使你长得再漂亮,穿得再精致,这样的接电话方式都会让你的美丽大打折扣。

我们经常接听到客服人员打来的电话,即使没有见面,可那柔美礼貌的声音,怎么听怎么让人觉得舒服。女人的优雅应该是内外兼修的,在接电话的时候,应该把柔美和礼貌通过话筒传递给对方。

如果对方拨错了电话,你是不是应保持风度,在确认对方拨错了电话时,耐心地告诉他电话拨错了?

在通话途中,你有没有对着话筒打哈欠或者是吃东西?是不是还在和别的同事一边聊天一边接电话?

通话结束时,你有没有抢先挂电话?

遇到不相识的人打电话来说个没完没了,你是委婉拒绝还是粗鲁制止?

……

这些都是需要你我认真对待的问题。

有一次,一个顾客用了羽西产品后感觉不适,于是就打电话过来,语气很不客气。可是羽西的员工还是礼貌地接听了她的电话,在耐心地听她说完后,温柔地说:"根据您介绍的情况,我初步估计您把产品买错了。我给您两个建议,请您听过之后再决定好吗?第一,就是立刻停止使用目前的产品，然后带着产品到'羽西之家'来，我们会有美容顾问帮你查看原因。如果平时用着好，就这几天过敏，那很可能是季节性的原因，我建议您多补水，尽可能避免紫外线照射。……"

于是，那个女顾客的声音渐渐小下来，而羽西的员工依然在给她耐心指导，最后两个人在愉悦的氛围中挂断电话。

假如你在办公室里需要接电话，那么该怎么做才能提升自己的形象以及企业的魅力呢？羽西提醒你需要做好下面几点：

**注意声音和表情**

在通话过程中，对方会"看"到你的表情，你的声音是愉悦还是淡漠，语调是傲慢还是谦虚，对方都可以感觉得到。因此，在沟通过程中，应养成将礼貌用语随时挂在嘴边的习惯，可以让对方感到轻松和舒适。在你接起电话的那一刻，就应调整好自己的声音和表情，声音好听，并且待人亲切，会让客户产生亲自来公司拜访的冲动。切忌不要在接听电话的过程中暴露出自己的不良心情，也不要因为自己的声音而把公司的"金字招牌"践踏在脚底下。

**随时准备做好记录**

由于是办公室来电，在与客户进行电话沟通过程中，往往需要做必要的文字记录，因此，你要提前做好记录的准备。在写字的时候一般左手拿话筒，在需要查阅资料的时候，最好不要将话筒夹在肩膀上面，这样，电话很容易夹不住掉下来，发出刺耳的声音，从而给客户带来不适。来电的详细信息都要做相关记录，以便日后备案查阅。

**响过两声之后再接听电话**

年轻人大都性子急，经常电话刚响起或者响过一声就接起，而这时往往会因为信号不好而挂断，不得不使对方再次拨通电话。通常，应该在电话铃声响过两声之后接听电话，如果电话铃声三响之后仍然无人接听，客户往往会认为这个公司员工的精神状态不佳。

### 礼貌地自报家门

在电话接通之后,接电话者应该先主动向对方问好,并立刻报出本公司或部门的名称,如:"您好,这里是某某公司……"很多刚步入职场的年轻人放不下身价,经常拿起电话张口就问:"喂,找谁,干吗?"这是很不礼貌的。试想,如果你给对方打电话,对方给予你这样粗鲁不礼貌的答复,你会是什么心情?彬彬有礼地向客户问好,也可以显示出自己良好的修养。

### 确定来电者身份、姓氏

接过电话,你自然就要知道这个电话是谁打来的,是上司还是客户,亦或是同事的某个朋友,因此我们需要确定来电者的身份。电话是沟通的命脉。很多规模较大的公司的电话都是通过前台转接到内线的,如果接听者没有问清楚来电者的身份,在转接过程中遇到问询时就难以回答清楚,从而浪费了宝贵的工作时间。在确定来电者身份的过程中,尤其要注意给予对方亲切随和的问候,避免对方不耐烦。

### 对方来电目的是什么

电话的接听者应该弄清楚以下问题,本次来电的目的是什么?是否可以代为转告?是否一定要指名者亲自接听?是一般性的电话行销还是电话往来?公司的每个员工都应该积极承担责任,不要因为不是自己的电话就心不在焉。

### 复诵来电要点

电话接完之前,先别急着挂电话,向对方重复一遍来电要点,防止因记录错误或者偏差而带来误会,使工作效率更高。例如,应该对会面时间、地点、联系电话、区域号码等各方面的信息进行核查校对,尽可能地避免错误。这样也能给对方留下一个认真严谨的好印象。

### 别忘记道谢

来者是客,以客为尊。千万不要因为是电话而不是直接面对客户,就忽视了最后的道别礼仪。无论是上司还是客户,都是和你息息相关的人,一个礼貌的电话或许会使你收获一个好朋友,或许会帮你赢得一个晋升机会,或许会给公司带来一个大的订单。于公于私,你都应该对来电者存感激,向他们道谢和祝福。

**对方先收线**

让对方先挂电话是一项很重要的礼节,不管你是制造行业,还是服务行业,在打电话和接电话过程中都应该牢记这一点。因为一旦先挂上电话,对方一定会听到"喀嗒"的声音,这会让客户感到很不舒服。因此,在电话即将结束时,应该礼貌地请对方先收线,这时整个电话才算圆满结束。

**避免将电话转给他人**

自己接的电话应尽量自己处理,只有在万不得已的情况下才能转给他人。这时,你应该向对方解释一下原因,并请求对方原谅。例如,你可以说:"对这件事,我们很快会派人跟您联系的。"在你做出这种决定之前,应当确定对方愿意你将电话转给他人。

**避免电话中止时间过长**

有些人打电话絮絮叨叨,没完没了,简单的一件事情也说一个小时。遇到这种情况,你可以委婉地向对方提醒说明。如果你在接电话时不得不中止电话而查阅一些资料,你可以有礼貌地向对方说:"您是稍候片刻,还是过一会儿我再给您打过去?"

接听工作电话的礼仪,是每个职场人都需要了解的。如果因缺乏礼仪而错过一个大的订单,你的职场生涯或许会因此而面临短暂停滞。因此要认真对待,礼貌接听每一个工作电话。


# 一张办公桌决定着你的升迁


很多人都不喜欢收拾办公桌,总是要等到某次检查或逢年过节时,才下定决心收拾一下。但时间一长,办公桌上的东西又不经意间多了起来。

对员工的办公桌卫生,几乎没有公司会明文规定,在很多人看来这似乎也不是什么大事,但事实上,办公桌卫生更能体现一个员工的素养,你的办公桌是否干净、甚至可能影响你的升迁。

一个人的办公桌如果干干净净,东西摆放有秩序,那么这个人处理事情一定也是有条不紊。如果他总是乱扔垃圾,到处藏垃圾,那他的工作也会很混乱,责任心不强,而且做事不能持之以恒,容易虎头蛇尾。同样,如果办公桌过于干净整洁,一尘不染,微丝不乱,就会反映出这个人是个苛刻严谨的人,同时他也有点敏感。如果稍微乱一点,但整个布局不乱,则说明这个人有些不拘小节,宽容度高,是个很容易相处的人。

有些职场新人刚从大学宿舍走进写字楼,很多坏习惯还没改过来。有些人则把办公桌凌乱归结于工作太忙,或者是压力太大。无论是什么情况,一张凌乱不堪的办公桌都会给领导留下一个不好的印象。何况,收拾办公桌并不是什么硕大的工程,只需要每天抽出一点时间,稍作整理就可以。

桌面干净了,无用的东西丢掉了,再摆放几盆绿色植物,人的心情就会瞬间好起来。好比一台电脑,想让它高速有效地运转,就需要及时地清理垃圾文件。当你能够正确认识这件事时,那些疲劳和压力多就不会成为阻力,因为你更向往那份明净整洁的愉快和轻松。

"羽西之家"对员工的办公桌卫生的要求是这样的:

**办公椅定置标准**

1.人离开办公室(在办公楼内),座位原位放置;

2.人离开办公室短时间外出,座位半推进;

3.人离开办公室,超过四小时或休息,座位完全推进。

**文件资料定置标准**

1.文件资料的摆放要合理、整齐、美观;

2.各类资料、物品要编号,摆放应符合定置图中的要求,做到号、物、位、图相符;

3.定置图要贴在文件资料柜内；

4.保持柜内清洁整齐，随时进行清理、整顿。

**办公桌定置标准**

1.定置要分门别类,分出哪些物品常用,哪些东西不常用,哪些东西天天用；

2.物品摆放部位要体现顺手、方便、整洁、美观、有利于提高工作效率；

3. 办公桌设置摆放要有标准，与工作无关的物品不要放在办公桌内；

4.桌面定置的参考:中上侧摆放台历或水杯(烟缸)、电话等;右侧摆放文件筐(盒)、等待处理的管理资料;中下侧摆放需马上处理的业务资料;左侧摆放有关业务资料。

一米见方的办公桌会有多难打扫呢,只需几分钟的时间就能整理干净。只是很多人懒,不愿意去干。可当你想成为一个有前途的员工时,愿意为个人形象加分时,你就会乐此不疲地打扮你的办公桌。因为也许只一眼,总裁就会把下一个晋升机会留给你。

# 要主动改正有毁自身形象的办公室陋习

是人都会有毛病,有些毛病会让女人变得可爱,可有些毛病却会在无形之中毁了你。这绝对不是危言耸听。

在宿舍或者在家里,你可以趿拉着拖鞋,穿着吊带甚至比基尼自由活动,但在办公室里,绝不能这样。和亲朋好友在一起,你可以口无遮拦,但在上司和同事之间,则一定要注意距离和做事方式。因为别人未必和你有着同样的生活习惯,有着同样的爱好。所以那些有毁自身形象的办公室陋习,一定要主动改正。

在办公室里,谁都不喜欢听到牢骚话,如果你大放厥词,口无遮拦地对事、对人进行猛烈抨击,有人会认为你是在含沙射影、指桑骂槐,有人觉得你古怪冷漠,有人认为你曲高和寡。要知道你在表明自己爱和恨的同时,实际上是在孤立自己。你的观点很有可能成为他人、尤其是领导设防的对象。经过办公室历练的人,都会把握住"说古不说今,说外不说中,说远不说近"的原则。

还有一些陋习是天长日久习惯而成的。比如在办公室里,有些员工喜欢拿笔转动着玩,你问他们有什么特别的意思,他们会说:"没有特别的用意,习惯而已。"这个看似不经意的动作,却很容易被老板认为是"无聊"、"幼稚"和"浪费工作时间"。还有些人总是迟到,你要求他每天早起半个小时,他却一边郑重发誓,一边照常迟到。有些人喜欢说闲话,虽然那些闲话无伤大雅,可如果你花太多的时间与同事聊天,就会给对方留下一种无所事事的印象,同时大家还可能因为你的长舌而疏远你,因为说不定哪一天,他们的隐私就会从你的嘴里传出去。

有些陋习无关紧要,但羽西提醒,以下陋习千万不能有,如果有的话,一定要改过来。

### 一、破坏安全距离

大家都说距离产生美,那是因为彼此之间有了一定的距离,大家就都有了隐私空间和心理上的安全感。如果互相走得太近,超越了人与人之间的安全距离,那么就会让对方产生不舒适感。

松垭的上司是个热情开朗的女人,她四十出头,做事能力强,为人善良宽容,是个深受大家爱戴的上司。唯一让松垭不舒服的一点就是,这位女上司在和下属沟通的时候喜欢靠得非常近。她要么一边说、一边伸手摸摸同事的胳膊,要么就会凑得很近,仿佛在说一个天大的秘密似的。

有一次,松垭正在处理海外传过来的文件,忽然,女上司的脸出现在距离她3厘米的地方, 着实把她吓了一跳。只见女上司笑着对松垭说:

"来，到我办公室里来，我们针对下面的项目谈一谈。"说这番话的时候，松垭清晰地看到她脸上的斑和皱纹，还闻到从她口腔里喷出的韭菜鸡蛋味。后来，松垭委婉地建议上司，有些沟通可以通过QQ和电子信箱来进行。

## 二、贪小便宜

小吴单位福利很好，隔三差五就给员工发一些福利，无非一些米面油啊，洗漱用品啊。小吴经常把发的小东西丢在办公室里，懒得拿回去。一次，小吴去深圳出差了，单位里急需一份资料，文件柜的钥匙只有小吴有，情急之下，领导让大家撬开文件柜。这一撬开不要紧，大家发现文件柜里面整整齐齐地放着打印纸、饮料，各类福利品几乎都有，甚至连周围同事莫名其妙消失的那些护手霜之类的小东西也出现在文件柜里。大家看着文件柜的东西发了很长时间呆，从那以后，老总就安排小吴到基层单位做一些很普通的工作。

有些小东西确实不值钱，有时候也丝毫不起眼，多一个少一个都无所谓，可是如果大家发现你连这些小东西都要贪的话，难免就会怀疑你的信任度究竟有多少。假如一个人在职场中无法赢得别人的信任，那么他是毫无前途可言的。

## 三、不负责任

办公室是工作场合，不同的人、不同的岗位势必会有相关的权责。每个人都应做好自己的本职工作，最大程度地完成上司交给的任务。可有一些人并不知道自己上班该做什么，或者无视工作任务的存在，最后给自己造成负面影响，也给公司带来不同程度的损失。

月月刚毕业不久就被分配到报社，也许是因为年龄小，也许是因为被家人宠爱惯了，她的责任意识非常差。大家都知道，新闻的时效性很强，同行间竞争也很激烈，谁先抢到有价值的新闻，谁就会赢得关注。那次，领导要一则国外来稿，而那篇稿子正好是月月负责的。但在主任向她要的时候，她正忙着养她的QQ宠物。问到稿子时，她眨着无辜的眼睛天真地说："我不知道呀。"主任当然非常生气。这样的错误一次两次就足以断送一个人的职业生涯。

公司是讲究效率的地方，没有效率就没有利润，没有利润就无法生存。何况，作为一个职员，做好职责内的事情是最基本的义务。如果连这点都做不好的话，我不知道对他而言，还有什么前途可言。

办公室不是我们的私家后花园，无拘无束、我行我素是不行的。千万不要把上面所说的陋习带到办公室里来，否则很可能断送你的前程，让你去承受一个被动的人生。

# 使用电梯要懂礼让

随着城市建设的发展，电梯已经成为人们日常中必不可少的交通搭载工具，但关于电梯的礼仪你知道多少？有很多人对电梯礼仪并不熟知，下面的这些情形在你我身边比比皆是：

在等电梯时，很多人拥挤在电梯口，不时有人急促地按着按钮。

电梯关门时，有人强行扒门或者挤入。

电梯超载时，还是会有人进来，并且心存侥幸，认为多一个人也可以运行。

进入电梯后，背对着电梯门。

在电梯运行过程中，不时交头接耳甚至大声喧哗，还有人对着电梯的镜子补妆涂口红。

遇到电梯无人或者少人的时候，在墙壁上乱涂乱写，将电梯当成涂鸦墙。

遇到老人、小孩或者女士时，丝毫不懂谦让，自己先行而入，并占据有利位置。

带着宠物进电梯，并让宠物在电梯里四处走动。

……

在中国，身处职场的你，无论是工作还是生活中，都应该懂得电梯礼仪，这样才能提高自己的综合修养，做一个文明礼貌的现代人。

那么关于乘坐电梯，有哪些礼仪需要我们掌握呢？

靠电梯最近的人先上电梯，然后为后面进来的人按住"开门"按钮；当出去的时候，靠电梯最近的人先走。男士、晚辈或下属应站在电梯开关处提供服务，并让女士、长辈或上司先行进入电梯，自己再随后进入。

如果你是一位接待人员，经常接待尊贵客人，那你还必须牢记，电梯里也有上座和下座之分。所谓上座，就是最舒适、视野最好、最尊贵的位置。越靠里面的位置，越尊贵。上座是离电梯操作板最远的位置，下座就是最靠近操作板的位置了，因为这个人要按楼层的按钮，相当于司机。世界上很多国家都遵守这个约定。

**出入电梯的顺序：**

**单独乘坐电梯**

跟同事朋友乘坐电梯时，应按照年龄或者职位高低依次进出，有女士时，应该先请女士进出。如果和陌生人同时乘坐电梯，进的时候按先来后到依次进入，出的时候也是如此。同样，如果有女士在场，应该先请女士进出。

**陪同客人乘坐电梯**

在接送客户时，你作为陪同人员，一定要注意先后顺序。站在电梯口，你要先按电梯呼梯按钮。电梯门打开时，你可先行进入电梯，一手按"开门"按钮，另一手按住电梯侧门，礼貌地说"请进"，等客人们或长辈们进入电梯轿厢后,再按"关门"按钮。如果在电梯里遇到熟人,可以短暂地寒暄一下,站立的时候尽量侧身面对客人,背对着客人是极不礼貌的。假如你要接待外宾时,还要注意电梯礼仪在不同国家的不同要求,事先要多了解。

只要你有心,每一个细节都是礼仪的展现。当你将得当妥帖的礼仪带到职场中时,不但可以赢得别人的一份尊重,也可以为自己职场生涯开拓广阔的空间。

# 位置和顺序大有文章

对大多数职场人士来说,如何摆正位置、排对顺序是工作中经常遇到的问题。开会谁该坐哪儿,吃饭哪里是上座,集体合影时位置应该怎么排,同行时领导要走哪一边等,我们都应该了解并熟记于心。

关于位置的排序问题,中国的传统做法是"以左为尊",但在对外交往中,我们则要遵循国际上通行的做法,以右为尊。比如宾主合影时,主人应位于客人的左侧。在人数较多的情况下,还应掌握"居中为上""前排为上"的原则。再比如并排悬挂两国国旗时,以国旗的自身面向为准,来访国国旗挂右侧,东道国国旗挂左侧。

其他顺序具体如下:

吃饭时的座次顺序。饭桌的主座一般是门正对的座位,然后其他人按照职位高低分坐两边,一般是左高右低。在排列涉外宴会的桌位、席位时,如果只设两桌,一般以右桌为主桌。在一张桌上以面对宴会厅正门的位置为主位,由主人就座。主宾应安排在主人的右侧。

行走时的顺序。在并排站立或行走的时候,为了表示礼貌,主人理应主动居左,而请客人居右。男士应当主动居左,而请女士居右。职位、身份较低者应当主动居左,而请职位、身份较高者居右。

乘车的顺序。由专职司机驾驶的双排坐轿车，通常以后排右座为第一顺序座，应请贵宾在此就座。第二顺序座和第三顺序座则分别为后排左座、后排中座和轿车前排的副驾驶座，应按职位高低依次就坐。如果没有职位之分的话，就按照老人、小孩、女士优先的顺序，依次落座。

开会的顺序。开会的时候，如果主席台上的人数是单数，中间的位置就是主座，坐最重要的人，两边左右对称，按左高右低的顺序排开。如果主席台上的人数是双数，中间的两个位置中，左面的是主座，坐一把手，右边的位置坐二把手，然后往两边延伸，也是按左高右低的原则排序。

介绍的顺序。在职场中遇到需要向别人介绍人的情况时，要先将年轻的人介绍给年长的人，先将职位低的人介绍给职位高的人，先将男士介绍给女士。如果职位低的女士与职位高的男人在一起，那么就应先将职位低的女士介绍给职位高的男士。如果职位低的几个人当中又有职位的高低之分，就要先介绍这几个人当中职位相对高的人。有些人习惯先介绍领导，认为这是对领导的尊重，其实这是不对的，应该先让领导知道面前的人是谁，然后才方便将领导的职位身份公开给对方。还有一种情况，就是人比较多且身份比较杂的情况下，就只介绍领导，其他人都不用介绍了。

握手的顺序。握手时要遵循以下原则：职位低的人不要主动与职位高的人握手；晚辈不要主动与长辈握手；男士不要主动与女士握手。如果是职位低的女士遇到职位高的男士，职位低的女士不要主动与职位高的男士握手。作为职场新人，一般都是职位低的晚辈，所以不要主动与别人握手。

看似简单的位置和顺序，实际上体现的都是尊重与被尊重。只有了解了职场中的位置和顺序，你才不会犯错，才会给别人留下一个懂事懂礼的良好印象。

# 办公室异性相处6不要

关于男人和女人的话题永远是这个世界上最生动的话题,于是男女之间距离就成了最玄妙的东西。异性同事之间要是隔得远远的,会被认为太冷漠;要是太接近,又容易引人误会。一件小事也许能让你和他的关系很好,也可能一句话就让你和他的关系很糟,尤其是两性关系,如果处理不当,不仅会给本人带来麻烦,还会对公司造成一定影响。

大学毕业后,青青到一家知名企业做业务代表。她的上司是一位30多岁的已婚男人。身为他的秘书,她有比其他人更多的机会接触他,他的学识和能力让她很动心,有时看着他英俊的外表和沉稳干练的气质,青青不由得走神。上司似乎对她的乖巧和努力也很欣赏,时不时地给她介绍很多客户,让青青在事业上很是得意。在收获客户的同时,青青也收获了更多的和他相处的机会。

青青恨不得天天加班,恨不得天天和他朝夕相处,他的一个眼神或是赞美,都成了她激动和兴奋的理由。上司似乎对此也来者不拒,还时常在工作之余跟她拉家常谈心,于是青青陷得更深了。然而,纸包不住火,很快公司里就开始有了关于他们两个的流言蜚语,上司开始不敢像以前那样有说有笑的了。青青很快失去了工作的积极性,常常犯错,被公司领导严厉警告。第二年开年时,她再没能见到那位让她心仪的男上司,取而代之的是另一位领导,更为糟糕的是,因为她的情绪低落,导致工作频频出错,给公司造成了一定程度的损失,时隔不长,她就被迫与公司终止了劳动合同。没有工作和收入的现实让青青彻底清醒了,她发誓以后再也不感情用事了,更不能把这样的心思带到工作中去。她感慨说:"有时候是该动脑,我们却动了感情,所以只能自食苦果!"

女人容易感情用事,如果抵制不住来自周围的诱惑和蛊惑就容易犯下不可原谅的错误,对他人对自己都没有好处。因此,把握好职场男女的相处之道就尤其重要。几点小提醒：

### 1.不疏远

现在不是"男女授受不亲"的时代了,比起以前的戒备,现代职场人更热衷于营造"男女搭配,干活不累"的氛围。有一个健康的两性相处的心态显得尤为重要,过份拒绝和异性相处,不仅不像个现代人,更可能妨碍职场角色的扮演。男性和女性在职场上分别具有不同的优势,各自发挥出特长才可以促进个人和企业的发展。接纳异性、欣赏异性才是正确的。

### 2.不轻浮

对职场异性不轻浮,主要表现在两个方面,一方面是行为不轻浮,另一方面是言语不轻浮。把对方当作异性工作伙伴,来处理办公室中的一些事务,将会使某些复杂的事变得简单一些。千万不要将办公室的异性关系处理成"恋爱关系",也不要与某个异性发展成比之其他异性更为亲密的关系。如果你心肠太好,太为人着想,太顾及别人的感受,只会妨碍到自己的工作,并且还会给自己带来更多的麻烦。因此谨记,办公室只是工作的地方,绝对要公私分明。

### 3.不多情

既然是同事、朋友,就是有着共同语言、互有好感的人,如果你没有将这种关系发展为恋情的意思,就应当将感情投入限制在友谊的范围内,即使很有好感,也不应表露出来。如果对方射来"丘比特之箭",也应明智地将其化解。千万不要给对方以默许和鼓励。

### 4.不冷淡

我们不应该对任何人冷淡,因为冷淡会伤害到对方的自尊心,也会让人觉得你孤芳自赏。其实和异性同事在一起,大可不必拘谨,该说就说,该笑就笑,该握手时就握手,该帮助时就帮助,扭扭捏捏的反而让人讨厌。当然,过分随便了也不好,毕竟男女有别。有些话题只能在同性之间交谈,有些玩笑不宜在异性面前讲,这些都是要注意的。

### 5.不乱穿

办公室不是自己家,可以随便穿衣服,更不是展示性魅力的地方。如果在办公室里,男性敞开衣服甚至光着膀子,穿着短裤,则是对女同事的极大不敬。女性也是如此,千万不能过分张扬自己的性感。穿着太过暴露的衣服或者超短裙,都是不稳重的做法。一个让人想入非非的同事,难免让人怀疑她对工作会全身心的投入。

### 6.不乱动

职场新人年轻又活力四射,如果是同龄人的话,更会轻易地亲密无间。但无论你们相处得有多好,都请记得男女有别。如果你是男性,就不要在有女同事在场的情况下,把松了的皮带紧了又紧,或者当场把衬衣别进裤子里,或者做出一些不礼貌的挑逗行为,不但会引起误会,更容易使女性心生厌恶。女性也应该注意,一些不恰当的肢体语言会传递给男同事错误的信息。比如一边和男同事说话,一边梳玩头发,或者不时和对方产生肢体的碰触,或者用发梢扫过男同事的面颊等。也许这样做的时候,你并无他意,但实际上你已经传递给了对方错误的信息,如果因此产生错误的关系,将会让你后悔莫及。

如果你们是特别要好的同事,当然可以多些交流,但最好不要把自己的私生活带入。特别是,如果在感情婚姻上不如意,不宜对异性同事过多倾诉,否则会被对方认为你有移情的想法。如果同事把你当成听众,你不妨向对方多谈谈自己婚姻生活中美好的一面,使对方尽早避免对你情感上的投入。只有在不影响工作的前提下,在保持友谊的范围内,男女同事之间的关系才可能长久,一旦逾越了这道防线,那么一切都是妄谈。

名媛篇

羽西是一位富有代表性的魅力社交女人，她不仅时代感强，知识丰富，而且永远懂得在适当的场合给自己一个得体的装扮，做出雅而不媚的笑容。

她有机会受到了较好的东西方文化教育和熏陶，不仅仅"用一支口红改变了中国女人的形象"，还提出了女人社交的魅力源自内心。

羽西在中国特定的年代成为启蒙中国女性魅力的一个标志性人物，"社交女王"的称号非她莫属。

身为女人的你，仔细对照羽西的处世技巧，将自己也培养成一个社交名媛吧！

# 第六章

## 商务拜访礼仪：
### 演绎知性女人的优雅

优雅的女人无论在什么场合都会注意保持自己的形象。

掌握一定的拜访礼仪，从个人的角度来看，有助于提高自身的职业素养，塑造专业形象，使交往对象对其产生知性、有亲和力的良好印象；从商业的角度来说，也可以塑造企业形象，提高顾客满意度，从而完善企业文化，增强竞争优势，提高企业的经济效益和社会效益。

## 事务性拜访：有约在先，不做不速之客

无论是公事还是私事，无论是大事还是小事，无论是有事还是无事，人际之间、社会组织之间、组织与个人之间都少不了相互拜访。没有拜访的公共关系是残缺不全的，没有拜访的人际关系是不幸的，没有礼仪礼节的拜访是不成功的。

那么，拜访对一个人的意义究竟有多大呢？我们看看台湾著名企业家王永庆的故事。

经过多次磨难，王永庆终于开了一家米铺，但是米店的经营在开张之初显得很不顺利。城里的居民都喜欢在自己熟识的米店里买米，这家新开的店一天到晚都非常冷清。针对这样的情况，只有16岁的王永庆主动一家家拜访附近的居民，一户一户地说动人家试用他的米。为了改变米店的经营状况，他还主动为顾客送货上门，并注意收集每户人家的用米情况、把握他们的库存量，一旦估算到顾客的米快用完时，王永庆就主动把米送到顾客家中，并把缸里的陈米掏出来，把新米放在陈米的下面。这样细致入微的贴心服务为他争取到很多客源，王永庆的米店的经营情况得到了很大改善，营业额远远超过了同行的店家。后来，随着经营实力的增强，王永庆又开办了一家碾米厂，一方面攫取了更高的经营利润，另一方面也从源头上保证了米的质量。米店经营和碾米厂的创建为王永庆赢得到创业的第一桶金。也就是这家米店，为王永庆日后的崛起奠定了坚实的基础。而在他创业的过程中，拜访的意义则显得格外深重。

与王永庆的故事相对，我们再来看看失败的拜访会带来怎样的后果。

郑伟是一家大型国有企业的总经理。有一次，他获悉有一家著名的德国企业的董事长正在本市进行访问，并有寻求合作伙伴的意向。于是他想尽办法，请有关部门为自己牵线搭桥。让郑总欣喜若狂的是，对方也有兴趣同他的企业进行合作，而且希望尽快与他见面。到了双方会面的那一天，郑伟因为太激动，提前10分钟就敲响了那位董事长宾馆的房门。此时，董事长正在安排另一场会谈，看到郑伟的提前到来有点不悦。在等候的过程中，郑伟东张西望，四处走动，并不时翻阅茶几上的资料，这些行为引起董事长的反感，在潦草地谈过之后，郑伟就被打发离开了。

商务拜访场合的礼仪特点为:不分男女,无论长幼,客户至上,职位优先。在拜访之前一定要有约在先。有约在先的具体表现是:约定时间,约定地点,约定人数,约定主题,如约而至。所需要符合的礼仪规范包括:

1.首要规则是准时。让别人无故干等和还不到时间就提前造访,打乱别人的计划,都是严重失礼的事情。如果有紧急的事情,不得不晚来,必须提前通知你要见的人。如果打不了电话,则应请别人为你打电话通知一下。遇到交通阻塞,也应通知对方要晚一点到。如果是对方要晚点到,你将要先到,要充分利用剩余的时间做好拜访准备。检查自己是否准备好足够的名片、会用到的文字资料或电子资料、适宜的礼品等等。

2.当你到达时,应告诉接待员或助理你的名字和约见的时间,并递上你的名片以便助理能通知对方。

3.在等待时要安静,不要通过谈话来消磨时间,这样会打扰别人工作。有时候尽管你已经等了20分钟,也不要不耐烦地总看手表,你可以问接待(助理)约见者什么时候有时间。如果你等不及那个时间,可以向助理解释一下并另约一个时间。不管你对要见的人有多么不满,也一定要对接待(助理)有礼貌。

4.当你被引到约见者的办公室时,如果是第一次见面,要先做自我介绍,如果已经认识了,只要互相问候并握手就行了。

除了办公区域的拜访外,有时候我们还要去私宅登门拜访。这里,同样也需要注意相关礼仪。

1.进行预约。要去领导或者客户的家里,一样要事先用电话或信件进行访问的预约。拜访应选择在比较恰当的时间,尽量不要做"不速之客",不得已必须要突然拜访时,可在5分钟前打个电话。

2. 访问的日期和时间要根据对方的情况来定, 不要光考虑自己方便,访问的日期和时间最终考虑对方是否方便。

3.考虑时间段。因为是私宅,不像办公区域那样公开,必须考虑到私人生活的方便,因此选好时机格外重要。在具体的拜访时间选择上,最好是利用对方比较空闲的时间,特别是节假日前夕。由于中国人普遍有午休的习惯,登门时间最好不安排在中午,当然更不要选在用餐时间。从我国目前的实际情况看,晚上7:30~8:00也许是私宅拜访较好的时间段。

4.严守时间。原则上必须提前5分钟到达。第一次去一个地方,一定要留有充裕的时间。但在现实生活中,去办公区域拜访应提前5~7分钟到达,而去私宅拜访则以准时到达为最佳。

无论是到办公室还是到家中拜访,一定要"客随主便",虽然不是"不可多说一句话,不可多走一步路",但也应充分体谅主人。

最后还要注意拜访的举止要求。从到达接待处起,你的拜访就开始了。先要清晰地、有礼貌地自报姓名、所在单位,有无预约。被带进接待室后,先在下座的位子上坐下。当被邀请坐上座时,再移动到上座的位子上。在等待的时间内,要安静地等待,不要在室内来回走动。当被访的对象进来时,要起身打招呼,并对对方抽出宝贵的时间来接待表示感谢。初次见面的场合,此时应互换名片,如有同行者的话,要主动进行介绍。

如果拜访私宅,主人开门请你进屋时,应礼貌询问主人是否要换鞋,并且询问放鞋的放置。进屋以后,应主动向所有人打招呼、问好或适当寒暄;当主人上茶水时,应欠身双手相接,并致谢。主人没有邀请你参观他们的其他房间或设施时,不应主动提出参观,更不能未经主人许可就到处乱窜。因为一般来说,再爱整洁的家庭也有自己的卫生"死角",这样的地方会比较凌乱一些。

总之,不管是进行办公区域的拜访还是私宅的拜访,我们都一定要自律,尽量不要给主人增添麻烦,更不能因为不懂礼仪而给对方留下不好的印象。

# 礼节性拜访：彬彬有礼，别做冒失之客

人们常说"细节决定成败"。在拜访客户时，有时候你一个小小的不良动作，或一句不适当的话语，都可能会使拜访陷入僵局。要做好事，先做好人，而"做人"最直接的体现就是你的言谈举止和气质外表，对方只有先接受了你的外在，才有可能进一步深入接触。你的一言一行、一举一动都关系到拜访的成败。那么在礼节性拜访中，什么样的言谈举止是恰当的，而什么样的言谈举止又是不良的呢？

让我们来看看下面的例子。

总经理委托小宋给夫人带个东西。小宋遵照地址敲开了一扇门，里面一位穿着睡衣的女人开了门，疑惑地问："你是谁？你找谁？"小宋说："你是XXX吧，经理让把这个东西给你。"经理夫人接过东西，礼貌地让小宋进屋。小宋进屋后，鞋也没来得及换就东张西望。经理夫人问她在找什么，她回答说着急上厕所。经理夫人请她去卫生间。方便之后，小宋并没有回到客厅，而是站在卫生间的门口朝里面的卧室张望。对经理夫人递过来的茶水，她一只手接过，一饮而尽，然后放在茶几上，起身一边朝外面走，一边挥手说："走啦，拜拜！"

试想一下，如果小宋是到你的家里，如此拜访，你会有什么样的感觉呢？肯定会觉得不舒服。也许是年轻人比较随性，但过于大大咧咧会给人不礼貌的感觉。

既然是礼节性拜访，必然要把礼节放在前面。按照拜访顺序，具体遵守的礼仪如下：

**联系拜访对象**

在你抵达约定的地点之后,未能与拜访对象直接见面,或是对方没有派员在此迎候,则有必要在进入对方的办公室或私人居所的正门之前,先向对方进行一下通报,以使对方为你的到来做好相关准备。

**登门有礼**

到了门口,先要敲门。敲门时应用指关节轻轻地有节奏地敲三下门,切忌一边仓促地敲门,一边摇晃着门把手,那是非常粗鲁的行为。主人询问时,要清晰准确地报出自己的姓名和身份。不能简单地回答"我",应该回答"我是XXX公司的职员XXX"。

若是主人亲自开门相迎,见面后应热情向其问好;若是主人夫妇同时起身相迎,则应先问候女主人好。若不认识出来开门的人,则应问:"请问,这是X先生的家吗?"得到准确回答后方可进门。倘若主人一方不止一人时,则要挨个向对方问候与行礼,在先后顺序上要合乎礼仪惯例。标准的做法有二:其一,是先尊后卑;其二,是由近而远。

此后,在主人的引导之下,进入房间。如果是私宅,则要询问主人是否要换鞋,以及在什么位置换鞋等细节问题。

进入房间后切勿擅自乱闯,就座之时,要与主人同时入座。倘若自己到达后,主人处尚有其他客人在座,应当先问一下主人,自己的到来会不会影响对方。

为了不失礼仪,在拜访外国友人之前,应随身携带一些备用的物品,主要是纸巾、擦鞋器、袜子与爽口液等,简称为"涉外拜访四必备"。而一般情况下做到"入室后的四除去"就可以了,指帽子、墨镜、手套和外套在进门后,要摘下来,当然,要在主人允许并且指定地方后放好。

**适可而止**

在一般情况下,礼节性的拜访,尤其是初次登门拜访,应控制在一刻钟至半小时之内。最长的拜访,通常也不宜超过两个小时。有些重要的拜访,往往需由宾主双方提前议定拜访的时间和长度。在这种情况下,务必要严守约定,绝不能单方面延长拜访时间。自己提出告辞时,虽主人表示挽留,仍须执意离去,但要向对方道谢,并请主人留步,不必远送。在拜访期间,若遇到其他重要的客人来访,应当机立断,知趣地告退。

总之,无论是办公室还是寓所拜访,礼节性的拜访都要坚持"客随主便"的原则,切不可擅自做主,冒冒失失,有失体统。

## 私人拜访:举止文雅,别做粗俗之客

张卓伟带着和同事小卞一起去周边的轴承代理商处发放公司的宣传册和库存表,想通过这个渠道增加企业的知名度和销售量。张卓伟已经在这个公司工作了五年,虽然拜访客户的次数不多,但是也多少有些拜访的经验,所以他心里并不打怵。这次他想让同事小卞锻炼一下,然后就让她先独立拜访一下试试。小卞这一拜访,张卓伟立即发现了不少问题。其错误有如下几处:

第一个错误做法:进门时缩头缩脑。小卞先是轻轻地敲门,谁知道声音太小,对方根本没有听到。看到门没有关,小卞竟把门半推开,头进去,身子在外,看里面有没有人。张卓伟感觉这种姿势很不好。如果是进去买东西的,客户还不会说什么,但是如果你是去推销东西的,只此一个行为,你就可能被赶出去。在张卓伟的纠正下,小卞改正了错误,她先敲门后,再推门进去,然后迅速关门,紧接着问好。不管有没有看到人,她都大声地问好,一方面可以把柜台下面的人给揪出来,另一方面也会让人一震,立马会关注你。这样她也有机会介绍她的产品了。

第二个错误做法:递名片时,要用双手,而不是一只手递给客户。小卞因为怀里抱着产品,所以她用一只手就把名片递出去了。张卓伟明显地看到对方也敷衍了事,应付几句就结束了他们的拜访。

第三个错误做法:紧张,紧张到说话时语无伦次。本来拜访就是锻炼一个人和陌生人的沟通能力,所以如果对方还没开口,自己就先害怕起来,那么对方肯定对你留下不自信的印象。

张卓伟建议小卞在进门之前,先想好要说哪些话,客户可能会问到哪些问题,自己该如何对答,然后深呼吸,同时把语速放慢。语速太快,一来会让对方听不清楚你的话语;二来,由于语速太快,自己打哏时会特别明显。语速慢一些,可以减缓紧张,同时还可以留点时间帮助自己想下面的话怎么说。

第四个错误做法:有些随便。我们是到私人家里拜访,一举一动都要很严谨。张卓伟发现,如果遇到好说话的客户,小卞的行为就会有些随便。她一边到人家家里四处参观,一边问些和业务丝毫不搭边的问题,比如"你家窗帘在哪买的"、"你家的浴霸和我家的是一个牌子",这样的问题偶尔提及可以拉近彼此的距离,但说多了,就会招来反感。

拜访的礼仪主要体现在小的细节上,因为这些细节如果不处理好,不但会失去拜访的意义,还可能使你拜访的目的泡汤。因此,要小心谨慎地做好每一个细节,做一个受欢迎的访客,做一个有素质、有修养的职场人士。

拜访前最好事先和对方约定。现代人都很忙,你有空的时候别人不一定有空,对方有空的时候你或许又在忙碌,即使大家都有时间,提前通知一下,也方便对方做好接待的准备。如果贸然拜访,不但打乱别人的计划,还可能达不到你拜访的理想目的。

既然约好了时间,你就要如约而至。守时,不仅体现个人信用,还可以提高办事效率,也是对对方尊重热情的友好表现。这里需要补充的一点是,最好避免在吃饭和休息的时间登门拜访,原因很简单,这样会打扰别人的生活和休息。如果因为种种原因不能如约到达,要诚恳地向对方说明情况,并且向对方郑重其事地道歉。

进门后的礼仪也很重要。上面案例中出现的错误要尽可能地避免。

敲门后要等得到允许再礼貌地进入，进门后主动热情地向主人问好打招呼，在对方的指引下，换拖鞋及放置你的随身物品，如果家里还有其他人，也应该微笑并打招呼。

拜访自然有拜访的主题，落座后就可以进入你拜访的主题了。交谈的过程中最好不要到处走动以及随便发表个人看法，免得对方反感。也不能随便翻动别人的东西，那样都会给人留下不好的印象。对屋里的陈设和环境，不要随意发表意见，如果有不明白的地方，要谦虚请教，商量的时候也要态度诚恳。事情说完办妥之后就要及时离开，出门之前记得主动与主人伸手握别，待主人留步后，走几步，再回首挥手告别致意。

古人云：入其家者避其讳。人们常说，主雅客来勤，反之也可以说，客雅方受主欢迎。要做到雅，就是要遵守相关礼仪。礼仪既是以尊重为前提，那么私人拜访之时，只要谨记"以客为尊"的原则就可以了。

## 探望礼仪：选好时间，人到礼到，报喜莫报忧

生活中经常发生一些好心没落下好报的事情。有人说那可能是因为心直口快的原因，不懂圆滑世故，其实还有一个原因，那就是不懂礼仪。

吴霏是个刚大学毕业、才进入公司工作不久的新人。她年轻、率真，对工作充满了热情和幻想。作为女秘书，她对上司冯经理充满了敬意，对工作也兢兢业业。不久前，冯经理在体检中被发现得了癌症。公司和家属都尽可能瞒住冯经理，不让他知道实情。

一天下班后，吴霏买了鲜花、水果去医院探望上司。推开病房门，吴霏一脸惊讶地对上司说："冯经理，您得了这么重的病，怎么不躺下好好休息？"冯经理一脸疑惑："是吗？"吴霏还没有意识到自己已经说错了话，还提醒冯经理不要总是忙于事业，现在很多年轻人都英年早逝，她

还举出了很多生动的例子。冯经理越听越不对劲,几次盘问下来,吴霏才支支吾吾地说:"其实没什么大病,你很快就会出院的……"

吴霏走后,本来情绪良好的冯经理马上像变了个人似的。他一个人躺在床上,两眼直瞪瞪地看着天花板。家属问他究竟发生了什么,他也不理不睬。

在社交当中,每个人都免不了要探望生病的朋友或同事。探望病人不仅是给他们带去鼓励和关怀,更多的是带给他们战胜病魔的信念。因此探望病人的方式方法尤为重要,其中必要的礼仪常识不可或缺,只有这样你才能"好心办好事"。

一般医院对探望病人都有规定的时间。所以,探望病人时应遵守医院的规定。否则,会影响医院的正常工作秩序和病人的治疗和休息。探望病人最好避开休息时间,以免影响病人休养。

探望病人前,应当对病人所患的疾病和病情有所了解。如探望患传染病的病人,像伤寒、传染性肝炎、痢疾、流行性脑膜炎、流感、肺结核等呼吸道传染病的病人时,要尽量避免接触病人的用具和衣物。

病人在患病期间,心理状态会比较特殊和敏感。因此,在探望病人时,如果语言不慎或举止不当,往往会增加病人的思想负担和强化他们的猜疑心理,给他们增添不必要的精神压力。要有分寸地用乐观的话语鼓励病人,不要提及使病人不愉快或有损病人自尊心的事情。探望病人的时间不宜太长,一般以15分钟为好,否则,会影响病人休息。

探望病人时,行为举止也要注意。进屋时应轻轻敲门,让病人感到自己仍然受人尊重。进入房间后,见到病人要像以前一样握手,这样可以消除他的戒备心理。同时尽快找把椅子挨着床边坐下,如果对方不是传染病患者,你还可以拉着他的手亲切交谈。见到医院的各种治疗仪器,千万不要大惊小怪,以免增加病人的压力。注意说话的语气,尽可能用非常平常的、温和的、自然的口气问:"你今天感觉好多了吧?"

按照民间习俗,探望病人总要携带些礼物。但并不是所有的礼物都受患者喜欢,也不是贵的礼物就适合患者。挑选礼物时,要注意根据病人的病情,不可随随便便。这里给大家建议,选择礼物的时候,不要一味追求华贵,应更多地注重精神效应。如果你打算送鲜花,最好先打听一下,该病人及病房是否允许摆放鲜花。

怎样才能更准确地选择探望病人的礼物呢?下面的知识对你或许会有些帮助。

探望高血压、冠心病、胆囊炎、肾炎和高烧病人,应该带含有维生素的清淡食品,如新鲜水果、水果罐头、果汁等。

探望糖尿病人、水肿病人,可以带含蛋白质的食品,如奶制品、蛋类、肉松等。

探望气管炎、肺气肿、肺结核等咳嗽、咳血的病人,可送有补养、润肺、止咳作用的核桃、蜂蜜、银耳等。

探望妇科病、贫血等病人或孕妇、产妇,适合带有营养、能补血的红糖、鸡蛋、鲜虾、奶制品和豆制品等。

探望肝炎、低血糖等症的患者,可带白糖、蜂蜜、大枣等。

探望胃肠道疾病患者,适合带些易消化的藕粉、麦乳精、果汁等。

探望肿瘤病人,适合送香菇、人参、水果等。

当然,无论什么礼物,其实送的都是一份心意。对患者来说,你能把一份鼓励的自信心送给他,比送什么礼物都要有意义。

## 送花礼仪:每一种花语都有着不同的意义

在现代社交活动中,鲜花已经成为最受欢迎的礼品。走访亲友,商务拜访都离不了鲜花,它广泛地运用在人际关系之中,传情、致意、慰问、祝福等,种种情怀的沟通,均可使用美丽的鲜花。有很多人喜欢花,也有很多人喜欢送别人花,但不是所有人都了解花语以及送花的学问。用花来表达的语言实在太丰富了,要很好地表达和领悟送花的意义,前提就是要懂得花语。

因此在选择鲜花作为礼物时,至少要在其品种、色彩和数目等三个方面加以注意。

小贾和小袁是同事,在工作中相处得也很愉快。小贾邀请小袁参加自己的婚礼。为了表达心意,小袁打算给好友送一束鲜花,因为他觉得送鲜花既时尚又浪漫,小贾的爱人一定会喜欢。于是小袁站在花店里看了一圈,他觉得大喜之日最能衬托气氛的当然就是红色了,于是他吩咐店员为他包了一大束红玫瑰。可当他将花送给小贾的爱人时,他看到小贾的爱人迟疑着不肯接花,小贾也用狐疑的眼神看他。小袁不明所以,将花推进小贾爱人的怀里,热情地说:"专门送给你的,就快接着吧!"小袁后来才知道,因为那束花,小贾夫妻还闹了一场误会。他为此专程对小贾做出解释。听完解释之后,小贾哭笑不得地说:"幸亏咱俩关系好,要是换了人,估计你早被暴打一顿了。"

是啊,这样的笑话也只可能发生在熟人之间。要是发生在商务交际中,很可能你就不只是闹个笑话那么简单了。每一种花都具有某种含义,蕴藏着无声的语言,以下是常用的花的语言。

代表爱情的花,比如勿忘我,它的寓意是"永恒的爱""友谊万岁"。郁金香象征幸福与胜利。不同花色的含义也不同,红色郁金香表示我爱你,紫色郁金香表示忠贞的爱,黄色郁金香表示没有希望的爱,白色郁金香则表示失恋。最能代表爱情的自然属玫瑰了,但不同颜色的玫瑰也代表不同的爱意。常见的粉红玫瑰表示初恋,黄色玫瑰表示道歉,红色玫瑰表示热恋,白色玫瑰表示高贵,橙玫瑰则则表示初恋的心情。百合花也常出现在代表爱情的场合,红百合表示喜气洋洋,黄百合表示爱慕,白百合表示完美、百年好合,可谓圆满幸福了。

另外,在国内和国外,人们对花语的理解是不同的。比如在我国,牡丹表示富贵吉祥,百合寓意百年好合。在西方,玫瑰象征爱情,康乃馨则表示伤感或拒绝,单独送人时必须慎之又慎。菊、莲和杜鹃,在国内口碑甚佳,在涉外交往中却不宜用作礼品。菊花在西方是"葬礼之花",用于送人,便有诅咒之意。莲花在佛教中有特殊的地位,杜鹃则被视为"贫贱之花",用于送人,也难免发生误会。

在不同的场合,面对不同的对象,应使用不同的花。

祝贺老人生日:宜送长寿花、龟背竹、百合花、报春花、万年青等具有延年益寿含意的花草。如能赠送国兰、松柏、银杏、古榕等盆景,则更能表达尊崇的心意。

祝贺热恋中的男女,一般要送玫瑰花、百合花、蔷薇花或桂花,这些花美丽、雅洁、芳香,是爱情的信物和象征。

夫妻之间互赠可用合欢花,合欢花的叶长,两两相对,晚上合抱在一起,象征着"夫妻永远恩爱""百年好合"。

给朋友送别宜送芍药,因为芍药不仅花朵鲜艳,且含有难舍难分之意,表达依依惜别之情。

送爱情受挫折的人,宜送秋海棠,因为秋海棠又名相思红,寓意苦恋,以示安慰。

祝贺新婚可送花色艳丽、花香浓郁的鲜花,表示富贵吉祥,幸福美满。除用玫瑰、百合、郁金香、月季、香雪兰、扶郎花外,还可添加舞女兰、石斛兰、嘉特兰、大花慧兰等。

拜访朋友,建议选择对方喜欢的花及颜色,如果不清楚的话,可选择观叶类的植物或兰花,其观叶期或花期都很长,让受礼的人能长久感受您的心意。也可以送吉祥草,象征"幸福吉祥"。

祝贺新居，常用盆栽植物作为贺礼，具有祝贺主人"飞黄腾达、金玉满堂"之意。可以送巴西铁、鹅掌叶、绿萝柱、彩叶芋等观叶植物或盆景，也可送稳重高贵的花木，如剑兰、玫瑰、盆栽、盆景，表示隆重。

探望病人，送花有很多禁忌。不要送整盆的花，以免病人联想的久病成根。香味很浓的花对手术病人不宜，易引起病人咳嗽；颜色太浓艳的花，会刺激病人的神经，激发烦躁情绪；山茶花容易落蕾，被认为不吉利。看望病人宜送素净淡雅的兰花、水仙、马蹄莲、素色苍兰、剑兰、康乃馨等。

拜访德高望重的老者宜送兰花，因为兰花品质高洁，又有"花中君子"之美称。

新店开张、公司开业，宜送月季、紫薇，或者送红月季、牡丹、一品红等，表示开业大吉，生意兴隆。也可以送繁花集锦的花篮或花牌，以祝贺生意兴隆，财源广进。

送工商界朋友，可送杜鹃花、大丽花、常春藤等，祝福其前程似锦，事业成功。

看望父母可选剑兰、康乃馨、百合花、菊花、满天星，或插成花篮、花束，祝父母百年好合，幸福美满。

迎接亲友或贵宾的鲜花以红花色系与紫花色系最受欢迎，可选用紫藤、月季、马蹄莲组成花束，表示热情好客。

探望产妇时应特别注意，刚刚生产过的女人，特别需要别人的疼爱及赞美，可以送给她一大束美丽的花朵，浅浅的、粉红或白色的霞草、小康乃馨或小玫瑰，也可以选择淡蓝色的蓝星或星形花。

参加丧事，适合用白玫瑰、白莲花或素花，象征惋惜怀念之情。

在某些场合，是很忌讳送错花的，送错了花，不仅会让你很尴尬，而且会让主人很生气，给人不吉利的感觉。比如中国人讲究送花时数量越多越好，双数吉利。对西方人却不宜如此。他们认为只要意思到了，一支鲜花亦可胜过一束。只不过男士送鲜花给关系普通的女士时，数目宜单，否则便是指望与人家"成双成对"了。具体到不同国家，千万弄清楚习俗再送花，否则送错了，自己尴尬他人也不舒服。

要了解清楚后再送花，只有这样，才能切合对方的心境与场合。

# 馈赠礼仪：对方觉得好才是真的好

中国人喜欢以礼表情达意，串门走亲戚，托人办事情，手上都不忘提一份礼物。大凡送礼的人都希望自己送去的礼品能被对方喜欢，对方能通过礼物，体会到自己的那份敬意和祝颂，并使双方的交往锦上添花。但是在馈赠礼物时，必须遵守一些基本的礼仪，否则往往会有适得其反的效果。

**包装是不是精美**

精美的包装不仅能使礼品的外观更具艺术性和高雅的情调，也可以彰显出赠礼人的文化和艺术品位，而且还可以使礼品产生和保持一种神秘感，既有利于交往，又能引起受礼人的兴趣和他的探究心好奇心，从而令双方愉快。好的礼品若没有讲究包装，不仅会使礼品逊色，使其内在价值大打折扣，使人产生"人参变萝卜"的缺憾感，而且还容易使受礼人轻视礼品的内在价值，从而无谓地折损了由礼品所寄托的情谊。

**场合是不是适合**

通常情况下，当众只给一群人中的某一个人赠礼是不合适的，因为那会使受礼人有受贿和受愚弄之感，而且会使没有受礼的人产生受冷落和受轻视之感。因此馈赠最好私下进行，在轻松愉快的氛围下传达出你的情谊。

**态度是不是友善**

只有那种平和友善的态度和落落大方的动作并伴随着礼节性的语

言表达,才是令赠受双方所能共同接受的。那种像做贼一样地悄悄将礼品置于桌子下或房屋中某个角落的做法,不仅达不到馈赠的目的,甚至会适得其反。

**时间是不是方便**

馈赠礼物的时间,一般来讲,适合选在相见或者道别的时候。

**对象是不是了解**

不同对象的需求和喜好是不一样的。比如,外宾喜欢自己的商务伙伴能送代表民族特色的礼物;喜欢书法的朋友可能喜欢别人送他字画;喜欢收藏邮票的人喜欢对方送他有珍藏价值的邮票,因此不一定贵重的礼物才是最好的。在馈赠礼物的时候还要注意到三大禁忌:民族禁忌、职业方面的禁忌和个人方面的禁忌。对交情不够的朋友,你送一些有"暗示性"的礼物,如贴身衣服、领带的话,会让对方产生误会。再比如送给职业为公务员、老师的朋友的礼物最好不要太贵重,以免有"贿赂他人"之嫌。还有千万别送一些刺激别人感受的东西,比如你送给一位基督教徒一尊佛像,即使那是古玩,他也消受不起。

**接受礼物的礼仪规范**

除了馈赠别人礼物需要注意一些礼仪规范之外,接受别人的礼物时,也要符合礼仪规范。当送礼者取出礼品时,接受礼物一方应当表现得大方稳重,面带微笑地注视着对方,在对方递上礼物的时候,要用双手接住,然后将礼物放在自己的左手上,将右手空出来和对方握手。如果礼物较大,不是很方便的话,可以将礼物放在桌子上,然后和对方握手。同时要说一些感谢之类的礼貌用语。如果当时有时间的话,可以当着对方的面将礼物拆封,但动作一定要轻柔文雅,以防将礼物弄坏,同时对礼物要进行一番赞美。如果礼物是由他人转交或者是寄交的话,要在接到礼物的时候通知对方礼物已收到,并表示感谢。如果因为诸多原因不能接受对方的礼物,也不能不给对方面子,直接拒绝,而要给对方一个容易接受的理由,比如可以说是公司的规定等。

　　还需要注意的一点,你不能在接受了别人的礼物以后,马上就回赠礼物给对方,这样会给人一种自己勉强接受礼物,然后迫不及待还对方人情的感觉。可以记着曾经接受过对方的礼物,然后在对方有节日庆典或者重大活动的时候,登门拜访对方,并送上自己的礼物,也可以寄书信以表示感谢,此外还可以在对方面前或者公共场合,使用或者佩戴对方赠送的礼物,也可以在对方有困难的时候提供帮助。

　　多站在对方的角度想一想,送出让对方喜欢的礼物才是馈赠的最佳目的,盲目追求贵重是馈赠之大忌。

# 第七章

# 商务宴会礼仪：
## 在优雅中体会美味，在礼仪中提升人际

　　有人乍一听"宴会"两个字，就觉得有点生畏：那得是多大的场面啊，恐怕无缘参加吧。其实不然，职场女性经常会参加各种宴会。概括地说，宴会可以表示祝贺、感谢、欢迎、欢送等友好情感，无论是出席宴会的人还是组织宴会的人，都可以得到一种心理上的满足。只有掌握好用餐礼仪，才能迈出商务社交的重要一步。

## 宴会前的准备：应请尽请，不该请的不请

　　宴会有很重要的礼仪作用，也有严格的礼仪要求。一次宴会成功与否，能否达到主人所预期的目的，与宴会的准备工作密切相关。在宴会前的准备工作中，必须要注意礼仪，明确宴请的对象、目的、形式，具体做到以下几点：

　　1.对象。要明确宴请的对象。弄清楚主宾的身份、国籍、习俗、爱好等，以便确定宴会的规格、主陪人、餐式等。

　　2.目的。宴请的目的是多种多样的。可以是为表示欢迎、欢送、答谢，

也可以是为表示庆贺、纪念,还可以是为某一事件、某一个人等。明确了目的,也就便于确定宴会的范围和形式。

3.范围。宴请哪些人参加,请多少人参加都应当事先明确。主客双方的身份要对等,主宾如携夫人,主人一般也应以夫妇名义邀请。哪些人作陪也应认真考虑。对出席宴会的人员还应列出名单,写明职务、称呼等。

宴会之前应按照宴请所要达到的目的,认真列出被邀请宾客的名单,谁是主宾,谁是次主宾,谁做陪客,都要一一列清,做到该请的请,不该请的不请,不能遗漏。一般来讲,每次宴请都有一个目的,或者洽谈项目,或者签订合同,或者接风迎客,或者饯行话别等,按照常规,不宜把毫不相干的两批客人合在一起宴请,更不能把平时有芥蒂的客人请到一起吃饭、饮酒,以免出现不愉快的场面。

小陈大学毕业后,很顺利地进入了这家大型企业,凭着聪明和勤奋,她深得领导赏识。有一次,单位接待一位前来投资的大老板,经理将设宴接待的任务交给她,并特地嘱咐她一定要认真对待。小陈仔细地对比附近的酒店规格,并向对方发了邀请函,可百密一疏,她忘记了和大老板一起来的助理。在宴会现场,大老板迟迟未到,小陈暗自嘀咕说:"这该来的怎么还没来。"其他人一听,寻思着他们都是不该来的。好几个人很不高兴地起身离开了,眼看就要成功的投资,最后却泡汤了。

不该说的话不要说,不该做的事不要做。在私人宴席中,有些错还可以弥补,可要是在商务宴会中,你的一个错误可能就会丢掉几千万的单子。要知道,这个场合莅临的不是领导就是客户,哪一个都是大腕级别的,这个时候还是发挥女性认真细腻的最大优势,尽可能做到尽善尽美。

如果你是宴会的组织者,建议你一定要认真核对客人名单,仔细检查有无遗漏的人员,特别是口头邀请的客人,在发出邀请后,千万别忘记叮嘱客人给予回复,并再次表达自己的诚意。

如果你是那个被邀请到的人,不管是别人打的电话还是发的邀请函,都要根据自己的日程安排尽快给出明确答复,去或者不去。如果不能确定,就在出席宴会的前一天给对方一个明确的答复,以便对方掌握出席人数。含糊其辞或者模棱两可都是不礼貌的,诸如假意推托、态度暧昧、语意模糊都是不漂亮的做法。宴请时,因有人缺席而事前又没做出说明而使席位空着,是对主人极大的不尊重,很容易因此造成互相不再往来。一旦接受邀请,就必须如期赴约,除疾病和非处理不可的事情外,别的都不可成为失约的理由。要是实在不能出席,要及时有礼貌地向主人解释道歉。而且,绝不能在同一天内,拒绝一个邀请后又赶赴另一个邀请。

琳达是个"大忙人",尤其是周末,她经常会"赶场子"出席各种活动,上午出席朋友生日宴会,下午出席业内PARTY,晚上还会有个别晚宴。这么多的宴会在一天时间内应付下来,已经够手忙脚乱的了,要是考虑不周,遗漏掉某个宴会也是平常的事。一次琳达就犯了这样一个错误,原本答应要出席行业精英宴会,可事到临头,她忽然被叫去应付别的事,害得对方苦等她半个小时,最后打电话才知道她不能出席宴会了。这次事情让琳达在行业内有了非常不好的口碑,导致她多次出去谈事都无功而返。

此外,适时到达也是赴宴的重要礼仪之一。适时,是既不要迟到也不要早到太多,应稍有提前,保证准时。到场太早是很不明智的,容易给主人添麻烦。迟到就更是失礼了,既会给主人带来不便,还会让其他宾客因等待而感到不悦。有客人迟到时,女主人应该把晚餐推迟十五分钟,这是通行的做法。如果为了一个人,而让其余的人等二十分钟以上,那是很无礼的。

如约到达后,客人应先到休息室等候,在主人引导下与其他宾客一起入席。如没休息室,可直接进入宴会厅,但不要提前到餐桌旁落座。找一个地方坐下来,可以和关系熟识的人做些沟通,也可以通过主人牵线搭桥去认识你想认识的人。

如今,愈来愈多的公务、商务人士相信餐桌是一个绝佳的交流平台,相信以餐会或酒会来款待同业、政界要人、名人及重要客户是个好方法。宴会上,食物留存在口齿间的美妙感觉会使大家的精神愉悦、放松。这样,陌生人可以由不熟悉变成熟悉;一直心怀戒备的人可以变成知己。即使是简单的一顿饭,有时也能收到事半功倍的效果。

## 菜该怎么点,要考虑到客人的禁忌

吃饭是每个人每天都要面临的问题,特别是职场人士,隔三差五便要请人吃饭。在商务交际中,偏偏最让人头疼的就是吃饭问题。只有了解商务生活真谛的人才知道,赴宴是最累的活儿。要知道,一个简单的饭局,其中所蕴含的学问、哲理和文化,是中国人几千年都没搞明白的事儿。而比吃饭更累的,就是点菜。

过去,点菜并没有这么难,因为那时候饭店少,饭店里的菜品更少,来回就那么几样,也没多大挑选余地,吃一顿饭也花不了几个钱,所以大家的规格档次都差不多。现在不同了,高中低档饭店、酒楼一应俱全,东西南北菜品应有尽有,一顿饭,光点菜差不多就要花去半个小时的时间,弄不好,还要落下个"不如意"的结果。有些人既不想花很多钱,又不想驳客人面子,最后往往两边为难。

谁都知道宴请时最怕听到的就是"随便"两个字。没有一个人是随便的,每个人都对他所需要的东西有明确的标准,领导和客户更是如此。

因此别小看点菜，这可是一个人把握全局、深谙客户心理和需求的综合能力的体现。

如果领导对下属"放权"，就意味着"今天的点菜是对你的考验，你要是点的东西让我不满意，我会很不开心，也会影响我对你的信任"。如果客户对主人说，"随便"，其内涵就是"看看你究竟有多大的诚意"。更有甚者，有人无是生非地写出一大堆帖子，在网上疯传，"从点菜看人品"。将本来就不简单的点菜，变成了将个人性格完全暴露在别人面前的陷阱。

点菜难道就没有诀窍了吗？非也。最大的诀窍就是：看客人喜欢什么。

在告诉你菜该怎么点之前，让我先来告诉你，什么菜不该点。换而言之，就是点菜的禁忌，这是每一个职场人士都必须要知道的。

1.宗教的饮食禁忌。

2.特殊人群的禁忌。比如，患有心脏病、动脉硬化、高血压和中风后遗症的人，不适合吃狗肉；肝炎病人忌吃羊肉和甲鱼；患有胃肠炎、胃溃疡等消化系统疾病的人也不适合吃甲鱼；高血压、高胆固醇患者，要少喝鸡汤等。

3.饮食偏好的禁忌。比如，有人喜欢吃辛辣食物，有人通常不喜欢吃动物内脏等。宴请外宾时，应要照顾老外饮食习惯等。

4.职业禁忌。例如，国家公务员在执行公务时不准接受宴请，不准超过国家规定的标准用餐，不准喝烈性酒。再如，驾驶员工作期间不得喝酒。要是忽略了这一点，就有可能使对方犯错误。

好了，接下来我们具体了解一下点菜的技巧。如果你对点菜实在很不擅长，这里给你一个绝好的建议：把点菜的麻烦交给导食顾问。

穿梭于各餐桌的"营养点菜师"，是各家酒楼推出的新服务。他们是食客们的导食顾问，用专业化的知识帮顾客设置菜单。他们能根据就餐顾客的不同需求、不同喜好，快速、专业地提供点菜或宴席菜单的安排，让顾客吃上一桌称心、安全、营养、可口的饭菜。

商务宴请时经常会遇到这样的尴尬,所有的菜口味都不错,但一场宴会下来,口味丰富性、质感多样性、色彩的搭配以及营养均衡等都很是欠缺。个中原因就是重视了每道菜,而忽略了各个菜品之间的搭配。导食顾问能帮你解决这个问题,他们知道人体所需的七大营养素,常用菜品所含有的营养成分和功效,食物的酸碱度平衡和性味平衡,还知道各种常见体质的人坐在一起,应该吃什么、怎么吃、怎样搭配。

导食顾问还能照顾到不同客人的心理需求。比如方便型心理的客人,其关注的焦点是实惠,经济,因此可口、量足是关键;奢侈型心理的客人,其关注的焦点是尊贵,高档次,有面子,因此由高档原料烹制的精、巧、雅、优的菜品应是这部分客人的需求。不用明确告知导食顾问,他们就能通过察言观色,用菜品来取悦客人,让主人在无言中获得了十足的面子。最主要的是,导食顾问能准确把握好你的预算,让你省事又省心。

当然了,不是每个人都有好运气遇到这样称职的导食顾问,因此说到底,掌握必要的点菜常识是每一个职场人士不可或缺的交际课程。刚才说了,点菜最主要的是要根据宴请对象的饮食喜好确定菜系。你还要了解哪些菜是这个菜系有名的或者是目前流行的,然后根据菜系寻找以烹制该菜系见长的酒楼。为了你的钱包,建议在预订之前,先要了解一下这家酒楼的人均消费。人均消费的高低反映了一家酒楼的档次。

真正向客人展现邀请诚意,还是从点菜时开始的。菜谱必须是要先递给客人的,然后再在每个人手里传递。直到主菜比人数多一个到两个,就该配冷盘和例汤了。当然,如果客人谦让点菜权,主人也不必过于勉强。来回的推辞只会让点菜的时间无限延长。

拿回菜谱,一定要问清聚餐的人有没有忌口的食品,有没有民族习惯的忌讳,这样,点菜时就可以兼而顾之,不会出现"有人大快朵颐,有人停箸默然"的尴尬场面。点菜过程要快,不要为了一个菜辗转反侧。重点菜和口味菜应询问一下客人是否喜欢。

荤素搭配是必要的,尤其是遇到女性,更要关切她们对素食的需求。特别是年轻爱美的女性,她们很注重自己的身材,那些油腻或者可能导致增肥的菜,她们一般会有禁忌。再重要的商务宴请,也不需要每个菜都很贵,最后一定要有一道口味清淡的水果或蔬菜。

菜品不重复也是点菜时需要注意的,不要点用同样手法烹调的两种菜肴,不点主料内容相同的菜肴。点菜时除了要注意选择不同的烹调方法外,也要注意口味的搭配是否重复,甜酸、麻辣、盐酥等口味要适当搭配。

一般来说,特价菜一定要点。尽管特价菜是餐馆招揽顾客的促销措施,但也能体现这家餐馆的特色,点特价菜可以达到省钱尝鲜的效果。实在不了解餐馆的特点的话,可以看看别人桌子上的菜,从分量到成色以及进食的程度,都可以估计个八九不离十。这样点菜虽然有点笨,但对那些进一家陌生的酒楼吃饭的人,还是有帮助的。

点完菜要询问客人用什么酒水。白酒的单瓶价格不要超过预算的一半,红酒要注意和菜品的搭配。如果吃海鲜,尽量喝干白,中餐和油腻的食物则最好配干红。

## 中餐礼仪:得体地品菜,堪作一道风景线

开始本章节前,请你先检查自己有无以下用餐行为:

吃饭时响声大作,乱吐废物,唾液飞溅。

张口剔牙,在口腔里捅来捅去。

吃到酣畅之处,宽衣解带,脱鞋脱袜。

对菜品挑三拣四,挑肥拣瘦。

以酒灌人,出人洋相。

喜欢用自己的筷子替左右邻座夹菜。

吃饱之后乱放胃气,"怪声"阵阵。

用毛巾抹面、抹颈和抹身。

为了品尝到自己喜欢的菜,迅速转动餐桌,甚至逆时针转桌。

......

这些情况,在我们平时的用餐中经常遇到。由此可见,身为中国人,很多人并不懂得中餐用餐的礼仪规范。如果是一两个人的私人宴席也就罢了,假如在商务宴会上,出现以上行为,那么无疑客户以及上司会给你判"死刑",一顿饭下来,你的职业前景也就宣告结束了。

同样是吃饭,有的人吃饭非常优雅,有的人吃相堪称粗鲁,一文一雅一俗一粗之间,礼仪的魅力可见一斑。

丽萨刚进公司时,身为公关人员,她怎么也想不到,就吃饭,居然还培训了一个礼拜。她很纳闷:"吃饭有什么好学的呀,是个人,张开嘴巴都会吃饭呀。"可作为工作内容之一,同时也是出于好奇,她还是认真地参加培训。这一培训不要紧,丽萨才发现原来吃饭还有那么多的讲究。"就跟古代淑女一样的,笑不露齿,吃不带声,远不得近不得,快不得慢不得,轻不得重不得,哎呀呀,可难受死了。培训一礼拜后,我习惯了,我家里人可不习惯了,他们感觉我吃饭像拍电视剧!"

的确如此。上菜后,即使你很饿,肚子"咕噜"叫着抗议,也不要先拿筷子,要等主人邀请之后,主宾拿筷时再拿筷。就餐的动作要文雅,夹菜动作要轻,而且要把菜先放到自己的小盘里,然后再用筷子夹起放进嘴里。

吃饭要端起碗,应该用大拇指扣住碗口,食指、中指、无名指扣碗底,手心空着。如果不端碗,伏在桌子上对着碗吃饭,是非常不雅观的。

要小口进食,同时两肘向外靠,不要向两边张开,以免碰到邻座。如要用摆在同桌其他客人面前的调味品，应先向别人打个招呼再拿；如果太远，要客气地请人代劳。如在用餐时非得需要剔牙，要用左手或手帕遮掩，右手用牙签轻轻剔牙。

进餐时要闭嘴咀嚼，细嚼慢咽，嘴里不要发出"呱叽呱叽"的声音，口含食物时最好不要与别人交谈。不能在夹起饭菜时，伸长脖子、张开大嘴，伸着舌头用嘴去接菜。一次不要放入太多的食物进口，不然会给人留下贪婪的印象。

另外，吐出的骨头、鱼刺、菜渣，要用筷子或手取接出来，不能直接吐到桌面或地面上。如果要咳嗽、打喷嚏，要用手或手帕捂住嘴，并把头向后方转。吃饭嚼到沙粒或嗓子里有痰时，要离开餐桌去吐掉。

在进餐过程中，应尽可能的自己添加食物，遇到有长辈给你添饭，一定记得道谢。如果你想和长辈分享食物，应先向对方推荐，得到对方同意之后再给长辈添饭。

有的人很热情，遇到自己觉得口味不错的菜品，就给左右邻居夹菜，实际上这是非常忌讳的行为。别人拒绝可能会伤害你的自尊心，但如果不拒绝，你用私人筷子到处夹菜，实在是不卫生的行为。因此建议大家"荐菜不夹菜"。如果你觉得那一道菜的确不错，可以告诉对方你的感受，但不要强迫对方去品尝。

取菜的时候应该互相礼让，按照年龄、职位的高低依次进行。取菜还应该适量，千万不要将自己喜欢的菜一次取光，让其他人只有干对空盘子的份儿。最礼貌的行为应该是从最靠近的盘子或面对自己的盘边夹起菜，不要从盘子中间或从靠近别人的盘子中夹起，更不要翻来覆去。在公用的菜盘内挑挑拣拣，夹起来又放回去，会显得缺乏教养。离自己较远的菜品，可以等大家品尝后，再转动餐桌到自己跟前，千万别站起来，弓起身子、伸长胳膊努力去够，如果菜夹到半道上，掉到别的盘子里可就真糗大了。

用餐中为别人倒茶倒酒是必需的程序，此刻要记住"倒茶要浅，倒酒要满"的礼仪规则。喝酒的时候,可以喝到欢畅,但不要一味地灌别人酒,更不能强制灌酒,喝到脸红脖子粗,再和周围的人吆五喝六地划拳,是非常不礼貌的行为。有些客人、特别是女性如果不胜酒力就不要勉强,以各种借口和名分灌酒都是失礼的表现。

经常遇到的一种情况是,宴会没有结束但你已经用好餐。在这个时候,很多人要么就迫不及待地告退,要么就无所事事、东张西望,更有人将胳膊搭在椅子背上,一边抖着腿,一边剔着牙,喷着满嘴的酒气和邻座交谈。善始善终是对主人的尊重,也是对自己形象的维护。如果你已经用完餐,那么不妨喝点茶,或者吃点水果,不要随意离席,等主人和主宾餐毕离席,你再依次离席不迟。

细节决定命运。在宴会中注意细节其实是为自己的形象加分。也许你倒茶的礼貌行为让对方生出好感,可能就谈成一张几千万的单子,也许你无意中的一个响亮的饱嗝就让对方产生反感厌恶,几千万的单子丢掉也不是没有可能的。

在优雅中体会美味,在礼仪中提升人际,只有掌握好用餐礼仪,才能迈出商务社交的重要一步。

# 西餐礼仪:有趣的餐具暗语

美国女诗人普拉斯说过:魅力是一种能使人开颜、消怒,并且悦人和迷人的神秘品质,它不像水龙头那样随开随关,突然迸发,它像根银丝,巧妙地编织在性格里,它闪闪发光,光明灿烂,经久不灭。诗人的话,恰到好处地解释了那些充满魅力的女人,她们为什么总是时时处处都透露出一种让人无法抗拒的吸引力。一个优雅的女人,其吸引人的地方,不仅仅是精致美丽的外表,更有她智慧的内心,而礼仪则是一个魅力女人的必胜法宝。

这么说绝对不是夸张,看了下面的例子你就明白了。

一男一女走进了西餐厅,男人西装革履很是斯文,举止也像是有身份品位的人,女人就逊色一些,虽然青春靓丽,但看得出来,她并没有多少阅历,甚至我敢肯定,她还没有吃过西餐,这绝对是第一次。果然,他们一坐下,女孩就显得局促不安,她一边和男人聊天,一边左看右看,在牛排端上来后,她甚至不知道哪只手拿刀,哪只手拿叉。但是她很聪明,不动声色地学着对面的男人,男人怎么做她就怎么做。如果就这样下去的话,这无疑是一场绝佳的演出。可惜,女孩过于紧张,接下来的一幕让她尴尬:她憋红了脸去对付那七成熟的牛排,可是牛排怎么也不听她的话,最后刀子在手里打个转,“当啷”一声,清脆地掉到地上。女孩赶紧弯腰去捡,却看到男人的脸色越来越难看,她红着脸低着头坐在那里,一点胃口都没了。最后在男人不悦的催促下,两个人匆匆地离开了。

如果那个女孩懂得一些西餐礼仪,或者男人能适时告诉女孩应该怎么做,那这个漂亮的女孩,就不会因为一顿西餐而在心里留下阴影了。

当然,不懂西餐礼仪不是你的错。但,作为一个魅力十足的女人,不仅要把“请”“谢谢”“对不起”随时挂在嘴边,还要知道并学会西餐餐具的用法,以及懂得餐具暗语……凡此种种,都需要你用心去留意、去学习,天长日久,“有礼”的你自然能“走遍天下”。

很多职场新人对西餐礼仪都不大知晓。不说别的,西餐厅里的高雅和冷清就让很多人都受不了,他们觉得那里一点都没有中餐厅里人来人往热闹。其实他们不知道,在西餐厅里,大多数情况下是不需要多费口舌的,因为作为客人的你在桌子上的一举一动,都已经将你的意图告诉了服务员,也就是说“刀叉语言”在这时发挥了重要的作用。在进餐当中,懂得西餐的“餐具语言”是决定你是否能顺利用餐的关键因素。

这里简单列举几个餐具语言,你会在餐具有趣的摆放位置中体会西餐的微妙之处。

盘子没有空,如你还想继续用餐,就要把刀叉分开放,大约呈三角形,那么服务员就不会把你的盘收走。

盘子已空,但你还想用餐,把刀叉分开放,大约呈八字形,那么服务员会就再给你添加饭菜。注意,只有在准许添加饭菜的宴会上或在食用有可能添加的那道菜时,此语言才适用。如果每道菜只有一盘的话,你没有必要把餐具放成这个样子。

盘子已空,你也不再想用餐时,把刀叉平行斜着放好,那么服务员会在适当时候把你的盘子收走。

很有意思吧?只有熟练掌握餐具使用规则,你才能运用好餐具的"暗示语",也才能让别人读懂你想要表达的进餐用意。因此,了解西餐的餐具及其用法成为掌握西餐礼仪首要前提。

**西餐餐具的摆放**

入席前,餐巾置于主菜盘的上面或左侧。盘子右边旁摆刀、汤匙,左边摆叉子。可依前菜、汤、料理、鱼料理、肉料理的用餐顺序,视你所需,而由外侧至内使用。玻璃杯摆右上角,最大的是装水用的高脚杯,次大的是装红葡萄酒所用的,而细长的玻璃杯是品白葡萄酒所用,视情况也会摆上品尝香槟或雪莉酒所用的玻璃杯。面包盘和奶油刀一般放于左手边,主菜盘对面则放咖啡或吃点心所用的小汤匙和刀叉。

**西餐餐具的使用**

**右手拿刀**

如果用餐时,有三种不同规格的刀同时出现,正确的用法是:带小小锯齿的那一把用来切肉制食品;中等大小的用来将大片的蔬菜切成小片;而那种小巧的、刀尖是圆头的、顶部有些上翘的小刀,则是用来切开小面包,然后用它挑些果酱、奶油涂在面包上面。

这里需要注意的是,很多人用餐比较随意,或者是出于表达需要,一边说话一边手里拿着刀叉指手画脚,这样让人难免会心惊胆战。还有的人拿刀的姿势很奇怪,像握笔一样,且不说雅不雅观,这种握法恐怕很难用力,要将可口的菜品送入口中就显得笨拙了。

**左手拿叉**

可以选择自己喜欢的食物,叉起适量一次性放入口中,往嘴里送时动作要轻。西餐桌上最忌讳"豪放"作风,有的人用叉叉起一大块食物,然后放进嘴里,大快朵颐。有时尽管一次并不能吃光那块食物,可还是一次叉起,然后用手竖起来举着,分多次食用,这都是很不礼貌的行为。

要知道,叉起食物入嘴时,牙齿应只碰到食物,不要咬叉,也不要让刀叉在齿上或盘中发出声响。为了文明,最好一次叉少量食物,可以分多次进食,千万别行为粗鲁。

使用叉时,还要注意一个细节:不能用叉子扎着食物进口,而应把食物铲起入口。如果吃某一道菜时不需要用刀,也直接可用用右手握叉。例如意大利人在吃面条时,只使用一把叉,不需要其他餐具,那么用右手来握叉倒是简易方便的。

**勺子的用法**

在正式场合下,勺子分为多种:小的是用于咖啡和甜点心的;扁平的用于涂黄油和分食蛋糕;比较大的,用来喝汤或盛细小食物;最大的是公用于分食汤的,常见于自助餐。不同勺子有不同的用法,一定要区别清楚。

喝浓汤时勺子应横拿,由内向外轻舀,不要把勺很重地一掏到底,使勺的外侧接触到汤。同样,喝汤时应用嘴唇轻触勺子内侧,不要端起汤盆来喝。汤将喝完时,左手可轻轻将汤盆内侧抬起,将汤汁集中于盆底一侧,右手用勺舀食。

吃西餐时,每个人都有自己的餐具。如果是合餐,每个人都可从大盘里取用的话,那么一定有备用的公用叉或勺供大家使用。千万别像吃中餐一样,为显示热情和亲密,用自己的餐具给别人的盘子里放菜品。另外还要注意,西餐中最主要的是肉类和沙拉,其进餐礼仪不容忽视。肉类要从左边开始切。以叉子从左侧将肉叉住,再用刀沿着叉子的右侧将肉切开,千万不要从肉的右侧开始切。如切下的肉无法一口吃下,可直接用刀子切成刚好一口大小的肉,然后直接以叉子送入口中。不可一开始就将肉全部切成一块一块的,否则好吃的肉汁就会流出来了。

摆放在牛排旁边的蔬菜不只是为了装饰,同时也是基于营养均衡的考虑而添加的。许多人会把水芹留下,如果不是真的不爱吃,最好不要剩下,将蔬菜与肉互相交替着吃完。

吃沙拉时也要注意规范使用餐具。沙拉通常会同主食一起食用,我们应把沙拉盘放在主菜盘的左侧,这时一般只放一把叉子。如果遇见比较大叶的蔬菜的时候,要先用刀子和叉子将其折起来,然后再用叉子送入口中。如果叉子上有色拉,通常用一块面包或蛋卷把叉子上的色拉推在盘子里。

如果有需要,只需按照餐具的"暗示语"传递给服务员你的意思就可以了。当然了,如果你也因为不小心将餐具掉在了地上,此刻最"英明"的做法便是提示服务员重新更换一套餐具,而不必弯腰用不优雅的姿势去拣脏了的餐具。文明使用好西餐餐具,才能优雅地享受西餐的美味,这些礼仪知识你都记住了吗?

## 工作餐礼仪:适可而止,不必刻意追求档次

羽西是这样说工作餐的:"工作时间能解决的问题就在工作时间内解决,解决不了的,OK,中午一起吃顿饭,不但可以解决问题,还可以缩短距离,自由沟通。我是比较喜欢工作餐的,简单而且实用。"

比起亲朋好友的聚餐或者比较正式的宴会,工作餐的一个显著特点就是目的性强,实际上,它是以另外一种形式所继续进行的商务活动。

换句话说,它不过是把餐桌充当会议桌或谈判桌,改头换面所进行的非正式的商务会谈而已。中午抽出点时间,大家聚在一起商讨有关事宜,已经成为职场人士必不可少的会餐形式,有时候只有两个人,有时候一个部门的几个人或者十几个人,在不影响工作的前提下,利用工作间隙,举行一场小规模的聚餐来解决有关问题。针对某个问题交换彼此的看法,或者就某些问题进行磋商,以期达到一定的目的,在轻松、愉快、和睦、融洽、友好的氛围里以餐会友,因此它并不强调形式与档次,这是很多商务人士应该清楚的一点。

裴娜是一名普通员工,在一次活动中,同事都纷纷拿出自己的意见和建议,很难达成统一。对此,经理提出中午简单地举行一个工作餐,地点就在楼下的大排档。裴娜对此特地写了一篇发言稿。午餐时间,经理临时有事出去了,其他人先到大排档等候。在等候的时间里,裴娜自告奋勇地做起了东家,她一边询问大家对活动的想法,一边滔滔不绝地发表自己的建议和意见。经理赶到后,看到裴娜已经点好了菜,就落座了。裴娜一边将大家的看法汇总给经理,一边自作主张地拿出了决定性的方案。经理一直坐在旁边,一边吃饭一边点头,裴娜丝毫没有意识到自己已经犯了错,还以为得到了经理的默许和鼓励,于是更加狂妄,用餐结束后,她还极其热情地去买了单。

经理看了看大家,说:"我看也没我什么事了,今天就到此吧,关于活动,以后再议。"那顿饭后的第二天,裴娜就被调到了其他部门,而其中的原委,她至今还没弄清楚。

不能说这件事有多严重,只能说裴娜的身上有很多职场新人的特点:热情、积极,但有时把握不准分寸,喧宾夺主,最后还好心没办成好事。

所以,掌握有关工作餐的礼仪就显得非常必要。要成功地筹办一次工作餐,除了要了解它的相关特点之外,还应该系统地掌握基本的工作餐礼仪。主要包括工作餐的安排、工作餐的做东、工作餐的进行等等。

在参加工作餐时,宾主双方都有一些需要通晓的注意事项。它们主要包括如下四条:

其一,举行一次工作餐,首先应当有要事要办,要能够解决实际问题,绝对不允许无的放矢,将其等同于吹牛、聊天、发牢骚等无所事事的"神仙会"。和他人一道共进一次工作餐的人,大都胸中有数,都是意欲借此机会来实现自己的某种目的。假如这次聚餐毫无任何目的性可言,那么便不称其为工作餐了。记住,发出提议的人就是东道主,也就是本次工作餐的主人。

主人可以选择工作餐的时间、地点和目的。不过在做出具体的选择时,还是有必要考虑一下客人的习惯与偏好,并给予适当的照顾。如果有必要,主人不妨同时向客人推荐几个自己中意的地点,请客人从中挑选。或是索性让客人自己提出几个地点,然后再由宾主双方共同商定。

一般来说,工作餐简单即可,不必刻意追求某种形式,非要很豪华、很奢侈才有面子。如果盲目地追求形式,却忘却了工作餐的真正目的,那就失去工作餐的意义了。在订餐时,应结合自己的相关要求,例如:理想的位置、用餐的时间、到场的人数、特殊的要求、付费的方式等,本着方便简洁的原则适可而止,千万不要去过分追求档次和形式。

其二,菜肴的选择。与宴会、会餐相比,工作餐仅求吃饱,而不刻意要求吃好,因此,工作餐上上桌的菜肴大可不必过于丰盛。它的安排应以简单为主。只要菜肴清淡可口,并且大体上够吃,就算是基本"达标"了。当然了,在点菜的时候,主人不能"一意孤行",最好还是适当考虑一下客人的饮食禁忌。此刻的可行之法是由每位用餐者各点一道菜,大家各点各的,或者统一选择套餐。

在一般情况下,营业性的餐馆都会有一些"特色菜",只要荤素搭配好,就可以构成一顿适合的工作餐,没有必要非上山珍海味不可。为不耽误工作,工作餐中最好不要喝太过浓烈的酒,以免影响下午的工作。如果贪图一时畅快,喝得酩酊大醉,那就有失偏颇了。

其三,席间的交谈。工作餐讲究的是办事与吃饭两不耽误。所以,在为时不久的进餐时间里,宾主双方应就所拟议的问题进行实质性交谈,通常开始的时间宜早不宜晚。不要一直等到大家都吃饱喝足了,方才正式开始交谈。那样一来,时间便往往不太够用。

一般情况下,在大家吃得差不多时,主人便应暗示对方交谈可以开始了。此刻,主人说一声"针对某一件事,大家借机谈一谈吧",便可作为交谈的正式开始。或者在点菜后上菜前的等候时间里,也可开始正式交谈。

短短的两个小时时间里,不但要解决午饭问题,更重要的是要达成某个意向,时间就显得宝贵很多,因此交谈中最好不要节外生枝,偏离正题。有些人说话滔滔不绝,对自己感兴趣的话题都喜欢一吐为快,别人正在探讨商品的成本和利润,他偏要扯到国际上的核危机,以及环境污染,甚至明星丑闻,全都是与主题毫不相干的话,这样就很不礼貌。另外别人说话时,还要认真倾听,既不要中途打岔,也不要与旁人七嘴八舌,心不在焉。

除此之外,还得细细观察,别在对方正吃饭的时候跟对方讨教问题,让对方说也不是,吃也不是。因为吃饭的时候,不管你的观点多么精辟有力,都不能长篇大论去说,那样显得张牙舞爪,口沫横飞。

其四,用餐的终止。工作餐是有严格的时间限制的,它不等同于其他宴会,可以适当延长时间。依照常规,拟议的问题一旦谈妥,工作餐即可告终,不一定非要拖至某一时间不可。

在一般情况下,问题解决后,或者用餐结束后,主人长时间沉默不语,或者反复看表,都是在提醒"用餐可以结束"的信号。特别是在客人还需要赶点去忙别的事情时,主人应该适可而止,掌握好时间,使工作餐适时地宣告结束。当有人用餐尚未完毕,或是有人正在发表高论时,一般不宜提出终止用餐。在就餐期间不告而辞,或者在中途借故离去,也是失敬于人的。

优雅需要积累,更需要修炼,只有用心发现生活中的技巧和智慧,才能做一个备受欢迎的女人。职场当然也不例外,那么,就从工作餐礼仪开始吧。

# 自助餐礼仪:文明取食,优雅享受

周丽代表公司出席一家外国商社的周年庆典活动。正式的庆典活动结束后,那家外国商社为全体来宾安排了丰盛的自助餐。尽管在此之前,周丽还没有正式吃过自助餐,但是她在用餐开始之后,发现其他人都非常随意,于是她也就"照葫芦画瓢",像别人一样放松自己。

最让周丽开心的是,她在餐台排队取菜时,竟然见到自己平时最爱吃的北极甜虾,于是,她毫不客气地替自己满满地盛了一大盘。她想:一次盛够,再跑几趟来取多不好啊。为了高效,她还在盘子里盛放了很多别的菜品。当她右手端着盛得满满当当的盘子,左手拿着快要溢出来的咖啡杯从众人旁边经过时,周围的人个个都用异样的眼神盯着她。事后一打听,周丽才知道,那天她丢尽人了。

自助餐,顾名思义就是自己随意享用餐点的一种方式。相比其他的宴会形式,自助餐要随意得多,可以自行选取食物、饮料,可以自由与他人组合用餐或者独自享用,当然了,自助餐不可能像其他宴会的菜品那么丰富,有荤有素,有冷有热,甚至东西南北特色菜一应俱全。自助餐上大部分都是冷食,因此它也叫冷餐会。

怎样在自助餐上吃得既舒服又优雅呢?当然,遵守礼仪是首选。一般来讲,自助餐礼仪只要注意以下几点就可以:

### 一、按顺序排队

即使你再喜欢那道菜,也应排好队按顺序取菜。如果一窝蜂涌上去,那就不是吃自助餐,而是露天广场发免费赠品了。取菜前应先准备好食品盘,轮到你的时候,用公用的餐具将食物放入自己的食盘之内,接着应该迅速离去。不要在繁多的食物前犹豫不决,让身后的人久等,更不应该挑挑拣拣,甚至直接用手或自己的餐具取菜。

### 二、按顺序取食

自助餐上经常遇到的一种情况是,很多人迫不及待地选择自己喜欢吃的菜品和饮料,结果大快朵颐之后,才发现还有很多可口的菜品、甜点,可惜肚子已经吃饱,再想吃也只能"望菜兴叹"了。建议大家先在全场转上一圈,了解一下大概的菜品和甜点以及饮料种类,然后再有选择地取菜。取菜也是有顺序的,依次为:冷菜、汤、热菜、点心、甜品和水果。如果是亲朋好友去享用,可以随意自由一些,但出席正式的自助餐宴会,建议还是按顺序取菜,别因此而被大家笑话。

### 三、记得关心同伴

对和你有关系的同伴、同事或者朋友,要及时给予关心,不能只顾自己一个人享用,让他人尴尬难堪。如果对方不熟悉自助餐,你可以简单扼要地进行介绍。在对方乐意的前提下,你还可以向其具体提出一些选取菜肴的建议。这里需要提醒的是,千万不能热情过度,擅自去替对方取食物,更不能将自己不喜欢的或吃不了的食物"处理"给对方。那样都是很失礼的。在用餐过程中,对其他不相识的用餐者,应当以礼相待,主动加以谦让,不能目中无人,蛮横无理。

### 四、多吃也要优雅

自助餐最大的优点就是可以多吃,能吃多少就吃多少,你可以不必担心饿肚子,但绝对不主张浪费。当吃到最后,桌子上就你的面前杯盘狼藉,会被大家视为没有教养。在享用食物的时候,你可以遵循"多次少取"的原则,量力而行。不论是取一种菜还是取多种菜品,都应避免乱装一气,将各种菜肴盛在一起,导致五味杂陈,互相串味,自己也失去了品尝的兴头。

**五、陋习要禁忌**

很多年轻人在学校时养成了不好的习惯,吃过饭后经常将餐具丢在食堂里,然后"飘然离去",还有的人喜欢打包,但这些习惯都不允许出现在自助餐上。在用餐现场,你想吃多少就吃多少,想吃什么就吃什么,但千万记得在吃饱喝足后,不能要求服务员给你将某个菜品打包带回家,更不能将残羹冷炙丢一桌。主动将餐具送到指定地点,交给服务人员进行处理清洗才是文明之举。

吃得舒心,更要吃得文明。自助餐不仅是一个人自由享用美食的方式,更是展示一个人礼仪修养的地方,一举一动之间,都应有分有寸,有礼有节。

# 酒桌上的礼仪:切莫忽略敬酒顺序

美惠和沈丹妮都是普通白领,两个人不但是多年的老同学,丹妮还是美惠的小组组长。一个周末,丹妮邀请美惠带男朋友一起去KTV唱歌。一行十几个人聊得很是开心,有人提议喝啤酒,丹妮带头同意。于是大家挨个敬酒,美惠因为生理期没有喝酒,自然也就没有给丹妮敬酒。丹妮看到这一切,很不高兴,期间就对美惠有些冷落。在朋友的提醒下,美惠这才扭扭捏捏地端起酒杯,所有人敬过,只喝一杯。丹妮的脸色更难看了。那次之后,两个人的交往少了很多,友情也因此打了折扣。

职场上难免应酬,应酬就少不了喝酒。特别是女人,酒桌更是一个危险的场所。不喝不行,喝多了难免尴尬,谁都知道一个醉酒的女人有多难看。当然,喝酒也有好处,酒越喝越厚,几杯酒下去,人和人的关系自然就亲近了好多。关系近了,自然谈什么都不在话下。对初涉职场的年轻人来说,酒桌上遭遇尴尬是常有的事,除了酒量有限以外,很多尴尬是因为他们不懂得敬酒礼仪而引起的。因此在餐桌上,经常会遇到老板递过来的不满的眼色。要避免这样的尴尬和不爽,熟知酒桌"潜规则"是非常必要的。

在说起敬酒礼仪之前,先说说喝酒。不得不说很多人不会喝酒,这里并不是说你不懂得端起杯子喝下酒,而是指你不懂得喝酒最起码的规矩。一般来说,宴会中喝酒都会有人率先提议,提议的人可以是主人、主宾,也可以是在场的每一个人。有人提议干杯时,大家应起身站立,右手端起酒杯,或者用右手拿起酒杯后,再以左手托扶杯底,面带微笑,目视其他人,特别是自己的祝酒对象,嘴里同时说着祝福的话。即使你因为种种原因滴酒不沾,也要拿起杯子做做样子。将酒杯举到眼睛高度,说完"干杯"后,将酒一饮而尽或喝适量。然后,还要手拿酒杯与提议者对视一下,这个过程就算结束。

干杯前,你可以象征性地和对方碰一下酒杯,为表示谦虚,一般碰杯的时候,职位低的人或者年轻人都会让自己的酒杯边缘低于对方的,表示对对方的尊敬。如果桌子较大或者距离较远,你可以用酒杯杯底轻碰桌面,也表示和对方碰杯了。

接下来就该轮到敬酒的礼仪了。什么时候敬酒,这是个大难题。很多人坐在宴席中,自始至终都没找到机会给别人敬酒,他想敬酒的时候,不是有别人在敬酒就是对方在进餐,要么就是别人在说话或者干别的事情,导致他总是没有机会。这里告诉你,敬酒没有严格的时间限制,在用餐开始后,你就可以找机会敬酒。适当的机会,就是指在对方方便的时候,比如他当时没有和其他人敬酒,或嘴里没有咀嚼东西,或者你认为对方可能愿意接受你的敬酒。注意,如果向同一个人敬酒,应该等身份比自己高的人敬过之后再敬。抢在领导敬酒之前,你先去敬酒,是非常不礼貌的行为。

　　按照什么样的顺序敬酒是很多职场新人都困惑的事。一般情况下，应按年龄大小、职位高低、宾主身份为序，敬酒前一定要充分考虑好敬酒的顺序，主次分明，避免出现尴尬的情况。即使你分不清，或同桌人的职位、身份高低不明确，也要按统一的顺序敬酒，比如先从自己身边按顺时针方向开始敬酒，或是从左到右，从右到左进行敬酒等。即使和不熟悉的人在一起喝酒，也建议你先打听一下对方的身份或是留意别人对他的称号，避免出现尴尬或伤感情的情况。如果你有求于席上的某位客人，对他自然要倍加恭敬。但如果在场有身份更高或年长的人，也要先给尊长者敬酒，不然会使大家很难为情。

　　宋佳一次和经理出去吃饭，席间有客户，还有一些她不认识的人。宋佳目标明确，除了敬经理就是敬客户，她并不知道，周围坐的几个人才是他们的"财神爷"。那几位上级主管部门的领导看到宋佳左一杯右一杯地敬酒，就是不敬他们，便有些不高兴。经理频频向她使眼色，她也丝毫不为所动。最后害得经理一个劲打圆场，即便如此，还是没能让几位领导高兴。气得经理回去就对宋佳一顿狠批，宋佳委屈得眼泪直流，但她依然没明白自己做错了什么。

　　有时候席间客人的身份、职位比较混乱，很多职场新人疲于应付，他认为按年龄敬酒应该是一个顺序，按职位敬酒又是另一个顺序，左右为难，不知道该怎么敬好。这个时候就要区分清楚了，如果是私人聚会，可以按照年龄来敬；如果是商务应酬，则一定要按照职位高低来决定。

　　敬酒的时候还要特别注意，无论是敬的一方还是接受的一方，都要注意因地制宜，入乡随俗。特别是东北，内蒙古等北方地区，敬酒的时候往往讲究"端起即干"。在他们看来，这种方式才能表达诚意、敬意。所以，在具体的应对上就应注意，自己酒量欠佳应该事先诚恳说明，不要看似豪爽地端着酒去敬对方，而对方一口干了，你却只是"意思意思"，往往会引起对方的不快。另外，对敬酒的来说，如果对方确实酒量不济，没有必要去强求。喝酒的最高境界应该是"喝好"，而不是"喝倒"。同时，如果因为生活习惯或健康等原因不适合饮酒，也可以委托亲友、部下、晚辈代喝或者以饮料、茶水代替。作为敬酒人，应充分体谅对方，在对方请人代酒或用饮料代替时，不要非让对方喝酒不可，也不应该好奇地"打破砂锅问到底"。要知道，别人没主动说明原因，就表示对方认为这是他的隐私。

最后提醒各位美女，在你向别人敬酒或者有人向你敬酒的时候，应该停止用餐或者喝酒，等嘴里的食物咀嚼完，咽下之后，再做喝酒的准备。按国际通行的做法，敬酒不一定要喝干。但在敬酒的时候别忘记站起来，甜甜地笑着柔声说一两句祝酒词，比如，"各位，为了以后我们的合作愉快，干杯！"作为烘托气氛的点缀，这更是联络感情，扩建人脉的大好时机。

## 结款礼仪：尽量别让客人知道金额

中国式买单一般是这样的。

情境一：

很多人在一起吃饭，吃完饭后大家争相买单，有时候甚至要争抢很长时间，服务员在一旁也不知道该接谁的钱才好。还有的朋友趁去洗手间的机会就偷偷地买了单，其热情豪爽和对友谊的那份真情实在令人感动。但是不能每次都因为那些动作快、声音响、力气大的人抢先了，就永远让对方买单，这样次数多了，就会给人留下小气、爱占便宜的印象。

这幅场景在《货殖札记》一书中，有篇崔显昌先生写成都茶馆旧事的文章,将买单文化淋漓尽致地表现了出来。书中写到:某个头面人物刚一迈进茶馆,茶馆里登时乱成一团,"这儿给了""算我的"此起彼伏,攥着钱的胳膊森然然举成一片。这个时候,堂倌遵循的原则共四条:一曰收富不收穷,这个不用多说;二曰收生不收熟——熟客的利益要照顾;三曰收小不收大,即小钞不用找补,再说,挥舞一张百元大钞满茶馆喊着要替别人买碗茶的,做秀成分居多,你真收了他的,他多半心里会恼;这最后一条,就是收真不收假。

我们说,礼仪是人和人交往时获得愉悦的一种规律。在与人交往中,要尊重对方,让对方舒服,不给对方造成麻烦,这是最基本的要求。如果因为一顿饭争抢,并且把金额挂在嘴边,那么一顿饭下来,众人的关系也多少会生出些异样来。


情境二:

宴会结束之后,主人朗声喊道:"服务员,买单!"服务员查询后过来,当着众多客人的面说道:"您好,本次您一共消费了2328元。"主人会看也不看服务员递过来的消费单,直接打开钱夹,点清钞票后交到服务员手里。在座的客人于是心知肚明:哦,这顿饭吃得不错呀,花了两千多块钱哪。于是主人的面子和客人的满意都纷纷体现了出来。


中国人只知道付账,不看账单,这是"习惯性"的行为,除非觉得金额和自己预期的相差太多,才会"不好意思"地拿过账单看一看。之所以不好意思,是认为——查对菜名、金额,显得有些镏铢必较,更可能会被在座的客人讥笑为"小儿科"。

事实上,这样做对吗?

当然不对!

在国外,特别是欧美人的习惯中,餐罢结账,是一定要看账单的。不但要看,还要看得非常仔细。他得清楚他的每一分钱是否都真正在菜品中得到体现，总金额是不是有误，等确定之后，才掏钱或者用卡付账。并且在付账的时候，他们往往都是把钱放在结账的夹子里，再用账单将钱盖住。目的是为了不让客人知道所付的金额，以免引起对方的尴尬。这样做的时候，服务员和客人将这一举动视为理所当然，并不会认为是小气或者没有面子的事。如何礼貌地买单，成为职场人士的必修之课。

买单自然不提倡让客人知道金额，为此你可以选择多种方式付账。

如果你做东，那么与朋友客户敲定聚会时，就应提前说清楚这餐是由你做东的。同时你还可以选择去一些自己比较熟的餐厅，选择与餐厅经理关系比较好，也比较值得信赖的地方，可以到达餐厅时就先告知经理，结账时用你的信用卡买单，这样不管结账时朋友多么客气想抢着付你手里的账单，经理也只会从你的手里拿信用卡去结账的。

还有另外一种方式，你可以预先点好菜及饮料，但是要记住避免点朋友忌口的食物，预先结好账，等客人到齐了，就开始上菜。不过这个方式的确有点危险，万一某些朋友临时来不了，就可能会造成食物浪费。所以当天吃饭前一定要再次与客人、朋友联系，提醒他们出席，确定人数后再点菜不迟。

会所也是不错的选择。你可以联系朋友或者客户去你所属的会所。邀请朋友到会所就餐，首先体现品位高、有面子，另外在会所里请客，客人是无法买单的，需要会员自己签单。如果你需要应酬比较正式的商务活动，会所是一个不错的选择。

买单是凸显一个人品格的重要体现。合理运用一些正确买单的窍门，无论是买单的人还是被请客的人，都能感到心情愉快。总而言之，在餐厅用餐完后，服务人员送来账单时如询问："哪一位结账"，那么主人应用账单盖住钱付款，不让客人看账单，不问付账的金额，这是餐桌上最基本的礼仪表现。

# 咖啡礼仪:只有讲究礼节,才能体味它的温馨

咖啡馆是女人最喜欢光顾的一个场所,无论是工作会晤还是休闲娱乐,她们都喜欢到那里去。去咖啡馆品尝咖啡,对国外人来说是每天例行的公事之一,所以不是什么大事。绝大多数人去咖啡馆只是聊天,因此以轻松为上。尽管如此,在咖啡馆里,女人依然不能少了优雅风度,而保持优雅的秘诀就是遵守相关礼仪。

有一些不成文的咖啡传统礼貌,是非常重要的。例如不可一直端着杯子说个不停,或者端着咖啡满屋跑,此时应将杯子放下;还有,再没征得别人允许之前,不可替别人的咖啡加糖或奶精。在未征得女主人同意之前,不可为自己或别人斟咖啡,因为这是女主人的义务与权利。

吃惯了中餐,喝惯了茶水,很多人对咖啡的确不感冒。作为商务应酬,必不可少的咖啡已经有了越来越重要的地位。洽谈、休闲、联络感情以及商务活动,咖啡馆无疑都是一个好去处,那么了解与咖啡有关的礼仪就显得尤为重要了。

**咖啡杯的拿法**

咖啡一般都是用袖珍型的杯子盛放。这种杯子的杯耳比较小,手指无法穿过去。即使是用较大的杯子,也不要用手指穿过杯耳再端杯子。更不要使劲让手指穿过杯耳,那样夹着手指端杯子的姿势非常难看。咖啡杯的正确拿法应是用拇指和食指捏住杯把儿,再将杯子端起。

**给咖啡加糖**

有的人喜欢喝苦咖啡,有的人喜欢给咖啡加糖,加多少可以根据每个人的口味不同而定。很多人加糖时,会直接用手捏住丢进咖啡杯里,弄不好就使咖啡溅出,弄脏衣服或台布。正确的做法是用咖啡匙舀取,直接加入杯内;也可先用糖夹子把方糖夹在咖啡碟的近身一侧,再用咖

啡匙把方糖加在杯子里。

### 咖啡匙的用法

咖啡匙是专门用来搅咖啡的,不是用来喝咖啡的。常常见到一些人用咖啡匙舀咖啡喝,让人啼笑皆非。搅完咖啡后,就把咖啡匙取出来,然后再饮用咖啡。不要用咖啡匙来捣碎杯中的方糖,应该让它慢慢地融化。

### 咖啡太热怎么办

刚刚煮好的咖啡,温度很高,有些人太着急,就端起咖啡,凑到嘴边试图将咖啡吹凉,这是非常不文雅的行为。你可以用咖啡匙在杯中轻轻搅拌使之冷却,或者等待其自然冷却,然后再饮用。

### 如何品咖啡

咖啡主要有两种:一种是清咖啡,即不加任何配料;一种是浓咖啡,即是加入牛奶的。还有一种是加入威士忌酒的,叫爱尔兰咖啡。这其中清咖啡比较受欢迎,它既是一种身份的象征,又可以化解油腻。

在喝咖啡之前,我们首先要欣赏它。好咖啡都是清澈明亮、透明度较强的,因此它的浓度与浑浊是完全不同的概念。将汤匙放入好的咖啡时,汤匙的光芒会反射得熠熠生辉,然后舀一汤匙起来滴回去,会发现在掉落的那一瞬间,咖啡会形成宝石般的珠形划过咖啡表面,这才称得上是一杯润泽有透明度的咖啡。咖啡的香味儿总是与温暖的心意并存的,因此,正确的欣赏一杯咖啡,才不辜负冲泡者的心意。

喝咖啡分几个小步骤:首先是要喝一小口冷水,既能让口腔完成清洁,又可以帮助咖啡味鲜明地浮现出来。让舌上的每一颗味蕾,都充分做好品尝咖啡的准备。然后记得咖啡是要趁热喝的,因为咖啡中的单宁酸很容易在冷却的过程中起变化,使口味变酸。还有,要喝一口不加糖和奶精的黑咖啡,感受一下咖啡在未施脂粉前的风味。然后加入适量的糖,再少品一口,最后加入奶精。依照上述的过程享受一杯好咖啡,不仅能体会咖啡不同层次的口感,而且更有助于提高鉴赏咖啡的能力。

### 品用咖啡的姿势

饮用一杯浓香悠长的咖啡,自然要有一个优雅的姿势。饮用咖啡的的姿势与距离餐桌的远近有关。如果你坐得离餐桌较近,应该上身挺直,右手捏握杯耳,慢慢饮用;如果你坐得离餐桌较远,可用左手托杯碟至齐胸处,右手持杯向唇边轻送,左手不动即可。两只手满握杯把,双手握杯,或大口吞咽、俯首就杯,都是不正确的姿势。

喝咖啡是不讲究座次的,时间也比较随意,根据每个人的具体情况而定。另外,喝咖啡时会经常配一些漂亮的小点心,如果想品尝甜点,那就应先放下咖啡杯,然后再品尝点心,而不要一只手端着咖啡杯,另一只手捏着点心享用,吃一口喝一口,那就非常有失风度了。

这些喝咖啡的礼仪是你在生活中必须要了解的, 即使不常用,你也可以用它提升生活的品位。中国素来便是"礼仪之邦",无论西方还是东方的文化,我们都该给予最大限度的尊崇。言行举止的适当得体是最基本的人格塑造, 因此在任何时刻我们都不能忽视自己修养的提升。

# 茶会礼仪:品茗交谈别忘记致祝颂语

茶会在我国古代就被商界推崇。很早以前,商人就利用茶楼进行交易,举行聚会,各行各业一般都有其约定的茶楼作为集合地点。商人在饮茶时商谈行市,进行买卖,有"以茶会友"一说。

从表面上来看,茶会主要是以茶待客,以茶会友,但是实际上,它的重点往往不在"茶",而在于"话",即意在借喝茶的机会与社会各界沟通信息,交流观点,实现公关的目标,创造良好的外部环境。从这个意义上来讲,茶话会在所有的商务性会议中并不是无足轻重的。

茶话会的目的是为了联络老朋友,结交新朋友,是具有对外联络和招待作用的社交性集会性质,参加者可以不拘泥于形式,以自由发言为主,并且备有茶点。茶话会一般不排座次,起码座次安排不会过于明显。在茶话会上可以自由活动,与会者也不用签到,形式比较随意灵活。

既然是茶话会,那么茶自然是主角。关于茶的礼仪也是很讲究的。从卫生角度考虑,泡茶要用茶壶,茶杯要用有柄的,不要用无柄茶杯。茶具一般应选择陶质或瓷质器皿。陶质器皿以江苏宜兴的紫砂茶具为佳。不要用玻璃杯,也不要用热水瓶代替茶壶。如用高杯(盖杯)时,则可以不用茶壶。有破损或裂纹的茶具是不能用来待客的。

在茶话会上,客人对茶叶的要求自然会高一些。在不同的地区,饮茶的习惯不同,应准备的茶叶也就不尽相同。广东、福建、广西、云南一带习惯饮红茶,近几年受港澳台影响,饮乌龙茶的人也多了起来。江南一带饮绿茶比较普遍。北方人一般习惯饮花茶,少数民族地区,大多习惯饮浓郁的紧压茶。就年龄来讲,一般来说,青年人多喜欢饮淡茶、绿茶,老年人多喜欢饮浓茶、红茶。在不同情况下,应准备不同的茶叶。

品茶会的布置更要有地方特色,对茶叶和茶具的准备和摆布都有讲究。茶话会则比较随便一些,可加摆糖果、瓜子等。音乐茶座则更加自由、活泼,乐曲准备比茶更重要,有时可以用饮料代茶。

茶话会的举行通常是在客人就座后,开始洽谈工作之前。如果宾主已经开始洽谈工作,这时才端茶上来,免不了要打断谈话或为了放茶而移动桌上的文件,这是失礼的。值得注意的是,喝茶要趁热,凉茶伤胃,茶浸泡过久会泛碱味,不好喝,故一般应在客人坐好后再沏茶。斟茶时要注意每杯茶水不宜斟得过满,以免溢出洒在桌子上或客人衣服上。一般斟七分满即可,应遵循"满杯酒、半杯茶"的古训。

茶会开始后,主持人应热情致辞欢迎应邀者光临,并讲明举办茶会的目的和内容。一般来说,茶会就座比较自由,讲话也不需要有严格的顺序,大家可随感而发,即席发言。当比较生疏的客人发言时,主持者应介绍发言人的身份，以便大家有所了解。

　　安吉有一次代替领导去参加一个行业的茶话会。因为是第一次参加，对茶话会的很多礼仪她都不清楚。但安吉是个很聪明的姑娘，她有两个显著的优点，一个是懂得察言观色，一个是能说会道。在观看了其他几位发言人的讲话模式，安吉也大概心里有数了，轮到她时，主持人一看身份对不上号，有点显尴尬，安吉就大大方方站起来，自我介绍道："我是某某公司的部门主管安吉，今天宋总有事不能来，让我有幸参加了这个茶话会。关于行业竞争残酷和产品淘汰过快的问题，我有几个想法……"在发言结束之后，安吉继续说："非常感谢主办方组织这次茶话会，让我学到了很多东西，借此祝愿贵公司生意兴隆，财源滚滚！"一席话过后，安吉看到主持人脸上不一样的笑容，那是欣赏的、理解的、感激的笑容。

　　相反，茶话会上还可能出现一些不和谐的片段。比如有的人从前到后始终一言不发，只是默默地品茶吃小吃；还有的人不时接电话；还有的人中途退场，连个招呼也不打；更有甚者，连吃带拿，干脆将盘子里的瓜子、糖果全部倒进自己的口袋，然后扬长而去。

　　我们生活在一个物质极大丰富的时代，这个时代似乎人人都不缺吃穿，特别是对年轻人来说，更不要因为这些陋习而使得你的自身形象大打折扣。对别人的付出，我们要懂得感恩；对别人给与的机会，我们要珍惜。因此在茶话会进行到最后，主人宣布茶会到此结束，大家陆续离场时，主人会站在门口恭送客人离去，这个时候千万别急匆匆离开，真诚地说一些祝福的话，不但会加固双方的合作友谊，更会让你多一个收获黄金人脉的机会。

# 不懂细节会让你成为不受欢迎的人

中国人一般都很讲究吃,随着职场礼仪越来越被重视,商务饭桌上的礼仪也便显得越来越重要了。很多人的综合素质以及专业素质都相当优秀,但往往输在一些不起眼的细节上。某些细节处理不好,会给人留下不好的印象,甚至因为某个细节而使得你成为一个不受欢迎的人。

比如在中餐宴席中,送上的第一道湿毛巾是擦手的,有的人不知道,一把接过来就开始擦脸,甚至前胸后背一通擦。再比如,宴席中上龙虾、鸡、水果时,会送上一只小小水盂,其中漂着柠檬片或玫瑰花瓣,这时就有人认为这是饮料,接过来就喝。其实那是用来洗手的,可以将两只手在里面沾湿指头,轻轻涮洗,然后用小毛巾擦干。还有大多数人会犯的一个错误就是劝菜劝酒,特别是有外宾或者在一些比较大型隆重的宴会上,如果你把夹菜当做热情和真诚,那样只会让对方反感你。最最忌讳的是,当着所有宾客的面丝毫不加控制地打饱嗝或嗳气。还有人感觉自己吃饱了,就不管别人是否吃好,宴会是否结束,私自提前离席。试想,一个不顾全大局的人,一个毫无修养的人,怎么可能会博得别人的好感呢?因此,对商务礼仪的用餐细节,一定要特别注意。这里着重列出几点,请大家一定引起重视。

**众欢同乐,切忌私语**

商务宴席大都比较隆重正式,到席宾客人数也较多,人多有人多的好处,兴趣多,话题多。因为每个人的兴趣爱好、知识面不同,所以话题尽量不要太偏,避免出现跑题现象,而忽略了众人。特别是年轻人,一时兴起,就容易嘴上跑火车,只顾自己开心而忽略了众人,因此要特别注意。海侃胡说是要注意的,窃窃私语更要注意,尽量不要和邻座的人贴耳小声私语,这样容易给别人一种神秘感,产生"就你俩关系好"的嫉妒心理,势必会影响宴席的目的和效果,同时对你进一步开展商务活动也会带来一定的负面影响。

**"请"和"谢谢"没那么难**

很多人认为做事不应拘泥于小节,即使有人帮自己传一双筷子或者递一下茶壶,也无需太过客气。有时会在宴席上看到一些人在享受别人的服务或者帮助时无动于衷,身子懒得动,嘴巴懒得动,甚至连一个感谢的微笑也没有。说一句"请"和"谢谢"真的有那么难吗?实际上,这并不仅仅是一句客气话的事,而是礼仪淡漠的问题。朋友家人之间,太多客气,势必会显得有些生分,但在正式场合,尤其是有多人在场的商务宴会上,请你一定要注意礼貌和礼仪。在别人替你转桌的时候,向对方点头说一句:"谢谢您的关照。"在需要别人帮忙的时候,真诚而谦恭地说一句:"请您帮我拿一下……好吗?"这不但是对对方付出的肯定和感激,也是修养的自然体现。

**烘托气氛,把握大局**

只要是商务宴会,大都会有一个目的,或者是联络感情,或者是加强业务往来,因此就不仅仅是吃那么简单了。有些人在宴会上常常从头坐到尾,一言不发,除了全身心地享受菜品的美味之外,将商务目的全然抛之脑后。与周围的人适当做些沟通,不但可以烘托宴会气氛,也是创建人脉的大好时机。此时此刻,别让饭菜喧宾夺主,否则这一顿饭下来,你很可能失去一个强有力的合作伙伴,甚至错过可以助你一步登天的贵人。

**敬酒有序,主次分明**

每一顿宴会都不会少了酒,因此关于喝酒和敬酒的细节,我仍然想在这里特别强调一下。在商务宴会中,在座的很多人都是陌生人或者不很熟悉的人,这时敬酒的顺序就显得尤为重要。先给谁敬,后给谁敬,一定要做到心里有数。在不清楚宾客身份、职位的时候,可以提前打听一下对方的身份、职位,或者看自己的领导同事都是怎么敬酒的,可以效仿照搬,千万糊里糊涂端起酒就敬,最后出现尴尬的场面。尤其是有业务往来或者有求于人时,敬酒要格外谨慎。如果在场有更高身份或年长的人,则不应只对能帮你忙的人毕恭毕敬,也要给尊者长者敬酒,不然会使大家都很难为情。

**文明用餐,切忌随性而为**

吃西餐有一套专门的西餐礼仪,前面已经讲过,这里不再重复。我来讲几点常被大家忽视的中餐礼仪。很多人在吃饭的时候不会正确使用筷子。有些人看到这里会很纳闷,怎么可能不会正确使用筷子?的确如此。有的人在进餐途中需要使用别的餐具,就直接把筷子放在杯子或者盘子上,这样很容易就将筷子碰落在地上。还有的人举着筷子,面对满桌丰盛的菜品不知道该如何选择,或者在某道菜的盘子里拨来拨去,翻来翻去,最后却没有夹菜,这样的举动却让周围的宾客食欲全无。还有的人用筷子夹着食物,却用舌头去舔,或者用筷子将自己面前的餐具推远一点,或者把筷子当道具随意挥舞,更有甚者用手捏起小碗或者小碟击打桌面……

在进餐时,有的人不注意细节,吃饭时发出响亮的声音,特别在喝汤的时候,喜欢发出"吧嗒吧嗒"的声音,显示汤的鲜美,可对别人来说,这个声音实在让人倒胃口。对鱼虾、鸡肉之类的食物,难免会有骨头等食物残渣,很多人就将这些食物残渣吐在餐桌上,弄得狼藉一片。剔牙时毫不避讳别人,一边咧着嘴,一边剔着牙,别人看了,恨不得马上离他两百米远。

尽管这些细节有时无伤大雅,甚至有人觉得这不会对商务活动造成什么大的影响,但往往就因为这些细节,会让对方对你产生厌恶反感的情绪,使你成为一个不受欢迎的人。因此要正确地树立礼仪意识,在商务活动中从严要求自己,从每一个细节上提高修养,展示一个优秀职场人士的礼仪之美。

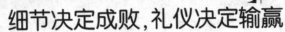

# 第八章

# 商务应酬礼仪：
## 细节决定成败，礼仪决定输赢

羽西因工作的原因穿梭于几大洲，曾在文化风俗迥异的国家里居住生活过，也曾近距离地与许多有魅力的职业女性接触过。她一路走来，她说："商务礼仪作为企业文化不可或缺的组成部分，其作用无可替代。在商务活动中，一个微小的礼仪细节的疏忽，不仅可能会让你落下笑柄，更有可能给自身及公司的形象带来损害，甚至导致一笔交易落空……"当然，她认为，世界上本身并没有真正的完美和极致，但重要的是，朝着这个目标不懈努力。

## 妙用首因效应，第一眼便决定了输赢

庞德说："这是一个两分钟的世界，你只有一分钟展示给人们你是谁，另一分钟让他们喜欢你。"这句话生动地说明了第一印象的重要性。可第一印象究竟有多重要呢？

大家都可以接受长得丑的人，但没几个人能接受得了脾气坏的女人。尤其是当女人那精致的五官因为愤怒而扭曲的时候，你无法从她身上感受到女性的美丽和温柔。在职场上,一个有着坏脾气的女人是无法获得好人缘的。

凯莉是一家合资企业的负责人,因为工作需要,她到另一家公司去谈事情。刚到那个经理办公室门口的时候,就听到她在批评下属。办公室里站着十几个人,个个低着头、红着脸,那个个子高挑、皮肤白皙、打扮时尚的经理则脸红脖子粗地大发雷霆,她用力摔着手里的文件夹,用手指着员工,怒骂员工的办事不力。有个别女员工甚至抹起了眼泪。凯莉顿时感觉到自己来的不是时候。到了晚上宴请凯莉的时候,因为包间没有定到,该经理又开始借题发挥,诸多污言秽语从她那红润的嘴唇里脱口而出,让那位下属无地自容。一顿饭还没有吃完,她又针对餐桌上的某一道菜品,开始痛批服务员和饭店的厨师,惹得大家都不得安宁。凯莉忍无可忍,借口退席,果断地终止了和那家公司的合作合同。在凯莉看来,一个没有修养、不懂得为人基本礼仪的人是没有资格和自己合作的,这样的人迟早会被残酷的职场所淘汰。

沈艳娇在最后一次面试的时候,特地穿上了她"压箱底"的宝贝——母亲赠送给她的貂皮大衣。那件衣服是母亲国外的同学送给母亲的,母亲舍不得穿,就送给了沈艳娇。这样隆重的场合,沈艳娇穿着这件衣服,其目的不言而喻——她想借助这件衣服提高自己的身价。让她没有想到的是,正是因为这件衣服,最后弄巧成拙,原本可以顺利入职的她被涮了下来。

从某种意义上来说,应聘一个普通的岗位,穿着这样昂贵的一件衣服,有些不合适;从另一个角度看,这件大衣也显示了她对动物的残忍。而事实上,她只是一个脚踏实地,为了生活而努力工作,并且对动物心怀仁慈的人。错误的第一印象让她和那份心仪的工作擦肩而过。

以上两个失败案例的罪魁祸首都是第一印象。也许你会怀疑:第一印象真的有这么神奇吗?的确如此。曾有调查表明:那些注重着装、职业形象姣好的人,其工作薪水比其他人高出8~20%。心理学上也非常强调"第一印象"的重要作用。它明确指出:当你刚到一个陌生的地方,与素不相识的人初次见面,必定会给对方留下某种印象。从第一印象所获得的主要是关于对方的表情、举止、仪表、服饰、语言、眼神等方面的印象。尽管它是片段的、不成体系的,却非常重要。因为,一般人都有先入为主的习惯,第一印象往往能对人的认知产生关键作用。研究表明,第一次见面的最初几分钟,是印象形成的关键期。结合社交实际,我们不难理解。当我们遇到一个陌生人时,对他的第一印象大都取决于其言谈举止,在短短的几分钟内,便会对此人有一个初步的判断:他很有礼貌,他不修边幅,他着装考究,他谈吐不凡等。这些或好或坏的印象直接决定着我们是否愿意进一步与其交往。对于那些有着不好的"第一印象"的人,绝大部分人都会失去与他进一步交往的信心。面对第一印象良好的人,人们往往会带着期盼去交往,希望发现对方更多的美好之处。

特别是在商界应酬当中,当你要出席一些场合、会见一些人的时候,请先检查自己的仪容仪表。你的皮鞋是否擦拭得干净?你的衬衣扣子是否整齐?你剃胡须了没有?你梳好头发没有?作为女性,最好能结合不同场合化妆。熟人之间自然不必如此拘泥,但在商务应酬中,我们更多的是面对陌生人,大部分合作伙伴都是从陌生人发展成为同事和客户的,因此,是否能留给对方一个非常完美的"第一印象",对每一个职场人士来说都至关重要。

这里就有人说了,那我长得不够帅怎么办?我的个子不高怎么办?女孩会说,那我不漂亮怎么办?我的衣服不够高档怎么办?其实我们并不是要求每一个人都去追求奢华的服饰,而是要求衣着整洁大方,打扮得体,过分的修饰和丝毫不注重着装都会给人留下不好的印象。这样一来，即使你的综合素质再优秀，也无法挽回给对方留下的轻浮浅薄的印象。

那么，如何才能留给对方一个完美的第一印象呢？我们常说女人需要内外兼修。内，自然指的是提高自己的综合素质和修养；外，则指的是言行举止。针对礼仪这部分内容，我着重从仪容仪表方面强调第一印象的塑造。

美国文学中有一本名为《后街》的小说，其内容是记述一位女性和有妇之夫的恋情。每逢周日，这位男人就必须回到他妻子的身边，而女主角就要独自度过寂寞的一天。此时，她唯一的快乐就是在布满咖啡馆的街道漫步。她并非美人，可是对自己优美的走路姿态很有自信，知道一定会引人注目。在咖啡馆的前面缓缓地散步，目的并不是对那里的男人们暗送秋波，而是炫耀她的走路姿势，这是她的享受之一。作者不遗余力地描写她走路的姿态，小说也借此有了新意，此书后来成为畅销书。

有人说"巴黎女性都是走路姿势优美的天才"。过去，在法国中部的都市奥尔良，有一位专门教导上流家庭子弟的琼斯女士，她在教育这些小孩时，让他们穿上底部装有铅块的鞋子走路。现代人则是安排自己的小孩练习芭蕾舞，他们的目的并非是要小孩成为芭蕾舞者，而是希望能从小训练他们正确的走路方法、姿势、举止、动作等。这些人最终都将凭借良好的第一印象获得美好的人生。

每个女人，无论漂亮与否，都希望自己是有魅力的，他们也都或多或少在营造自己的魅力。但是，试想一下，如果无人喝彩，隆重的亮相还有什么意义呢？

## 打破思维定势：搬走商务应酬中的"绊脚石"

　　每个人都想成为社交场上的高手，都希望自己能在各种应酬中从容不迫，洒脱大度。但在交际场合中总会出现一些突发状况，谁都有可能不小心犯一点小错误，制造出一些尴尬场面，如念错了字，说了一句外行话，记错了对方的职务等。这样的场面自然谁都不愿意遇到，但如果不小心遇到了，规避和化解尴尬的技巧就显得尤为重要。如果你能够在关键时刻灵活应变，巧言妙语，那么就很可能化被动为主动，最终"柳暗花明又一村"，而诞生这种奇迹的"灵丹妙药"就是打破思维定势。

　　要打破常规思维，踢掉商务应酬中的"绊脚石"有很多种办法，这里简单列举几个，帮助各位圆融交际，逢凶化吉。

　　年关之际，小王代替公司给诸多客户送礼。礼物包装盒大都一致，只是里面的东西不一样。小王辛苦了一个礼拜，差点腿跑断，好不容易送完了礼，刚打算休息一下，谁知道客户的电话就打到了公司。原因是小王把原本送给另一位领导的礼物送给了那位客户。那位客户正重病缠身在医院住院，小王的礼物无疑会让他的病情雪上加霜。经理知情后，痛批了小王一顿，并要求她自己善后。小王很快地冷静了下来，将电话打到那个客户那里，声称自己得知客户的病情稳定，有望不日出院，于是提前将一份厚礼送到家里，盼望他康复后愉快享用。一番说辞之后，客户消了气，两个人"不打不相识"，还因此成了好朋友。

　　小王所采用的化解尴尬的方法就是将错就错。利与不利，看起来是互相对立的，但只要能够找准关键点，将不利化为有利，并非没有可能。

还有一次,刚上班不久的小王在向客户介绍自己的老板时,不小心口误,将老板的名字读错了,她发现后立即补充道:"我们公司的领导从来不摆架子,在这个公司,除了领导的名字,什么都不许错。"紧张的气氛一下子便有所缓解。

卡耐基说过:"成功人士之所以能成功,有15%是由于他的专业知识和技能,另外85%则是靠他的人际关系和处世技巧取得的。而处世技巧的很大一部分在于一个人的思维模式。"蒙牛集团的董事长牛根生曾经说过:"要想知道,打个颠倒。"说的就是反向思维,或者换句话讲,叫换位思考。皇明太阳能的董事长黄鸣也曾经说过:"正向思维,反向结果。"意思就是如果顺着正常思维去做事的话,往往会收到反面的结果。

改变传统的思维模式,除了上述的方式之外,还有一种方式可供大家借鉴。

众所周知,在交际场上意见不合是较常出现的一种现象,因为每个人心中都有自己的想法。每个人都极力地想让别人同意自己的观点,一旦不能做到,不仅会影响自己的心情,同时还会阻碍彼此之间友好的关系。因此,掌握一套说服他人的技巧很重要。说服别人不是一件简单的事情,它需要高超的技巧,忽略了这一点,便很难取得成功。当然,说服别人的前提是你的观点必须是正确的。倘若你的观点本身就不正确,那么想要说服他人,简直是痴人说梦。

俗话说得好:事实胜于雄辩。也就是说,事实的说服力是无可取代的。因此,当言语的效果不能令人满意时,不妨多举一些事例。当然,这需要说服者具有敏锐的思维,精细的眼光,多角度分析问题的能力和诚恳亲切的态度,才能在短时间内迅速打动对方。另外,在说话的时候,千万不要采用命令的口气。谁都不喜欢被人命令,谁都喜欢温婉而理解的语气,因此,换个对方更容易接受的方式沟通交谈,会促成事情朝着积极的一面发展。否则,一言不慎,全盘皆输。

有这样一个小故事。

当餐厅的侍者为客人端上一杯啤酒时,客人发现啤酒里有一只苍蝇,那么不同的国家的人会做出什么样的反应呢?

英国人会不动声色并且很有风度地吩咐侍者:"请给我换一杯啤酒来。"

日本人会命令侍者将餐厅的经理叫过来,并训斥道:"难道你们就是这样做生意招待客人的吗?"

中国人最含蓄,他们会把自己的想法写进餐厅的意见簿中。

沙特阿拉伯人很强悍,他们会把侍者叫过来,然后将啤酒递给他,说道:"来,这杯我请你喝!"

美国人最幽默,他们会说:"麻烦你以后把啤酒和苍蝇分开放,让喜欢苍蝇的客人自己混合,怎么样?"

当然,这个故事是虚构的,但却充分地反映出了一个事实:幽默往往比严厉的指责更能够收到效果。有时候,在商务应酬中会遇到尴尬或者冷场的情形,这个时候,先不要去接受这样的负面结果,而是换个角度转化它。特别对一些刚刚步入职场的年轻人来说,一定要学会幽默,因为幽默在任何场合都能发挥出意想不到的威力。当然了,会幽默是必要前提,如果幽默不得当,让别人误以为你的幽默是一种取笑和讥讽,那就更糟了。这里就要注意,你的幽默必须是以赞扬和友善为前提的。

一定要学会看到对方身上的优点,这样能够让对方感觉到你的真诚,也更容易使对方敞开心扉。如某人犯了错,可以这样对他说:"其实大家一直都觉得你这个人是很负责任的,但这次却有点考虑不周,你觉得呢?"

如果事与愿违,好心最后办了坏事,或者事情的结果和你的初衷是相悖的,那么双方的关系无疑会因此而僵持,甚至破裂,此时一定要从好的结果出发,可以向对方做出积极大胆的假设:"这次的结局似乎并不太好,可能我们双方都有做得不妥的地方,依你看,到底有哪些方面的原因呢?"通常情况下,这样的说法能够让双方都快速地认识到自己的不对,同时也容易让大家都接受这个结果,并努力去挽回这个不好的结果。

## 自暴隐秘,拉近与客户距离的妙招

人的心理可以分为三个领域,一个是可以让别人觉察到的部分,即自己知道别人也知道的层面,叫做"透明区";另一个是不能让别人发现的层面,即自己知道而别人不知道的部分,叫做"隐匿区";还有一个是自己不知道而别人可能知道也可能不知道的部分,被称为"潜在区"。研究发现,这三者在一个人的心理总量中所占的比例,很大程度上决定了他在生活中产生幸福感的能力。在健康的心理中,透明区应该最大,隐匿区较小,潜在区最小。适当的自我暴露可以让你成为一个受欢迎的人,这是美国社会心理学家西迪尼·朱亚德通过一系列实践得出的这个结论。

所谓"自我暴露",就是把自己的私人信息显示给他人或者把有关自我的内层信息传递给对方,让别人能最大限度地了解自己。在现实生活中,善于自我暴露的人是自信的,因为把自我紧紧的封闭起来,本身就是一种示弱。

良好的人际关系是在自我暴露逐渐增加的过程中发展起来的。随着信任程度和接纳程度的提高,交往的双方会越来越多地暴露自己。因此,自我暴露的广度和深度是人际关系深度的一个敏感的"探测器"。

提倡"自我暴露",并不是让你不看对象,不分场合,不问情由地"胡乱暴露"一通。"自我暴露"要遵循相互性原则,根据相互关系中对方的特点而采取相应的对策。而"相互性原则"还有另一层含义,那就是"自我暴露"必须缓慢到相当温和的程度,缓慢到使双方都不致感到惊讶。在一般情况下,关系越密切,人们的自我暴露就越广泛。因为这既满足了别人的偷窥欲,同时也满足了自己"被接纳"和"亲密感"的需求。人是社会性动物,需要融入到同类中去,但每一个心灵又是独立而孤独的,所以我们在现实中寻找着人际的牵绊,在适度的"自暴隐私"中寻找着心灵的连接。

工作人员与客户之间的关系非常敏感,近不得远不得。太过一本正经,显得太古板,热情过多地套近乎,又有巴结奉承之嫌。对职场新人来说,这的确是一个很难把握的尺度。适当地自暴隐私便是一个拉近与客户关系的妙招,注意,是"适当地"自暴隐私。

首先要改变观念,消除"隐私"的隐私性。每一个人都会有隐私,但有些所谓的"隐私"根本不值得去掩盖,比如你的兴趣爱好,喜欢爬山,中意听某种音乐,喜好吃某类食物等等,只要对方感兴趣,都可以拿出来分享。销售人员和客户之间的关系首先是工作关系,这种关系的建立更多的是从陌生到逐渐熟悉,彼此放松戒备隔阂,开始尝试接纳对方。

其次,尝试自我暴露。当然,我们自我暴露的对象是有合作意向的客户,对于没有合作意向或者没有商务合作把握的客户,并不提倡这样做。在一般情况下,有合作意向的客户大都接触过几次,彼此已经从陌生到逐渐了解,这时双方的关系处于工作和朋友之间的模糊地带。如果你能够拿出勇气,说出你的"隐秘",坦然地暴露自己,对方将会因此而更加了解你,对进一步促成你们之间的合作能起到一定的推动作用。或许客户会因此而对你表示理解和尊重,甚至作为对你的信赖和回报,说出自己的一些秘密。当双方这样做的时候,其实已经意味着关系更近了。

再者,培养对客户的信任感。一个人不愿与朋友走得太近,不敢向朋友吐露"隐秘"，是因为他缺乏安全感，防范意识过强，难以建立对别人的信任。一个人的发展是离不开社会的，一个人的职场前景是离不开客户的，因此发展交往圈中的友谊，不但有利于建立良好的合作氛围，也有利于建立你的自信和安全感，降低你的防范心理，增强对客户的信任，你走出自我封闭的困境。

开门未必一定要见山，一见面就谈工作的事，铁定会让客户反感。不如找一个环境幽雅的地方，双方都适度放松，暂时抛开主题，先谈谈共同感兴趣的话题，甚至晒一晒一些无关紧要的隐私。也许你的某些无心之举，会拉近彼此的心灵共鸣。如肯尼迪在争夺总统席位的竞选演说中，曾经轻描淡写地说："紧接着，我还要告诉各位一句话，我和我的妻子虽然正在为赢得选战而努力，但我们希望能再生个孩子。"连总统都可以如此，何况你我呢。

## 相似定律：找出与客户的共同爱好

若水在台湾做销售的时候，一家很大的银行一直在从若水的竞争对手那里大量采购。若水想了很多办法，但这个客户始终无动于衷。几乎每隔一段时间，若水都会用各种借口来见这个客户。有时送新的样品给客户看，有时请客户参加商务活动。但客户的态度并没有改变，每次见面的时间都很短。而客户也认为没有必要改变供应商。

终于有一次，若水赶在下班的时候拜访了这个客户。见客户的手里正在摆弄着一个很流行的玩具，于是若水就从这个玩具开始和客户攀谈，结果发现两个人的孩子都差不多大。两个人越谈越投机，从幼儿玩具谈到幼稚园，一直边走边谈直到银行的大门口。后来，若水向客户推荐了一款新型的玩具，并告诉客户在哪里买。她说："小孩子玩玩具都不会玩很久，因为他们知道总会有更新的和更好玩的玩具出来。其实产品也一样,需要不断地更换……"

第二周,若水就接到客户的电话,说自己的孩子很喜欢若水推荐的新玩具,并请若水来银行介绍一下其产品和服务。客户说:"跟孩子玩玩具一样,一直都使用一个厂家的产品,也许是时候该换换了……"

在这个故事里,起到关键性转折作用的居然是一个幼儿玩具,但这个玩具的确是双方共同的兴趣点。同时,若水又巧妙地利用孩子的玩具影射自己的产品:当初很好的厂家现在不一定就是最好的。客户这才真正地开始考虑和听取若水的观点。

客户的兴趣和爱好可以拉近销售代表与客户之间的距离。换句话说,就是要找到企业产品和客户消费需求上的交集。这一交集从表面上看,有时似乎和企业产品的关联度并不是很密切,但却是持续保持企业与顾客之间的联系,不断推销企业产品的关键之处。就像上面的案例中,以表面上看,幼儿玩具和若水的产品没有丝毫的联系,但它的确是开启双方合作的钥匙。

找到与顾客的交集,并为之服务,就能为企业创造出无限的商机。从另一个角度来讲,所谓产品和客户之间共同的兴趣点,实际上也是人和人之间共同的兴趣点。每两个人之间都会存在某些共同点,例如相同的爱好,共同的生活环境,共同的工作性质,共同的兴趣,共同的生活习惯等,甚至某些生理特征,例如脚比较大等。你需要在足够了解客户的相关信息的前提下充分发挥想象力,这样才能找到与客户之间的相似点,让客户对你产生亲切感,从而拉近彼此的距离。

那么,如何才能发现与客户的共同爱好呢?你需要注意以下几点:

1.提前研究客户的喜好,首先从他们感兴趣的话题出发,然后有意识地引导到销售沟通的主题上来。

2.积极寻找客户或双方感兴趣,愿意花时间在一起谈下去的话题。

3.打开的话题应有展开探讨的余地,便于谈论,并且能在适当的时候能够转到销售话题上来。

4.共同点应比较自然,不能牵强。

5.共同点必须有内容,不能蜻蜓点水。

6.平时注意培养自己多方面的爱好和兴趣,也可以根据客户喜好临时学习某些知识,不打无准备之仗。

7.使自己对客户的需求或客户关注的问题产生浓厚兴趣,在整个沟通过程中要表现得积极热情,以感染客户情绪。

在一般情况下,客户是不会马上就对你的产品或企业产生兴趣的,这需要你在最短时间内,用最有效的方法找到客户感兴趣的话题,然后再伺机引出自己的销售目的。你可以从客户的工作、孩子和家庭,以及重大新闻时事等谈起,以此活跃气氛,增加客户对你的好感。比如:

提起客户的主要爱好,如体育运动、娱乐休闲方式等;

谈论客户的工作,如客户在工作上曾经取得的成就或将来的美好前途等;

谈论时事新闻,可以在每天早上迅速浏览一遍报纸,等与客户沟通时,首先把刚刚通过报纸了解到的重大新闻拿来与客户谈论;

询问客户的孩子或父母的信息,如孩子几岁了,孩子上学的情况,父母的身体是否健康等;

谈论时下大众比较关心的焦点问题,如房地产是否涨价,如何节约能源等;

和客户一起怀旧,比如提起客户的故乡或者最令其回味的往事等;

谈论客户的身体,如提醒客户注意自己和家人身体的保养等。

在寻找客户感兴趣的话题时,要特别注意一点:要想使客户对某个话题感兴趣,你最好对这个话题同样感兴趣。因为整个沟通过程必须是互动的,否则就无法实现具体的销售目标。如果只有客户一方对某个话题感兴趣,而你却表现得兴味索然,或者内心排斥却故意表现出喜欢的样子,那客户的谈话热情和积极性马上就会被冷却,这是很难达到良好的沟通效果的。

所以，聪明的女人，应该在平时多培养一些兴趣，多积累一些各方面的知识，至少应该培养一些比较符合大众口味的兴趣，比如体育运动和一些积极的娱乐方式等。这样，等到与客户沟通时，就不至于捉襟见肘，也不至于使客户感到与你的沟通寡淡无味。

# 互补定律：寻求合作之道

心理学家做过这样一个经典的实验。实验者让参与实验的人两两结对，要求他们各自在纸上写下自己希望得到的钱数，但是互相不能商量。如果两个人所写的钱数相加刚好等于100或者小于100，那两个人就可以得到自己写在纸上的钱数；如果两个人所写的钱数之和大于100，如120元，那两个人就要各自付给心理学家60元。

结果发现，没有任何一组实验对象写下的钱数之和小于100，所以，他们都得付钱给实验者。不难看出，竞争是人类的天性。在社会心理学中，这种以竞争为先的现象被叫做"竞争优势效应"。竞争是人们与生俱来的一种天性，每个人都希望自己比别人强，谁都不能容忍自己的对手比自己强，因此，在面对利益冲突的时候，人们通常会选择竞争，即便是两败俱伤也在所不惜。就算双方有着共同的利益，人们也往往会优先选择竞争，而不是选择"合作、共赢"。

在现代社会，竞争异常激烈。的确，有竞争才有发展。但是，很多年轻人常常会犯一个错误，那就是将竞争绝对化，不懂得把竞争与合作结合起来。如果头脑中只存在"竞争"二字，那就极易形成过度的"自我中心主义"，并使自己陷入孤军奋战的困境之中。人生毕竟不是独角戏，合作与竞争同样重要。

在生活中，我们时常会发现这样的情况：口若悬河的人与沉默寡言的人成了亲密的朋友;脾气暴虐的人容易与温顺柔和的人和睦相处;当机立断的人对优柔寡断的人,反而有更大的吸引力;大大咧咧的人反而与谨小慎微的人成了莫逆之交。特别是在恋人和夫妻之间,这种"一阴一阳、一刚一柔"的互补性表现得更为明显。男人的威武雄壮,可以让女人感觉很安全;女人的温柔细腻,可以给男人带来愉悦感。此外,有些性情相异的男女也会因为性格互补而走到一起。支配型的人往往和服从型的人成为秦晋之好;热情健谈的人与忧郁沉静的人坠入爱河;脾气暴躁的人与稳重恬静的人举案齐眉。这些案例无不都说明了"互补定律"的独特魅力。

心理学大师杨格认为,每个人都具有"显性"与"隐性"(或称"影子")两种不同的人格。也就是说,一个很活泼的人其实潜藏着很抑郁的一面,而另一个很安静的人,则可能会在另一种陌生环境下,变得躁动不安。因此,当遇见一位身具自己"影子人格"的异性时,我们心中常会有欢喜雀跃的感觉,因为对方能彰显出自己所缺乏(或已被压抑)的人格特质。比如,一个沉默的人遇到一个活泼的人,犹如他的"影子人格"受到了阳光的感召,整个人会变得活泼开朗起来。

这种互补性主要分为两种情况。一种是需要的互补,即交往中的一方能够满足另一方的某种需要,弥补其某方面的短处,那么他就能对对方产生较强的吸引力。比如说,一个人如果打算筹办一个小企业,那么他一般会选择与拥有自己所缺乏的才干和能力的人合作。如果自己善于经销,他就会选择与精通会计的人合作。两者正好能取长补短,各得其所,有利于事业的发展。比尔·盖茨最初是由自己经营微软公司,后来逐渐发现自己在经营管理方面有些力不从心,而且他真正的兴趣是在软件的开发上。于是,他找到了自己的大学同学鲍尔默,希望他能出任微软的CEO,专门负责公司的运营管理。而鲍尔默恰恰是个管理的天才,对管理工作充满热情与自信。正因如此,比尔·盖茨与鲍尔默之间形成了很好的互补,共同缔造了微软帝国的神话。

互补的另一种情形是理想与性格上的互补，即别人某一方面的特长满足了你的理想，从而增加了你对他的喜爱程度。比如，一个看重学历的人，偏偏失去了接受高等教育的机会，他就会想方设法地结交一些高学历的朋友，以此来弥补自己的遗憾。

此外，不同性格的人也会产生互补，并建立起融洽的人际关系。比如，关怀型与依赖型、急躁型与耐心型、倔强型与柔顺型、阳刚型与阴柔型、外向型与内向型、急性子与慢性子等不同性格的人容易相处。不论是哪一种形式的互补，在商务应酬中都会产生积极的作用，对促成双方合作、积累人脉关系发挥着不可估量的作用。

在商务应酬中，各种特质的人才能形成相互补充的关系，包括才能互补、知识互补、性格互补、年龄互补与综合互补。一个好的团队，一个优质的合作关系，需要有一个比较合理的人才结构，这样才有利于保持合作的持久性和优质性。如果工作团队中的每个人都是一种性格，一种气质，工作反而无法做好。例如，全是急性子的人在一起，就容易发生争吵纠纷。全是慢性子的人在一起，就会丝毫不顾忌项目进度……

很快发现对方的性格特点并主动和其实现优势互补，你们才能一起走得更好、更久、更长。有一句话说得好：要想走得快，就一个人走；要想走得远，就要一起走。互补的优势魅力就在于此。

## 相互吸引定律：赢得客户好感的捷径

在工作生活中，我们常常可以发现，有一部分人很有人缘，所到之处总是如鱼得水，他们无所不能，无所不会，三言两语就可以和陌生人称兄道弟，几句话之后一桩买卖就谈成了。当你问到他有什么秘诀时，他总是无辜地摊开手："没办法，我就是这么招人喜欢。"真的是这样吗？为什么他会那么招人喜欢？原因就在于他熟练地掌握了人与人之间的相互吸引定律。

心理学研究表明,通常我们喜欢的人,是那些也喜欢我们的人。他们不一定很漂亮、很聪明,或者很有社会地位,仅仅是因为他们很喜欢我们,我们也就很喜欢他们。这个规律叫做相互吸引定律。不难理解,我们都喜欢和自己喜欢的人打交道, 比如A很热情、B很和善、C很渊博、D很豁达等。实际上,若是仔细追究,不难发现,这些人的身上或多或少都有我们自己的影子。有些人很善于利用这个心理定律赢得别人的好感,为了得到别人的认可,就表现出喜欢对方的样子。打个比方,我们去商场去买东西,看中一件漂亮的大衣,实际上我们并不认识售货员,但为了达到销售的目的,售货员的伶牙俐齿很快就发挥了作用。他会一边夸你皮肤好、气质好,一边鼓励你去试穿,当你穿出来站在试衣镜前,他会进一步和你套近乎,甚至会让你觉得,如果穿上这件大衣,你的人生将会从此改变,如果不买的话,很可能你会错憾终生。大多数情况是,我们会在售货员的夸奖中喜滋滋地掏腰包买单。

可以说,这个规律在社交场合中很具有实用价值,它是赢得别人好感的捷径。你可以经常表现出对别人的兴趣,表明对对方有好感,就很容易赢得对方同样的情感回报。特别是在商务活动中,恰到好处地运用相互吸引的定律,不但可以促成商务合作,更有可能使你在收获黄金人脉的同时,人生也获得极大的提升。

陈彤在拜见客户黄经理时,特地穿上一件藏蓝色的风衣,搭配了一条色彩鲜艳的丝巾, 优雅大方的装束显得她美丽而干练。不到两个小时,事情顺利谈妥,陈彤拿到了公司第一宗大单子。

成功的秘密很简单,有一次陈彤在黄经理的空间日志里看到一篇文章,讲述的是黄经理在新疆工作时的经历。文章还透露了黄经理是一位军事爱好者,特别是航空母舰,更是他的最爱。为此陈彤花力气阅读了大量的航空母舰资料,并以一则新闻开始,两个人畅谈了数小时。在交谈中,陈彤不时赞扬黄经理的博学和高见,惹得对方一阵开怀大笑。

黄经理为什么喜欢陈彤呢?因为陈彤不但使他体验到了谈话愉快的情绪,同时还使他受尊重的需要得到了极大的满足。

每个人或多或少都有一些自恋的情绪。如果问在这个世界上,你最爱的人是谁?恐怕大部分人都会回答是自己。人们往往把自己当成世界的中心,把自己作为衡量一切的标准,这也符合人的自我中心的本性。那些相互吸引的人都给予了对方充分的肯定、赏识,把积极的正能量信息传递给对方,以表明自己对对方是有价值的。这种心理规律,在某种程度上,也和人们的缺乏自信有关。

如果一个人的自尊心较强,较为自信,那么别人所表现出来的对他的喜爱和赞扬,对他的影响就不是很大,人际吸引的相互性原则对他的作用也就不是很大。而那些具有较低自尊感的人,往往不喜欢那些给他们否定性评价的人,因为他极不自信,所以特别需要别人的肯定,特别看重别人所表达的对自己的喜爱。

没有人是完全自信的,因此大多数人都特别需要别人对自己的肯定。有很多这样的情况,就是两个人的相互喜欢,是由一个人对另一个人的单方面喜欢开始的。最简单的例子,就是在一对情侣中,女孩开始对男孩并没有多少好感,但是这个男孩子表现出了对她特别喜欢的态度,久而久之,使得这个女孩也对男孩动心了,最后接受了他的追求。商务活动中也是如此,特别是销售员和客户之间,原本不认识的两个人要促成合作甚至长期交往,其中一个重要的因素就是彼此相互吸引。客户对销售员的产品表现出极大的热情,或者销售员对客户给予积极有效的建议,是合作维系下去的动力。如果其中一方表现出冷漠,那么合作就可能会因此而泡汤。

在商务活动中，一定要争取赢得客户的好感。无论是你个人还是你的产品，以及公司的前景优势等，都是引起对方好感的因素，要千方百计地调动起对方的好奇心，使之产生兴趣。如果不是想卖衣服，那么售货员大可不必对你赞不绝口。这就说明，相互吸引定律并不是绝对的。特别是在商务活动中，有时我们会因为商务需要去喜欢一个你并不喜欢的人，有时你并无好感的客户却对你的产品表现出浓厚的兴趣。

我们只能说，在其他一切都相同的情况下，人有一种很强的倾向性，常常会不自觉地喜欢那些喜欢我们的人，即使他们的价值观、人生观都与我们不同。如果你能把握好这一点，那么在商务活动中，你就赢得了先机。

# 换位思考定律：设身处地理解客户

换位思考是人与人的一种心理体验过程。它从客观上要求我们将自己的内心世界与对方联系起来，站在对方的立场去体验和思考问题，从而与对方在情感上得到沟通，为增进理解奠定基础。它的实质是对交往对象的切身关怀，从而深入对方的内心世界。它是一种理解，也是一种关爱。

现在的城市发展很快，电梯已经成为了必不可少的交通工具，很多人都会发现电梯里装有镜子，可为什么电梯里要装镜子，人们却并不知道。关于电梯里镜子的作用，人们的回答五花八门。有人回答是为了方便大家整理仪容，有人说是为了扩展空间等，只有极少数的人能说出正确答案：为了方便残疾人。

因为残疾人坐着轮椅进入电梯后，不便于转过身去看电梯到了几楼,但如果有那么一面镜子,他们就可以很方便地看看自己是不是到了目的地。

在生活中,我们总是喜欢站在自己的角度考虑问题,很少站在别人的角度去思考问题。就像上面的那个问题一样,之所以会有那么多不准确的答案,就是因为我们都是健康的人,我们只习惯从自己的角度去猜测工程师安装镜子的初衷,而忽略了在同一片蓝天下,另一个群体更需要人们帮助。

对职场中的商务活动而言,客户就是你的上帝,如果客户不接受你,就意味着你的商务活动是失败的。而要想让客户接受你,就必须了解客户的需求与喜好,并设身处地地为客户着想,了解"上帝"对你的期待。要做到这一点,首先就要改变自己的思维方式。

通常情况下,我们面对客户只会想一个问题:怎么样让他买你的产品?但事实上这个问题并不是客户关心的重点,客户更需要知道的是产品的质量好不好,价格合不合理,售后服务完善不完善。既然各有所思,双方就找不到沟通的突破口。所以在工作中常常遇到的问题是,你跑断了腿,磨破了嘴皮,客户也丝毫不动容。那么,不妨换一个角度来看,如果是你去买东西,你的需求是什么?

每一个职场人都要养成分析客户需求的习惯,没有分析就无法了解,就更谈不上满足对方的需求。例如,如果一个人肚子饿了,就应该让他吃饭,而不是让他喝水,因为喝水并不能满足他填饱肚子的需要。这之后,再明确分析这个人是喜欢米饭还是喜欢面条,喜欢清淡口味还是咸辣口味。这正如满足客户的需求一样,只有事先了解客户的需求,并具体分析客户的喜好、习惯,才能满足客户的需求,做到使客户真正满意,最后拥有客户。

在你需要去达成一个商务目的的时候,应该习惯性地演练与客户互换立场,把别人当成自己,把自己当做别人。你想清楚地知道客户喜欢什么方式、感受，有什么想法、需求，就要将客户的背景、职业、个性等全面加以考虑。其实，不仅仅是对客户，你可以将身边的亲戚朋友都当成你的客户，你可以尝试着先问问他们有什么样的需求。朋友的意见、看法，可能有时候并不是很专业，但是，你应该想想，他为什么会说这样的话，为什么会有这样的想法，为什么会有这样的反应。所以，换位思考，练习与对方互换立场，设身处地为对方着想，并在练习后，向对方询问正确答案，这样的方式能提升你察言观色的能力，使你最终不断地深入客户的内心，越来越懂得客户需要什么、想要什么。

客户的需求并不仅仅是产品或者是一次单纯的合作，试想一下，在我们去商场柜台买东西的时候，我们的内心都需要什么？需要被尊重、被赞美、被关怀等，我们的客户同样需要这些。当客户与你交谈的时候，他可能因为不自信而需要被赞美；可能因为压力太大需要被开导；也可能他需要通过你专业的意见来增长自己的见识；或许也想听听你多年积累的工作经验，并给予他具有创造性的建议。在这些方面，客户可能比我们有更多的感受和经验，因为他们自己最明白自己需要什么。其实，有时候他们需要的只是被赞美、被关怀而已。

很多工作时间不长的人总是困惑，为什么自己尽了最大的努力，客户还是不买账，有时甚至成功已近在眼前，却还是功亏一篑。要知道，沟通的成功与否，只有客户才有权利评价、有权利打分。只有客户对你有所肯定，才说明你与客户的沟通是成功的。"乱枪打鸟"的销售方式，即使成功，也只是偶然的，其经验不足以长期借鉴。很多职场前辈能够受到客户欢迎，能够赢得客户的喜欢，不是他们有什么秘诀，而是因为他们想客户所想，急客户所急，客户所能想到的，他们都想得到，客户的需要，他们都尽量满足。有效率的人不但珍惜自己的时间，他们同样重视客户的宝贵时间。当客户对产品表现出兴趣的时候，他会迅速而准确地从专业的角度提供给客户参考意见。与这样的人合作，客户不但没有负担，沟通也轻松愉快，如果能在合作之外收获一个朋友,更是人生长益。

这里需要明确一点,你是问题的解决者,而不是问题的制造者,只有解决了客户的问题,你才能成为客户的知音。即使这一次没能与客户合作成功,只要让他喜欢上你为人处世的风格,那么下一次合作,下下一次合作,对你来说,已经是胜券在握的事情了。

有人说世界上最长的距离,是把钱从客户的口袋移到销售人员的口袋的距离。其实,这段距离并不遥远,只是我们人为地把距离拉长了。因为我们常常只把焦点放在客户口袋中的钱上,而忽略了客户的真正需求和他们关心的重点。

# 第九章

# 特殊场合礼仪：
## 成功地做一个社交名媛

除了在职场上彰显才华之外，在商务交际中，我们也要艳压群芳。下面这些特殊的场合，在如今已经成为必不可少的交际舞台，而一个优雅聪慧的女人，必定是懂得在这些场合推销自己，展示自己优势的。

## 舞会：邀人共舞彬彬有礼，翩翩起舞注意分寸

有一句话形容女人是：静若处子，动若脱兔。当一个女人翩翩起舞的时候，立刻就会变得生动起来。她的妆容和礼服不再是一个平面，而变得立体和动感，如此一来，也就更容易为人欣赏和接纳。在优美的乐曲、美妙的灯光、高雅的舞姿的相互衬托下，你不仅可以从容自在地获得自我放松，而且还可以联络老朋友，结识新朋友，进一步扩大自己的社交圈，提升自己的人生价值。

参加舞会时，除了欣赏音乐和体会舞蹈的优美之外，必要的礼仪也必须遵循，最基本的包括个人的仪容仪表。比如参加舞会的人应提前沐浴，整理好自己的发型，检查自己的容貌，如果你决定穿短袖或无袖服

装时,须剃去腋毛。特别应当注意的是,因为跳舞时双方距离比较近,因此要格外注意自己的口腔卫生,认真清除口臭,并禁食气味刺激的食物。如果恰好当时你患感冒或者其他传染病,就最好不要参加舞会,否则不仅有可能传染给别人,还会影响大家的情绪。尽可能的完美才是舞会中女人最大的魅力。

舞会大都在晚间举行,因为灯光比较强烈,你可以相应的把妆化得浓烈一些,但切勿过于追求个性,最后搞得怪诞神秘,令人咋舌。服装也是如此,干净、整齐、美观、大方是基本的准则。在舞会上,通常不允许戴帽子、墨镜,或者穿拖鞋、凉鞋、旅游鞋。在较为正式的民间舞会上,一般不允许穿外套、军装、警服、工作服。穿的服装不宜过露、过透、过短、过小、过紧,动不动就有可能令自己"春光外泄",这样既不庄重,也不合适。

跳舞过程中还有一些常识,是每个人都应该知道的。

**(1)邀请有讲究**

先邀请谁?应该怎样邀请?舞会有相应的常规礼仪,太过另类就会失敬于人,或是令人见笑。比如,大家都知道,跳舞都是男人和女人一起跳,如果两个女人或者两个男人一起跳舞,难免就会招惹来异样的目光。邀请时也是有讲究的,大多数情况都是由男士去邀请女士,女士可以拒绝,也可以欣然应邀。而当女士邀请男士的时候,男士却不能拒绝。

依照惯例,在舞会上一对舞伴只宜共舞一支曲子。一曲结束之后,需要通过交换舞伴去扩大自己的交际面。舞会上的第一支舞曲,一般讲究是男士要去邀请与自己一同前来的女士共舞。如有必要,他们二人还可以在演奏舞会的结束曲时再同跳一曲。

**(2)搭伴跳舞有技巧**

和着节拍,与舞伴忘情地舞蹈的确是一个令人轻松愉悦的过程。但在邀请他人共舞的时候,千万不要勉强对方,更不要出言不逊,或是与其他人争抢舞伴,当然这是针对男士而言的。美丽的女士只需要点头或者摇头就可以了。当然了,就像琳琅满目的化妆品不是每一种都符合我们的要求一样,有时候邀请我们的人偏偏是个矮个子或者秃顶,那你也可以自己主动上前邀请舞伴。这种情况并不多见,但也不是不可能。女士邀请舞伴时,一般方式是走到心仪的舞伴面前,然后彬彬有礼地询问被邀请者:"您好,我能否有幸请您跳一次舞?"当然,女人大都很矜持,要是遭到拒绝,可就有点尴尬了。为了避免这种情况,你也可以请一位与双方相熟的人士代为引见介绍,牵线搭桥。无论采取哪种方式,如果在你未邀请到对方之前,已有他人捷足先登,则必须保持风度,遵守先来后到的顺序,礼让对方,等下一曲再去进行邀请。

**(3)舞伴的选择**

舞会上的舞伴并不是随意搭配的,不能想跟谁跳就跟谁跳。在舞会上自行选择舞伴亦有规范可循。到达舞会场地时,不要仓促行事,最好先感受一下周围的气氛和观察一下是否有合适的人,尤其要仔细观察自己想去邀请的舞伴。

一定要找年龄相仿的人,这样沟通起来会比较容易。

一定要找身高相当的人。跳舞嘛,也得讲究身材比例,如果两个舞者的身高差不合比例,即使拥有再好的舞技,也难舞得和谐。

舞技相当。老手都不爱和菜鸟在一起跳舞,虽然对菜鸟来说,这是绝佳的学习机会,但"棋逢对手"的感觉更酣畅一些。

有建立人脉之意。跳舞当然不仅仅是跳舞,也是认识人的大好机会,翩翩起舞一曲,话题多了,心也近了,黄金人脉的建立也变得简单了。

**(4)距离产生美**

时远时近,时动时静,舞动的都是节奏的美。跳舞中的距离是个微妙的东西,男伴要左手轻扶舞伴的后腰(略高于腰部),右手轻托舞伴的右掌,尤其是在旋转的时候,男士一定要舞步稳健,动作协调,同舞伴一起享受舞蹈的韵律。在一支曲子结束后，男士要礼貌地将女士送回原座位，道谢后，再去邀请另一位女士。

**(5)曲终人散时**

无论是参加朋友的私人舞会，还是正式的大型舞会，遵守时间是首要的礼仪，要准时到达。至于什么时间离开舞会较为合适，若是朋友的私人舞会，最好要坚持到舞会结束后再离去，这也是对朋友的支持。至于其他的舞会，只要不是只跳了一支曲子就走，显得应酬的色彩过浓就行了，可以根据自己意愿决定。

聪明的女人，要让你的每一个舞伴都对你留下最佳印象。纵然只翩翩起舞一曲，可你彬彬有礼的素养，却可以在对方的脑海里保留很久。

## 观看演出：叫好与鼓掌也要掌握时机

演出其实是一个比较大的概念，涵盖了很多不同的表演形式，比如我们的国粹京剧、各种传统戏剧、歌舞演出，以及一些时尚演出，各种各样的流行音乐，或者是一些外来文化，例如音乐会。在不同的演出场所，人们在观看演出的时候，表达致意的形式也是不同的。比如看京剧的时候，可能我们更多的是用叫好喝彩来表达对演员表演的肯定；如果是看西乐，可能更多的是鼓掌的方式；如果是看流行音乐，可能就要跺脚。同样的一个动作，在不同的场合也有着不同的涵意。如看京剧跺脚是表达喝倒彩，听西方音乐跺脚是表达不满的情绪，如果是摇滚音乐，跺脚则是互动，是表达激动的方式。中国人的鼓掌是用时间的长度来表达对演出者赞赏、肯定的程度，而外国人是用鼓掌的次数表达对演出的肯定。

所以我们经常看到国外的媒体这样报道：看音乐会的时候，观众的掌声多达十几次。而我们国内的报道则是,掌声长达十几分钟。这就告诉大家,东西方文化的细节是有差异的,我们都要稍作了解。

在一些正式的演出场合,无论男女,最好都不要穿便装,正装会显得更加适合场合一些,男士穿西装,女士穿礼服或者套裙都比较妥帖。

另外应提前15分钟到场。在大家正在为开场激动的时刻,你气喘吁吁地跑进场,显然是不礼貌的。提前到场还有一个好处,就是在熟悉自己的座位之余,还可以有短暂的时间和周围的人交流。节目到精彩之处记得鼓掌,掌声是对演员演技的肯定以及对他们辛苦的感谢,不过请记得不要单独喝彩。如果你对某个演员或者演出片段不感兴趣,也应该保持安静,继续欣赏下去,这是起码的礼仪修养。哪怕是出了意外情况,也不能起哄闹事,那不仅是对演员的不尊重,也彰显了自己素质修养不够高,损坏自身形象。

既然去观看演出,首先你应对这场演出有着浓厚的兴趣,如果你还不甚了解,建议你抽出一些时间去学习了解与之相关的文艺基础知识。要较为全面地了解这一文艺门类的渊源、流派、代表作和著名的表演家及其艺术特色,这样方可鉴古知今。具体到某一主要节目,亦须了解其作者、历史背景、独特之处,以及演员的个人情况和舆论的评价。这样才会有选择、有比较、有重点、有收获。

同样一场演出,因为欣赏的角度不同,打动吸引每个人的地方也有所不同。比方说,在观看戏剧时,有人是欣赏剧情,有人是欣赏演技,有人是欣赏综合表演,还有人只欣赏某个方面的表演,当不同的精彩点出现时,你就会发自内心地为他们喝彩鼓掌。

这里就存在一个问题:演出精彩之处,你特别想鼓掌,而别人却没有鼓掌,这个时候你该怎么办?我们建议遵循从众原理。如果仅仅你一个人认为这是精彩的话,大呼小叫地喝彩,可能会令整个现场受干扰。如果大家都喝彩,你也喝彩,就比较自然。如果你觉得特别精彩,大家又都没有鼓掌时,你要学会控制自己的情绪。有些人听音乐会,对其中某一段特别喜欢，就自己在那里哼唱，而影响了别人的观看，这时就会引起别人的反感，也显得自己缺乏教养。每个人在观看演出的过程中，对积极情感的表达要从众，对消极情感的表达，要学会控制。

张女士一家人去观看演出。在场间休息时，演出主办方提供了免费可乐供观众饮用。在后面的观看中，有一处特别精彩，张女士激动地站起来准备鼓掌，却忘记了自己的手里还拿着一罐可乐，于是在挥手的过程中，可乐洒在了旁边一位女士的身上。于是两人发生口角，继而对骂并动手互相推搡……

这是一个有点极端的例子，也是演出中不和谐的音符，但通过此事可以提醒我们，叫好和鼓掌要掌握时机，不要随性而发，更不能因为失去理智而做出错误的事情来。何况，并不是所有的演出都可以时时处处鼓掌的，有些演出需要安静地欣赏，有些演出只有在结束的时候才可以鼓掌，这些你知道吗？比如在欣赏西方音乐的时候，也就是我们常讲的高雅音乐，观众要注意，听音乐会的时候要尽量不发出体声（身体发出的声音），要有能力克制住自己打喷嚏、打哈欠等。在特定场合，保持肃静，是很重要的规则。

演出开始时，你的掌声是用来向演员表达敬意的，这是应该的，但是演员刚一张口，你就鼓掌，而且是鼓倒掌的话，就太不应该了。演出过程中，即使你个人觉得精彩，但大家都没有鼓掌，建议你也不要鼓掌，因为这会影响大家的情绪，也会分散演员的注意力。众人都鼓掌的时候，你也一起鼓掌，这便是给演员和演出最大程度的鼓励和肯定。当然了，演出结束的时候也是要鼓掌的，为演员的辛苦演出和主办方的精心准备而致谢，这能体现出一个人的礼貌和修养。

# 娱乐场所:及时捧场,适时为自己赢得好人缘

杨乐乐除了有一个好身段外,还有一副好嗓子,即使工作之余清唱一曲,也能赢得一阵掌声。按理来说,这样的美女应该是备受大家喜爱的,可是杨乐乐却并没有几个好朋友。

有一次,部门同事沈涵过生日,请大家去K歌,这才明白杨乐乐为什么朋友少的原因了。包厢里,部门十几个人聊得不亦乐乎,杨乐乐一进门就点了四五首歌,在她放声高歌的时候,其他人只有看的份儿,不过同事们还是很礼貌地为她奉上了掌声。终于等到她唱完,别的同事有机会露一手,可杨乐乐却抓紧时机去点歌,接下来又是她的四五首歌。整个K歌成了她的"个人演唱会",到最后同事们各自娱乐,也懒得为她鼓掌了。即便如此,她也丝毫不在意,依然我行我素。沈涵不由得对着她的背影长叹一声。

像杨乐乐这样的美女,在生活里还有很多。这也就是很多人本来是去娱乐,结果发现玩得并不快乐的原因,就是因为有人不懂礼仪,或者礼仪不够。大家务必要了解在K歌时的几个礼仪。

唱歌当然是唱自己最拿手的,但不能因为唱得不错就独占麦克风,如果这样做的话,你已经很好地诠释"失礼"二字了。我们说,礼仪的本质是尊重别人,通过尊重别人来赢得别人对你的尊重。包厢里点歌当然人人都要有机会,而表演者最希望的就是有人欣赏,所以三五好友一同去KTV玩时,应互相捧场。当别人唱时,要专心欣赏,不能在别人唱歌时聊天或取笑他人,也不能在别人唱到一半时抢过麦克风。别人唱完时,应以掌声给予鼓励,大家相互鼓励,才会唱得更热烈,更开心。

当你为别人及时送上掌声的时候,实际上是通过肯定和鼓励为自己赢得一个好人缘。职场上,无论升迁变故,都要给自己积累更多更优质的人脉,这样才能踩着贵人的肩膀,扶摇直上。K歌便是一个很好的机会,一定要牢牢把握。

刘玲是部门里唯一的女孩,那次加班到很晚大家才干完工作,部门经理提议一起去酒吧。夜越浓,酒吧里越热闹,一帮年轻人在酒吧里玩得好不热闹。几个人坐在吧台前的单脚皮椅上,转着圈,开着玩笑,喝着啤酒,看着各种表演。这时一个陌生的男人走过来邀请刘玲去跳舞,刘玲想也没想就答应了。陌生男人先请刘玲喝了一杯洋酒,然后拉着她走进了舞池。跳着跳着,刘玲感觉到头晕,这种眩晕的感觉不但没有随着时间的流逝而消失,反而越来越严重,她想挣脱陌生男人朝同事走去,可是却浑身没有力气,最后便软软地倒在了男人的怀里。要不是同事们发现得及时,那个陌生男人一踩油门就会将刘玲带到一个陌生的地方,之后会怎么样,就谁也说不准了。

酒吧固然是个休闲之所,可是这并不意味着你可以在这里随心所欲,如果失礼,你就会成为别人眼中的笑料,甚至有可能将自己置于危险之中。要想在这里很好的放松,你就务必要了解相关的礼仪知识。

酒吧不是饭店那样能大摆宴席的场所。如果你打算请客,那最好去酒楼、饭店,那里天南地北各种佳肴一应俱全,而酒吧里通常只供应饮料和平常糕点、小食品等,主要活动是娱乐,"吃"在这里只是一个配角。

若你想向酒吧里的歌手点歌,你应该叫来服务员,请他向歌手转告你的意见。给歌手小费时也不可直截了当,把钱硬塞给歌手或扔到台上,更是不可取的行为,正确的做法是把钱夹在纸里,最好藏在一束鲜花中送到歌手面前。

酒吧舞池不同于特别举办的舞会，女士不要与不相识的男人跳舞，在酒吧里跳舞，以请同来的男伴为宜。

有些人喜欢三五成群坐在服务台旁的单腿椅子上大声说笑，其实，这既影响服务生的工作，也有失风度。

女性需要特别注意的是，在酒吧中，有几种类型的男人，最好不要轻易去接近：对待侍应生颐指气使的；没搞清要请你喝什么就替你买了饮料的。这些人缺乏尊重他人的基本理念，应尽量远离他们。

## 沙龙聚会:尊重主人,体现高尚修养

嘉怡的经理新买了房子，邀请同事周末到他的家里做客。嘉怡很高兴，早早就准备好，她还特意去花卉市场买了一盆绿色植物送给经理。第二天，她在11点30分敲开了经理家的门，发现大家已经到得差不多了，只剩下小孟还没有到。经理的爱人有些焦急地看着墙上的钟表，厨房里已经做好了丰盛的佳肴。时间一分一秒地过去了，一直到12点30分，小孟才火急火燎地赶到，原因是她坐错了车，耽搁了时间。她给经理带的礼物是一盆自己亲手腌制的泡菜，本来也没什么，但泡菜放在那里，那股味道总是若有若无地飘进大家的鼻子里，有些人就受不了了。不合时宜的是，小孟那天穿了一条火红的吊带裙，其鲜艳程度远远超过了经理夫人，不知情的人会误以为小孟才是家里的女主人。聚会到下午3点结束，可小孟开心过头喝醉了酒，大家只好扶着她到经理家的沙发上休息，其他人纷纷道别后都回家了。那次之后，大家对小孟的印象打了折扣。

虽然类似沙龙聚会的形式在眼下已经很普遍了，同事朋友之间时不时搞个小聚会也再正常不过，可如果不懂沙龙礼仪，还是会因为一些细节问题给个人形象蒙上阴影。

在了解沙龙礼仪之前，先简单地跟大家介绍一下沙龙的起源和发展。

聚会这样的形式，究其根源可以追溯到法国大革命后，当时的法国人对哲学、文学、艺术、政治和经济等社会问题非常关注，经常聚会在某些私人的客厅里，针对某一话题展开激烈的讨论。后来这样的形式成为一种时尚，传到了世界各地。

沙龙的种类可谓多种多样，根据不同性质和目的可分为：

社交性沙龙。是由较熟识的朋友、同事发起的定期或不定期的聚会，如同乡联谊会等。

学术性沙龙。由职业、兴趣相同或相近的人组成，以探讨某一学术问题为主要目的。

应酬性沙龙。以接待来访者、谋求增进了解和友谊为目的，如接待客人来访的座谈会、茶话会、舞会等。

综合性沙龙。兼有多种目的，促进人们自由交谈，增进了解，如酒会、家庭晚宴等。

那么在沙龙上应该注意哪些礼仪，才不至于像小孟那样犯错误呢？

第一，地点在哪儿？

无论是举办沙龙还是参加沙龙，首先自然要先知道地点在哪里，是在某家客厅、庭院，或是宾馆、饭店，还是写字楼内的某一专用的房间。特别是职场人士去参加沙龙，最好提前弄清楚交通路线，以便掌握行程路线以及大概所需要的时间。

第二，时间是什么？

沙龙一般没有严格的时间限制，只要大家意犹未尽，可以适当地延长一些时间。通常交际型沙龙以在周末下午或晚间举行为好。

第三，穿什么，说什么？

去参加一个沙龙，自然要穿着得体，男士尽量别穿奇装异服，女士尽量别穿过分暴露的衣服,那样对人很不尊重。沙龙上有认识的人,也有不认识的人,大部分情况下都是认识的人居多。当然,如果你是一个陌生者,想认识新朋友,可以提前征得主人的首肯,贸然上去打招呼会显得有些唐突,更容易引起别人的反感,那样就达不到交际的目的了。

第四,怎样做才算礼貌?

尊重女性、长者是最起码的礼仪。主动自觉地尊重、照顾、体谅、帮助、保护女性和长者,并积极地为其排忧解难,是现代职场年轻人应该有的素质。除此以外,还要体谅与尊重主人,尽可能地对其援之以手。不管主人有无要求,都不可吸烟、随地吐痰或乱扔东西。不允许擅自闯入非活动区域,例如书房、卧室、阳台、储藏室等处"参观访问",翻箱倒柜,乱拿或乱动主人的物品。

在现代职场中,各种正式与非正式的沙龙已经非常平常,了解必要的沙龙礼仪知识就显得尤为重要,因为这是一个人素质在公司之外的综合体现。在公司里要力求做一名优秀员工,沙龙中你也应该成为那个最有修养的人。

## 参观:观而有序,在高雅中品阅学习

林枫进入公司实习不久,就得到了一次和其他20个实习生一起到国家某部委实验室进行参观的机会。因为副总临时有事不能来,便委托他的好友张部长接待大家。所有人都坐在会议室里等张部长,这时秘书先进来给大家倒水。所有人都表情木然地坐在那里,看着秘书忙活,其中一个人还问了一句:"有绿茶没?天太热了。"秘书回答说:"很抱歉,刚刚用完了。"林枫心里觉得有些别扭,轮到她时,她站起来,双手接住茶水,轻声说了一句:"谢谢您,大热天的,辛苦您了。"秘书抬起头看了看她,眼里饱含着惊奇和感激。

门开了,张部长走进来朗声和大家打招呼,不知道怎么回事,周围静悄悄的,没有一个人回应。只有林枫一个人鼓掌,其他人才附和着零零落落地鼓掌,由于不齐,掌声越发显得乱起来。张部长挥了挥手,说:"欢迎大家到这里来参观,平时这些工作都是由办公室负责的,因为你们老总和我是老同学,今天我就特意接待大家参观。我看了一下,发现很多人都没有带笔记本,这样吧,王秘书,请你去拿一些我们部里印刷的纪念手册,送给同学们做个纪念。"

接下来,更尴尬的事情发生了,很多人只伸出一只手接过部长递过来的纪念册,然后拿在手里随意翻着,也没有道谢,部长的脸色越来越难看。此时,林枫站起来,双手接过纪念册,并向部长鞠躬致谢。在参观时,很多人只是跟着盲目地听着,有的人索性坐在楼道里乘凉去了,只有林枫一直跟着秘书,一边认真地听,一边问一些已经准备好的问题。张部长在一边看着,一边若有所思。

一个月后,林枫被指名派到国家某部委实验室。很多人都不理解,为什么一次参观就改变了林枫的命运,副总也觉着有些纳闷。张部长笑笑说:"其实每个人的机会是完全一样的,有些人的条件甚至还比林枫更优越,但是除了这些之外,他们需要学习的东西太多了,在修养和礼仪方面,林枫绝对是他们当中的第一名,这也是我们最看重的。"

参观可以开阔眼界,增长知识,陶冶情操。对职场人士而言,参观,尤其是在公务活动中所进行的正式参观,不仅可以达到上述目的,还可以增进对参观项目的了解,获取自己开展工作的第一手材料,并且能促进与参观单位的相互关系,这无论对单位还是个人来说,都是一件双赢的好事。基于此,每个职场人士对参观都要给予足够的重视。在参观的时候,应严格遵守参观的礼仪规范,不要因为自己的求知欲和好奇心而干扰了别人,更不能将自身的陋习随意展示出来,给对方留下一个不好的印象。

在观而有序的参观过程中，需要遵守的礼仪主要包括以下几个方面：

**参观要有针对性**

参观项目的选择要有针对性。与自己的业务相关,有助于自己工作开展的可供参观的项目不可胜数,但实际上大多人没有这个能力,也没有必要一一安排进行参观。故在选择参观项目时,一定要有针对性。它应当是在适时的情况下，参观那些对自己最重要、最有实际价值的项目。只有这样,才能保证考察项目的顺利实现,并且可以避免不必要的人、财、物的浪费。

**要客随主便**

参观的具体项目由东道主,即参观的具体项目归属的国家、单位、部门或个人首先提议。如果由参观者自行提议,须经东道主认可,切不可贸然造访。

**参观的准备**

在参观之前,必须做好充分准备。必要时,还需要制定专门的参观计划。参观计划可以由参观者自己拟订，也可以由东道主为客人事先拟订。其主要内容大体上包括下述几项:一是参观项目,二是参观人数,三是负责人及工作人员,四是起止时间,五是交通工具,六是饮食住宿,七是安全保卫,八是费用预算。根据具体参观的实际情况,可做相关调整。对个人来说,在参观之前,所需要准备的具体工作还有:

**了解背景**

为了对参观项目有进一步的认识，并且能在进行参观时有的放矢,抓住重点、难点,参观者应当在参观之前了解一下参观项目的背景,避免在参观时信口开河,提出不适当甚至令人感到可笑的问题。

在国内进行参观,需要了解的背景材料有:参观项目的历史、现状、发展前途,参观项目的主要特色、优点与不足,参观项目在本地区、本行业以及国内外的地位与反响等等。

在国外进行参观时,除对参观项目的背景要有所了解之外,还应进行外事纪律教育,并组织参观者学习参观项目所在国的政治、经济、文化、习俗等方面的常识。

要明确要求

(1)形象要好。参观时要根据参观主题选择不同的着装,比如,在参观风景名胜时应着便装,而在参观工厂、农村、部队、学校与机关时则应着正装。因此,参观者在参观时的装束,既要注意时令与行动方便,也应兼顾具体的参观项目。

(2)工具要齐。参观者应当携带记录工具。为了方便笔记,应带上两支以上的圆珠笔和足够使用的小卡片纸。如果在参观时还想录音、拍照或摄像,还必须备齐录音带、胶卷、录像带以及电池、充电器等用具。最好不要频频地向东道主借东西,给对方增添麻烦。

(3)记录要及时。在参观的时候,要按照一定的顺序跟随队伍一起参观,不可以随处走动,或者突然提问,这样会打乱原有的参观秩序,给人留下不礼貌的印象。另外,做好重点记录就可,不可以在一处做较长时间的停留,如果有疑问,可以在参观结束时,寻找专业人员具体询问。

参观结束后应礼貌告退,并及时答谢对方为这次参观所做出的努力,如有需要,可以适当谈及自己的参观体会和收获,以对对方做出正面的肯定。

参观是现代职场人一项必不可少的公务活动,无论是参观景区、博物馆还是行业展览,必要的礼仪都不可缺少。随时随处做到“有礼有节”,也能体现一个人最基本的修养。


## 商务签约:郑重对待,严格履行相关规定

在商务交往中,尽管君子协定,口头承诺,“说话算数”等在一定程度

上有作用，但是为了让社交对象更心安理得地进行合作交往，则需要"口说无凭,立此为据"的文字性合同。

为了使有关各方重视合同,遵守合同,在签署合同时,应举行郑重其事的签字仪式,签约仪式上的礼仪也应引起足够的重视。我们经常能在电视上看到签约仪式,很多人觉得没什么复杂的,不就是摆几张桌子,双方签个字就OK了。事实上,越是看起来简单的事情,办起来越是不简单。光商务签约仪式的准备工作就有一套严格的规定。

第一,形象准备。签约仪式是一个非常严肃正式的场合,因此每一个相关人员都要特别注意自己的形象,尤其是在签约当天,不能穿随意的便装出现在签约现场。男士穿西装,女士着职业套装是比较稳妥的选择。如果是接待人员,可以穿相关的工作制服,比如女性,可以穿旗袍等礼仪性服装。

第二,场地准备。签约自然要找一个比较正式的场地。一间标准的签字厅,应当室内满铺地毯,除了必要的签字用桌椅外,其他一切的陈设都不需要。正规的签字桌一般为长桌,桌子上最好铺设深绿色的台布。签署双边性合同时,应放置两张座椅,签署多边性合同时,可以只放一张桌椅。在签字桌上,要事先安放好待签的合同文本以及签字笔、吸墨器等签字时所用的文具,为保险起见,最好提前先检查一下签字笔等文具是否使用顺畅。

如果是与外商签署涉外商务合同,还要在签字桌上插放有关各方的国旗。插国旗时,中方的前面插放中国国旗,外方的前面插放相应国家的国旗。

正式签署合同时,合乎礼仪的做法是:在签署双边性合同时,应请客方签字人在签字桌右侧就座,主方签字人坐在签字桌左侧。随员可以按照职位的高低,依次自左至右(客方)或是自右至左(主方)列成一行,当一行站不完时,可按照以上顺序并遵照"前高后低"的惯例排成两行、三行或四行。

第三,合同文本的准备。举行签字仪式是一桩严肃而庄重的大事,应提前准备好相应文件资料。按照常规,要为在合同上正式签字的有关各方均提供一份待签的合同文本,必要时可再提供一份副本。如果是签署涉外商务合同,还要注意同时使用有关各方法定的官方语言,或是使用国际上通行的英文、法文。特别是用外文撰写合同时,一定要谨慎仔细,反复推敲,字斟句酌,不要望文生义,从而乱用词汇。

商务合同的合同文本大都以精美的白纸制作而成,按大八开的规格装订成册,并以高档质料,如真皮、金属、软木等,作为其封面。

相比起正式的签约过程,似乎签约仪式准备工作更显得纷繁复杂些,但这些都是必要的铺垫工作,一定要认真对待。正式的签约过程,其时间并不长,但一定要体现出庄重而热烈的氛围。具体由以下几个步骤构成:

一、签字仪式正式开始。有关各方人员进入签字厅,在既定的位次上各就各位。

二、签字人正式签署合同文本。通常的做法是首先签署对方保存的合同文本,再接着签署他方保存的合同文本。这时需要遵守的商务礼仪是:每一个签字人在由对方保留的合同文本上签字时,按惯例应当名列首位。因此,每个签字人均应首先签署对方保存的合同文本,然后再交由他方签字人签字。这一做法,在礼仪上称为“轮换制”。它的含义是在位次排列上,轮流使有关各方均有机会居于首位一次,以显示机会均等,各方平等。

三、签字人正式交换已经由有关各方正式签署的合同文本。此时,双方或者多方签字人会热烈握手,互致祝贺,并相互交换各自一方刚才使用过的签字笔,以示纪念。全场人员应鼓掌,表示祝贺。

四、共饮香槟酒互相道贺。这一般用于比较隆重的场合,即在交换已签的合同文本后,签字人以及相关人员会当场干上一杯香槟酒,这是国际上通行的,用以增添喜庆色彩的做法。

签字仪式不一定非搞不可,尽管它可以制造声势、增强影响。但是,对签字本身却是必须郑重对待的,切不可草草收场。

# 开业典礼:提高美誉度,从良好的形象开始

开业典礼在商务活动中仍然扮演着非常重要的角色,究其原因,一方面是商家图个吉利,另一方面,开业庆典也是绝好的造势机会,可以通过它因势利导,对以后的事业发展裨益良多。

那么,要做好开业典礼,应从以下几个方面做好工作。

**做好宣传工作。**之所以要举办开业庆典,除了图个喜庆吉利外,还有一个更重要的目的,便是趁机造势。利用庆典吸引社会各界人士的注意,取得社会大众对本单位的认可和接受。要达到这些目的,就要在宣传工作上下工夫。

**做好招待工作。**招待工作的首要任务就是做好约请工作。对应该邀请谁来出席开业庆典,一定要做到心里有数,不是人越多越好,也不是大腕越多越好,而是要根据自身实际情况来定。开业仪式影响的大小实际上取决于来宾的身份,在能力允许的情况下,最好能邀请一些重量级的嘉宾来参加开业仪式。上级领导、社会名流、大众传媒、合作伙伴、社区关系者都是优先考虑的人选,一旦确定,就应发出邀请或通知。

**做好现场工作。**作为庆典活动的中心地点,对它的安排、布置是否恰到好处,往往直接关系着庆典给全体出席者留下的印象好坏。选择具体地点时,应结合企业规模的大小、影响力以及本单位的实际情况来决定,量力而行,尽力而为,为企业和来宾创造一个美丽而隆重的庆典现场环境。需要说明的是,举行开业仪式时,宾主一律站立,一般不布置主席台或座椅。如果需要特别显示来宾的尊贵,可以在贵宾站立之处铺设

红色地毯进行区分。

**做好服务工作**。对出席庆典仪式的来宾更应注重礼节。为确保让每位来宾都能心情舒畅，在举行开业仪式的现场，应根据具体的需要，安排专人来负责接待来宾，对各个方面"分兵把守"，以确保万无一失。最忌讳的是，来宾到场时，因为没有提前做好安排，导致服务人员一窝蜂接待，出现厚此薄彼的现象，那样会使受冷落的来宾有不舒服的感觉。

**做好馈赠工作**。一般开业典礼结束之后都会给来宾赠送礼品，这也出于商家企业自身宣传的需要。一份特别的礼品不但深入人心，而且会收到理想的宣传效果。根据常规，向来宾赠送的礼品，应具有以下三大特征：其一是宣传性，礼品一定要能够起到宣传企业的作用，可以在礼品及其包装上印上本单位的企业标志、广告用语、产品图案、开业日期等；其二是荣誉性，要使之具有一定的纪念意义，并且使拥有者对其珍惜、重视，并为拥有它感到光荣和自豪；其三是独特性，它应当与众不同，具有本单位的鲜明特色，使人一目了然，并可令人过目不忘。

**做好程序工作**。一次庆典举行的成功与否，与其具体的程序关系紧密。开业庆典礼仪规定：第一，时间宜短不宜长；第二，程序宜少不宜多。组织筹备一次庆典活动，如同进行生产和销售营销一样，提前做好总体规划才可能取得成功，从而成功宣传企业新形象，增强全体员工的自豪感。

参加开业庆典的来宾，在对方发出邀请函后应及时给与答复，以帮助对方确定人数，做好相关程序安排。如果不能出席，则应该提前通知对方，并为不能出席而抱歉，同时别忘了恭祝对方开业大吉。

出席开业庆典时要注意自己临场时的言谈举止。着装以正式严肃为主，切忌以奇装异服出场。女性着装不宜太过暴露，妆容不宜太过浓艳，以免给他人不舒服的感觉。谈吐要文雅礼貌，切忌在会场内大声讲话甚至出言不逊。如果需要发言讲话,最好提前准备好发言稿,做到心中有数,避免上场后一时语塞,出现尴尬的现象。

接受对方的邀请及礼品时别忘记说感谢的话,及时给予吉祥祝福的话语。切忌吃过饭嘴一抹就转身走人,或者在对方馈赠礼品的时候,一只手接过,毫无反应地离开现场。无论你的身份和角色如何,都不能忘记礼仪,因为那是尊重别人的基本体现,而尊重别人本身也是在尊重你自己。

# 剪彩仪式:借此良机,吸引各界人士的关注

剪彩现在已经成为一种必不可少的商务活动形式,有趣的是,它并不是我国固有的礼仪形式,而是来自美国的舶来品。

1912年,在美国得克萨斯州安东尼县的一个小镇上,一家百货商店即将开业,店主威尔斯按照当地习俗,在开张的那天早上把店门打开,但并不马上招揽顾客,而是在门前拴了一根红布条,此举一是为了引起人们注意,二是向人们表示,在正式开张之前,请大家暂时不要入内。事有凑巧,店主威尔斯的小女儿牵着一条小狗突然从店里跑出来,无意间将红布条碰落在地,过往行人以为这家商店已经开张营业,于是一拥而入,商家的生意一下子火爆起来。这条小狗不经意碰掉布条的举动,竟然演变成剪彩礼仪,风靡世界。

和以前相比,现在的剪彩仪式变得热烈而隆重。通常剪彩仪式都是在正门外广场或正门内大厅举行。场内会悬挂"某某商厦开业典礼"或"某某大桥通车仪式"等横幅会标,张灯结彩,气球飘扬。届时还会播放音乐,燃放爆竹,相关单位的祝贺花篮摆放在主席台前,邀请的嘉宾上

台剪断红色绸缎以示喜庆祝贺。

在一般情况下,剪彩仪式都会融入到开业仪式当中,但现在它也可以被单独分离出来,独立成项。之所以会独立成项,是因为商界人士更看好剪彩仪式的独特作用。第一,剪彩活动热热闹闹、轰轰烈烈,既能给主人带来喜悦,又能令人产生吉祥如意之感。第二,剪彩不仅是对主人既往成绩的肯定和庆贺,而且还有鞭策与激励的作用,促使其再接再厉,继续进取。第三,可借剪彩的活动,向社会各界通报自己的"问世",以吸引各界人士对自己的关注。在以上三个主要功能中,最后一条至关重要。正因为如此,商界人士才可以理直气壮地向外界解释说,规模适度的剪彩,其实是一种业务宣传活动,而并非只是铺张浪费,毫无任何收益。

从剪彩仪式的程序来讲,目前所通行的剪彩礼仪主要包括剪彩的准备、剪彩的人员、剪彩的程序、剪彩的作法等四个方面的内容。以下,就分别择其要点进行介绍。

准备工作要细致入微。剪彩是在众人眼皮底下的活动,稍有不慎就会被大家看出端倪,因此要认真做好布置。因其隆重而热烈,所以在场地的布置、环境卫生、灯光与音响的准备、媒体的邀请、人员的规范和要求方面都必须认真细致,精益求精。除此之外,对剪彩仪式上所需使用的特殊用具,比如红色缎带、新剪刀、白色薄纱手套、托盘以及红色地毯,都要仔细地进行选择与准备。

剪彩人员要审慎选定。大家都知道,在剪彩仪式上最为活跃的当然是人,而不是劲爆的音乐或者震耳的鞭炮声。因此,对剪彩人员必须认真进行选择。根据惯例,剪彩者可以是一个人,也可以是几个人,但是一般不应多于五人。通常,剪彩者多由上级领导、合作伙伴、社会名流、员工代表或客户代表所担任。

确定剪彩者名单。在一般情况下,确定剪彩者时,必须尊重对方的个人意见,切勿勉强对方。需要由数人同时担任剪彩者时,应分别告知每位剪彩者届时他将与何人同担此任。这样做,是对剪彩者的一种尊重。千万不要"临阵磨枪",在剪彩开始前才强拉硬拽,临时找人凑数。为确保万无一失,可以提前将剪彩者集中在一起,告之对方有关的注意事项,并稍作排练。按照常规,剪彩者应着套装、套裙或制服,并将头发梳理整齐,不允许戴帽子或墨镜,也不允许穿着便装。

确定剪彩者的顺序。如果剪彩者仅为一人,剪彩时请他居中而立就可以。如果剪彩者不止一个人,同时上场剪彩时,对其位次的尊卑就必须予以重视。一般的礼仪规矩是:中间高于两侧,右侧高于左侧,距离中间站立者愈远,位次便愈低,即主剪者应居于中央的位置。需要说明的是,之所以规定剪彩者的位次"右侧高于左侧",主要是因为这是一项国际惯例,剪彩仪式理当遵守。在我国只需要执行"左侧高于右侧"的传统做法就可以了。

除此之外,剪彩仪式的助剪者也很重要。这些服务的礼仪小姐可以分为迎宾者、引导者、服务者、拉彩者、捧花者、托盘者。迎宾者的任务,是在活动现场迎来送往。引导者的任务,是在进行剪彩时带领剪彩者登台或退场。服务者的任务,是为来宾尤其是剪彩者提供饮料,安排休息之处。拉彩者的任务,是在剪彩时展开,拉直红色缎带。捧花者的任务则是在剪彩时手托花团。托盘者的任务,则是为剪彩者提供剪刀、手套等剪彩用品。

为了达到宣传企业的目的和宣告某个工程奠基动工,通常情况下,剪彩仪式应在即将启用的建筑、工程或者展销会、博览会的现场举行。虽然剪彩时间并不长,但一定要达到吸引各界人士注意的目的。在以上准备工作就绪,主持人宣布仪式开始后,乐队应演奏音乐,现场可燃放鞭炮,全体到场者都会热烈鼓掌。此刻,鸣放的鞭炮和劲爆的音乐,以及飞扬的气球,都会将周围人们的注意力转移过来,让大家明白"哦,一家商场开业了""一条道路要开通了""一个工程要动工了"。

当然,在剪彩之前,主办方还会安排一个短暂的发言,发言人大都由剪彩人来担任,发言者的顺序应为东道主单位的代表、上级主管部门的代表、地方政府的代表、合作单位的代表等。其内容应言简意赅,每人不超过三分钟,内容重点分别为介绍、道谢与致贺。

到正式剪彩的环节,为了达到更好的效果,剪彩者最好先向拉彩者、捧花者示意,待对方有所准备后,集中精力,右手手持剪刀,表情庄重地将红色缎带一刀剪断。若多名剪彩者同时剪彩,其他剪彩者应注意主剪者动作,主动与其协调一致,力争大家同时将红色缎带剪断。按照惯例,剪彩以后,红色花团应准确无误地落入托盘者手中的托盘里,此刻众人的目光都集中在剪彩者的手上,因此千万不能使红色花团坠地。剪彩成功后,剪彩者可以右手举起剪刀,面向全体到场者致意。然后将剪刀、手套置于托盘之内,举手鼓掌。接下来,可依次与主人握手道喜,并列队在引导者的引导下退场。退场时,一般宜从右侧下台。至此,一套完整的剪彩仪式就圆满结束了。

尽管剪彩备受商界推崇和喜爱,但还是提倡"程序宜少不宜多,时间宜短不宜长"的原则,这样不但可以用短时间将社会各界的眼球吸引过来,还能达到热烈而不铺张的效果。无论是组织者还是剪彩者,对剪彩者礼仪要求都应该谨记。正因为程序少、时间短,礼仪才倍显珍贵。修养在千日内修炼,却在几秒钟内彰显,因此,每一个职场人士都应先做一个有良好礼仪修养的人。

## 涉外会议:慎重选择话题,热情而严谨

俗话说,一句话能让人笑,一句话也能让人跳。这不但说明口才对一个人的重要性,也体现了语言技巧对一个人社交的影响。特别是在参加涉外商务活动时,怎样说话,怎样说让对方欢喜的话,更是每一位职场人士都应认真琢磨的事情。

在涉外商务交往场合，有的人担心会一时找不到合适的话题，形成"相对无言"的尴尬场面。其实，涉外场合的话题是十分广泛的，除了政治性问题以外，人们所关心的全球性问题，比如环境保持、人口增长、交通拥堵、疾病防治、青少年教育、老龄化问题等，以及体育、电影、绘画、音乐、民情风俗、科技发展、未来世界等，都可以成为双方的话题。一般来说，谈论政治、经济、外交等各方面的形势是个很重要的话题，特别是在国际上出现的重大事件，往往会成为一个热门话题，有时候甚至成为热论的焦点。在这个时候，应该运用好这样的机会，打开双方治谈的话题。对于中国特有的事物，比如中药、太极、气功、京剧、中国菜等，外国人也是非常感兴趣的。根据所处的场所，谈话对象的职业、身份、兴趣等，都可以就地取材。这样既可以避免冷场，又能增进友谊，丰富自己的知识。

要学会选择话题。提出问题的前提是首先要尊重对方。提出的问题要自然适当，不要提出使人为难的问题，也不要让人感觉到你是在有意打探别人不愿谈及的事情或是在"套近乎"。如果对方对你提出的问题有所回避，就不要一再追问，应该设法转移话题。有时讲几句富有哲理的话，俏皮话，或者讲个笑话，会使得气氛欢快，甚至可以排解难题。

在选择话题时，只要把握住以下几个原则，就可以圆融涉外会议，处理好双方或者多方的关系，并为以后的合作相处打下良好的基础。

(1)中国人该说的话。在涉外商务活动中，每一个中国人都有义务维护国家安全和利益，在任何情况下，都不能对自己所掌握的国家机密和行业秘密进行有偿或者无偿的透露。除此之外，对自己国家、民族或者政府也不能随意评价，特别是贬低自己国家的话，一句都不能说。要知道，你的一举一动，一言一行都代表了中国。

(2)职场人该说的话。出门在外，你代表着公司，无论对方说什么，你都不能对自己的同事、同行或者同胞说三道四，不论内部有多大的矛盾，对外都要无比团结，维护大局是每一个人必须要树立的团队意识。

(3)礼仪人该说的话。只要能坐到一起,能说的话题就会很多,特别是在涉外会议中,面对不同国家、不同民族的人,更有说不完的话题,比如体育比赛、文艺演出、电视电影、旅游度假、风光名胜、烹饪小吃等话题。无论是在正式场合还是非正式场合,谈谈这方面的情况,都是令人轻松愉快和大家普遍能够接受的。需要注意的是,千万不能以自我意识为中心,自己觉得应该怎样就怎样。由于国情的不同和意识形态的差异,有时候我们喜欢的话题外宾并不喜欢,对他们禁忌的一些话题,也要注意避免。有人问,世界上两百多个国家,每个国家都有不同的禁忌,怎么避免得过来呢? 无论是哪个国家的人,下列话题通常都是不适宜与之谈论的:其一,过分的关心和劝戒;其二,个人的私生活;其三,令人不快的事物;其四,随意评论别人。

(4)最后要提醒入职不久的年轻人,在涉外会议中千万不要谈论自己不熟悉的话题,"闻道有先后,术业有专功"。在涉外活动中,必须坚持知之为知之,不知为不知,不必不懂装懂。如果外宾主动谈起我们不熟悉的话题,应当洗耳恭听,必要时可以实相告,虚心请教。这样做只会赢得他人的尊重,而不会贬低自己。

每一个人都需要一个成长的过程,特别是入职不久的年轻人,不要因为不懂礼仪,而束手束脚地不敢展示,也不能因为没有参加过涉外会议就始终沉默,不敢发言,平日里多学习,多向同行前辈请教,拥有一个积极的心态,才能敢于"亮剑",在涉外会议中显示年轻人特有的睿智和礼仪风范。

## 新闻发布会:注意语言艺术,考验综合修养

一家民营企业开发出了一种全新的果汁型饮料,这种饮料不仅营养丰富,无添加剂,口感舒适,而且符合健康和卫生标准,并与国际上饮料

的流行趋势相吻合。然而,当时国内的饮料市场几乎已全部被外国饮料所占领。要在当时特定的条件下,将这种新型的国产饮料推上市场,并且争得一席之地,可以说是难上加难的。于是,它的负责人决定另辟蹊径,在力所能及的情况下,为自己做上一次"软广告"。在饮料消费的旺季来临之前,这家企业专门租用了首都北京的一座举世知名的建筑物,在其中召开了一次由新闻界人士为主要参加者的新产品说明会。一时间令该饮料名声大振,销量也随之大增,终于在列强林立的饮料市场中脱颖而出。

这并不是传说。为什么新闻发布会有这样大的威力,是因为它有着鲜明的特点:

1.正规隆重。新闻发布会的形式正规,档次较高,记者以及新闻媒体负责人、行业主管、政府官员等重要人物参加。

2.沟通互动。双向互动,先发布新闻,后请记者提问回答。

3.方式优越,媒体集中,可以迅速传播到公众。

它的常规形式是:由某一商界单位或几个有关的商界单位出面,将有关的新闻界人士邀请到一起,在特定的时间和特定的地点举行一次会议,宣布某一消息,说明某一活动,或者解释某一事件,争取新闻界对此进行客观而公正的报道,并且尽可能地争取扩大信息的传播范围。

对企业以及职场人士而言,新闻发布会的礼仪至少应当包括会议的筹备、媒体的邀请、现场的应酬、善后的事宜等四个主要方面的内容。以下,对其分别简单介绍:

**会议的筹备**。筹备新闻发布会,要做的准备工作甚多。其中最重要的是要做好主题的确定、时间的选择、人员的安排、材料的准备等具体工作。

**媒体的邀请**。在新闻发布会上,主办单位的交往对象自然以新闻界人士为主。在确定邀请新闻界人士的名单时,必须有所选择,有所侧重。

不然的话,就难以确保新闻发布会真正取得成功。

**现场的应酬**。在新闻发布会的过程中,往往会出现种种这样或那样的问题,有时,甚至还会有难以预料到的情况或变故出现。要应付这些难题,确保新闻发布会的顺利进行,除了要求主办单位的全体人员齐心协力、密切合作之外,最重要的,是要求代表主办单位出面应付来宾的主持人、发言人,要善于沉着应变,把握全局。

**善后的事宜**。新闻发布会举行完毕之后,主办单位需在一定的时间之内,对其进行一次认真的评估善后工作。

这里需要着重强调的是,新闻发布会的确是一次对企业和个人的综合考验,特别是语言的艺术,在其中更是重中之重。不论是主持人还是发言人,在新闻发布会上都是一家人,两个人必须保持一致的口径,不允许公开顶牛,相互拆台。当媒体提出的某些问题过于尖锐或难于回答时,主持人要想方设法转移话题,不使发言人难堪。而当主持人邀请某位新闻记者提问之后,发言人一般要给予对方适当的回答。

主持人要做到的,是主持会议,引导提问;发言人要做到的,则是组织发言,答复提问。有时,在重要的新闻发布会上,为慎重起见,主办单位往往会安排数名发言人同时出场。若发言人不止一人,事先一定要进行好内部分工,各负责一部分,避免出现混乱和口径不一的情况。

主持人也好,发言人也罢,其实都代表着单位,所以怎样讲话,怎样讲好话,是一个非常关键的事情。当然,每家企业和每个人的说话方式都不同,在礼仪规范下,在原则要求中,新闻发布会的语言应该具备以下几个特点:

首先要简明扼要。不管是发言还是答问,都要条理清楚,重点集中,让人既一听就懂,又难以忘怀。不要卖弄口才,口若悬河。

其次要言之有物。新闻发布会,自然就要有新闻发布。媒体就是特意为此而来的,所以在不违法、不泄密的前提下,要善于满足对方在这一方面的要求,要在讲话中善于表达自己的独到见解。

再次要生动灵活。适当地采用一些幽默风趣的语言,巧妙的典故,也是必不可少的。

最后要温文尔雅。新闻记者大都见多识广,加之又是有备而来,所以他们在新闻发布会上经常会提出一些尖锐而棘手的问题。遇到这种情况时,发言人能答则答,不能答则应当巧妙地避实就虚。但无论如何,都不应恶语相加,甚至粗鲁地打断对方的提问。吞吞吐吐,张口结舌,也不会给人以好的印象。

既然要代表公司出现在新闻发布会的现场,就要求你要具备良好的外形和表达能力,平时要积累多方面的知识,有清晰明确的语言表达能力、倾听能力和反应能力,在执行原定计划的前提下灵活加以调整。这自然不是每一个人都可以胜任的,但也不是不可胜任的。平时多要求自己,多锻炼自己,渊博的知识加上得体的礼仪,一定会让你成为那个聚光灯下最耀眼的人物。

## 洽谈会:礼敬于人,互惠互利,平等协调

小刘的公司应邀参加一个洽谈会,会上邀请了很多商界知名人士以及新闻界人士参加。老总特地安排小刘和他一道参加,同时也是为了让小刘见识见识大场面。谁知道小刘早上睡过了头,等她赶到时,会议已经进行了20分钟。她急急忙忙推开了会议室的门。"吱呀"一声脆响,小刘一下子成了会场上的焦点。刚坐下不到5分钟,肃静的会场上响起了摇篮曲,原来是她的手机响了。小刘慌忙关掉手机,老总的脸色已经阴沉下来,对方也用异样的眼光看着她。原本已经打听好的价格,等对方亮出来时已经高出很多,显然对方在用这样的方式委婉地表达不合作。那次洽谈会后不久,小刘就离开公司另谋高就了。

礼仪的本质是尊重他人,尊重他人其实也是尊重自己。如果礼仪不规范、不到位,那么就无法达到尊重的目的。上面的案例中,显然小刘已经破坏了礼仪的规范,给他人留下不好的印象,导致自己的职业生涯暂时中断,不得不另谋他处。

大家应当看到,大凡正规、正式的洽谈,都是很注重礼仪的。绝大多数正式的商务洽谈,本身就是按照一系列约定俗成的既定礼仪和程序进行的庄重的会晤。在商务洽谈中,正确的态度应当是:既要讲谋略,又要讲礼仪。只讲谋略而不讲礼仪,或是只讲礼仪而不讲谋略,都不会有助于洽谈的成功。

洽谈会是单位和单位之间的交往,所以应该表现出的是敬业、职业、干练、效率的形象、在仪表上有严格的要求。如男士不准蓬头垢面,不准留胡子或留大鬓角。女士应选择端庄、素雅的发型,化淡妆。摩登或超前的发型,染彩色头发,化艳妆,使用香气浓烈的化妆品,都是不礼貌的行为。

在洽谈过程中,双方人员的态度、心理、方式、手法等,都对洽谈构成重大的影响。因此要求参会的洽谈者在洽谈会的整个进程中,应时时、处处、事事表现出对对方不失真诚的敬意。这在今后的进一步商务交往中,还能发挥出"你敬我一尺,我敬你一丈"的功效。

洽谈的目的是合作或为合作而进行的准备。所以圆满的结局应当是,洽谈的所有参与方,都取得一定的成功,获得更大的利益。如果把商务洽谈视为"一次性买卖",主张赢得越多越好,争取以自己的大获全胜和对手的彻底失败来作为洽谈会的最终结果,必将危及己方与对方的进一步合作。

一般来说,洽谈会的礼仪主要体现在洽谈的筹划与洽谈的方针两大方面。它们互为表里,不可分割,共同决定着洽谈会的成功。为商务洽谈而进行的技术性准备,就是要求洽谈者们事先充分地掌握有关各方的状况,了解洽谈的"谋篇布局",并就此而构思,酝酿正确的洽谈手法与洽谈策略。这方面准备不充分的话，你就很可能会在洽谈中"两眼一抹黑"，目标不明，方法不当，顾此失彼，功败垂成。有经验的商界人士都清楚，最理想的洽谈结局，不应当是"你死我活""鱼死网破"，而应当是有关各方的利益和要求都得到了一定程度的照顾，亦即达成妥协。在洽谈中，为对手留下余地，不搞"赶尽杀绝"，不但有助于保持与对手的正常关系，而且会使商界同仁对自己刮目相看。这就需要做好下面几个准备：

**知己知彼**。孙子曰："知己知彼，百战不殆"。在洽谈之前，如果你能下些工夫对对手有所了解，并就此有所准备，则在洽谈之中，你就能够扬长避短，避实就虚，"以我为长，击敌之短"，取得更好的成绩。

**熟悉程序**。谈判桌如同战场，虽说洽谈的经验需要积累，但是因为洽谈事关重大，所以它往往不允许人们视之为儿戏，不允许人们在"知其一，不知其二"的情况下仓促上阵。一般来讲，洽谈的过程是由"七部曲"一环扣一环，一气呵成的。包括探询、准备、磋商、小结、再磋商、终结以及洽谈的重建等七个具体的步骤。在其中的每一个洽谈的具体步骤上，都有自己特殊的"起、承、转、合"，都有一系列的台前与幕后的准备工作要做，需要当事人具体问题具体分析，做到"随机应变"。

**洽谈策略**。在商言商，既然代表公司去洽谈，那么你必须持有的总指导思想应是平等、互利。事实上，任何一方在洽谈中的成功，不仅要凭借实力，更要依靠对洽谈策略的灵活运用。对诸如以弱为强、制造竞争、火上浇油、出奇制胜、利用时限、声东击西等策略，任何行家里手都不会不清楚，但是至为关键的"活学活用"，却并非每个人都能做到。而这一点正是你需要打磨修炼的。

这里需要特别提醒的是，无论洽谈的结果好与坏，都一定要注意自己的言行举止。假如在洽谈的过程中，你举止粗鲁，态度刁蛮，表情冷漠，语言失礼，不知道尊重和体谅对手，则会大大加强对方的防卫性和攻击性，就会在无形之中伤害或得罪对方，为自己不自觉地增添了阻力和障碍。其次在商务洽谈中,利益是各方关注的核心,大家讲究的都是"趋利避害"。在不得已的情况下,则会"两利相权取其重,两弊相衡取其轻"。尽管如此,也还要谨记依法办事。还有一些人喜欢在洽谈中附加人情世故,擅长搞"人情公关",即对对方吹吹打打,与对手称兄道弟,向对方施之以小恩小惠,这是非常错误的行为。实际上,无论你采取什么方式,最后都会无济于事。因为人情归人情,生意归生意,任何一位有经验的商界人士,都是不会在洽谈会上让情感战胜理智的。

现代的商界社会,最讲究的是伙伴、对手之间同舟共济。既要讲竞争,又要讲合作。因此,当你参加洽谈会时,首先争取的结局应当是既利己,又利人。如果不能实现,则应以礼取人,以礼服人,买卖不成交情不散,即使在合作之外,给自己的"人脉银行"存上一个好朋友,也是一笔不小的收获。

## 展览会:利用专业信息,提升地位和声誉

展览礼仪最早形成于二十世纪40年代法国巴黎的一次展览会,之后在70年代形成规模,并逐步向专业化、正规化发展,80年代末期,展览礼仪在我国也逐步发展起来。现代都市里,各种各样的展览会更是商业发展不可或缺的一部分。展览会规模大小不一,门类繁多,诸如"化妆品展览会"、"汽车展览会""电子产品展览会"等。为什么展览会这么受欢迎?究其原因,是因为它可以现身说法打动观众,你可以在现场试用那些新产品,体会其带来的神奇效用。展览会不但可以为主办单位广交朋友,而且还可以借助于个体传播、群体传播、大众传播等各种传播形式,使有关主办单位的信息广为传播,提高其名气与声誉。正因为如此,几乎所有的商界单位都对展览会备加重视,踊跃参加。

举办一场展览会容易,但要成功地举办一次展览会却不那么简单。

在中国国际展览中心的一次国际制冷展上,美国"TRAE"公司凭着出色的展览设计及礼仪企划,获得了极大成功——人们纷纷被"TRAE"独特的展示设计所吸引。在亮丽的背景幕布上,悬挂着一张巨幅风景画,象征着"TRAE"公司为改善人们的生存环境而奋斗的目标。在展台上,两位美丽动人的小姐带着微笑和来宾合影,一位专业摄影师用一次成像的相机把这一幕变成永恒。短短几天,大约4,000人得到了自己与"TRAE"小姐合影的照片。"TRAE"公司则趁此机会向每一个合影留念的人介绍自己的产品,分发宣传册,邀请他们亲自体验新产品带来的改变。这样的举动在当时一度被传为佳话。

为了引起社会各界对展览会的重视,并尽量地扩大其影响,参展单位有必要进行专门的策划,对自己的公司以及产品进行大力宣传。因为只有显示独特之处,才能真正地吸引各界人士的注意和兴趣。

除了要做好对外宣传工作,对内部人员的培训也是非常必要的。每一个公司都必须要求自己派出的全部人员齐心协力,同心同德,为大获全胜而努力奋斗。在整体形象、待人礼貌、解说技巧等三个主要方面,参展公司尤其要予以特别的重视。以下,就分别对其作简要的介绍:

大家都知道,当一个单位参展时,其整体形象会直接映入观众的眼里。观众可以在短短的几分钟内看出一个单位的实力强不强,团结不团结。单位的形象包括两个方面,一个是参展的产品,另一个就是单位工作人员的形象。产品再好,工作人员形象不好,素质不高,无法给观众信任感;员工形象好,可产品质量不过硬,也无法说服观众。因此,对这两者,参展公司都必须给予同等重视,不可偏废其一。

参展产品的形象,主要由展品的外观、展品的质量、展品的陈列、展位的布置、发放的资料等构成。一般来说,用以进行展览的展品,外观上要力求完美无缺,质量上要优中选秀,陈列上要既整齐美观又讲究主次,布置上要兼顾主题的突出与观众的注意力。而用以在展览会上向观众直接散发的有关资料,则要印刷精美,图文并茂,资讯丰富,并且注有参展单位的主要联络方法,如公关部门与销售部门的电话、电报、电传、传真以及电子邮箱号码等。

工作人员的形象,则主要是指在展览会上直接代表参展单位露面的人员的穿着打扮问题。在一般情况下,要求在展位上工作的人员应当统一着装。最佳的选择是身着本单位的制服,或者是穿深色的西装、套裙。在大型的展览会上,参展单位若安排专人迎送宾客时,则最好请其身穿色彩鲜艳的单色旗袍,并胸披写有参展单位或其主打展品名称的大红色绶带。为了说明各自的身份,全体工作人员皆应在左胸佩戴标明本人单位、职务、姓名的胸卡,礼仪小姐例外。按照惯例,工作人员不应佩戴首饰,但男士应当剃须,女士则最好化淡妆。

接下来比较重要的两点要求,一是注意待人礼貌,二是解说专业,同时说明要有技巧。在展览会上,不管是宣传型展览会还是销售型展览会,参展单位的工作人员都必须真正地意识到观众是自己的上帝,为其热情而竭诚地服务则是自己的天职。为此,全体工作人员都要将礼貌待人放在心坎上,并且落实在行动上。展会一旦正式开始,全体参展单位的工作人员即应各就各位,站立迎宾。不允许迟到,早退,无故脱岗,东游西逛,更不允许在观众到来之时坐着不起,怠慢对方。

当观众走近自己的展位时,工作人员应面含微笑,主动地向对方说:"您好!欢迎光临!"随后,还应面向对方稍欠身,伸出右手,掌心向上,指尖直指展台,并告知对方:"请您参观。"对观众所提出的问题,工作人员要认真做出回答,不允许置之不理,或以不礼貌的言行对待对方。当观众离去时,工作人员应当真诚地向对方欠身施礼,并道以"谢谢光临"或"再见"。

解说技巧也是工作人员必须具备的专业素质之一。这里主要是指参展单位的工作人员在向观众介绍或说明展品时,所应当掌握的基本方法和技能。在宣传性展览会与销售性展览会上,解说技巧的共性在于:要善于因人而异,使解说具有针对性。与此同时,要突出自己展品的特色。在实事求是的前提下,要注意对产品扬长避短,强调"人无我有"之处。在必要时,还可邀请观众亲自动手操作,或亲自为其进行现场示范。此外,还可安排观众观看与展品相关的影视片,并向其提供说明材料与单位名片。通常,说明材料与单位名片应常备于展台之上,由观众自取。

按照国外的常规说法,解说时一定要注意"FABE"并重。其中,"F"指展品特征,"A"指展品优点,"B"指客户利益,"E"则指可证明的证据。工作人员在向观众进行解说之时,注意以客户利益为重,要在提供有力证据的前提之下,着重强调自己所推销的展品的主要特征与主要优点,以争取使客户觉得言之有理,乐于接受。争抢、尾随观众兜售展品,弄虚作假,或是强行向观众推介展品,都是坚决不可取的行为。

# 第十章

## 优雅是这样修炼出来的

有一句名言是这样说的，"一夜之间可以出一个暴发户，但三代也不一定能培养出一位绅士"。是的，绅士不是一夜之间造就的。同样，女人的优雅也是模仿不来、着急不得的事，它不同于时髦，时髦可以追，可以赶，可以花大钱去"入流"。优雅却是一种恒久的时尚，它是一种文化和素养的积累，是修养和知识的沉淀。从一个女人优雅的举止里，我们可以看到一种文化教养。

## 坐拥书香，优雅源自于你的底蕴

女人大多注意外表，但聪明的女人一定懂得内外兼修才能立于不败之地的道理。底蕴深厚的女人聪明，善解人意，爱好艺术，富有内涵，并且眼光独到。她们活着就注定为了要实现梦想而百折不挠，要千辛万苦地去努力奋斗，这其中的每一段经历都是一种财富，积淀下来，就能成为底蕴的一部分。

富有底蕴的女人善于积累经验，善于观察身边的一切事物，善于发现美,善于挖掘美的素材。阅历令她们的眼光如鹰般锐利,不管是看人还是选物,无一不眼光独到,品位超群。

在选择男朋友方面,有的女人能一眼就看出哪个男人有内涵,哪个男人肤浅,哪个男人没有品位,哪个男人不值得一交。这种洞察的能力,也只有爱好高雅、性格淡泊和不贪图金钱、权势、名利的女人才有。当然,善良、正直、坦诚的男人同样也会很赏识这种女人。诚问,一个有思想、有上进心、谈吐高雅的女人,谁会不喜欢呢?

女人都喜爱时装,穿在她们身上的每一件衣服都显得那么得体且韵味无穷。衣服一穿上她们的身,看起来就觉得是名贵之物,当她们告诉你有些衣服的真实价格时,你一定会大吃一惊,难以置信。这些衣服都是她们一件件精心淘来的, 有的是在换季时用很少的钱买到的平时不敢问津的好衣服;有的是埋没在一大堆的便宜货里的精品,由于无人赏识(有的人不会在便宜货中买衣服,爱买便宜货的人又没有独特的审美眼光),只好让她们拣个大便宜,穿出去又吸引一片羡慕的目光;有的则体现了她们新旧搭配、颜色搭配的能力。

有底蕴的女人,能够在千百种旧书中,挑选出最有价值的真正好书,而且次次不落空。

有底蕴的女人,同样是懂得过日子、会生活的女人。她们同样会做一手好菜,精打细算地过日子,工作和生活同样精彩。不同的是,她们会把日子当做诗歌一样浪漫地过,不枯燥,不乏味,不可怕,轻轻松松,自由自在,有滋有味,活出自己的价值和精彩。谁又能说这样的女人不美丽呢?

女性的优雅气质永远都是人性中一道最美、最靓丽的风景。气质,并不是说一个人的长相如何,而是一个人的心理素质、内心涵养、文化修养、为人处世等各方面内容的总和。一个女人可以不漂亮,但是不可以没品位,没气质,因为缺乏气质的女人没有人会喜欢。女人的平凡阻挡不了她的美丽,只要底蕴深厚,打扮得体,平凡的女人也可以让人赏心悦目。

真正有气质的女人有着崇高的生活理想，她们重视自己的言谈举止，会凭借自己的努力时时给人眼前一亮之感。

外貌美是天生的，而气质却是后天修炼的，下面有几个塑造迷人气质的小诀窍：

多读书，"书中自有颜如玉"，从书中获得丰富的阅历。

关注一些时尚、服饰等方面的信息，阅读时尚杂志，培养自己对服饰的审美。

随时随地做到举手投足、言谈举止温文尔雅，这样你就能做到表里如一。

走路时抬头、挺胸、收腹，可能初期会觉得不自在，但持续一段时间后，你会无意识地做到这些。可以试试多穿高跟鞋，走出属于自己的气质。

结交有气质的人，你会在与他们的交往中克服紧张和拘谨，逐渐应付自如，我们称之为"脱敏"。"近朱者赤，近墨者黑"，多多学习别人身上的优点吧。

## 停止抱怨，让积极的情绪成为心灵的主导

古时候，有一个人到他的老师家里拜访，看到老师家的墙上挂了一幅奇怪的画。画的内容是一张白纸上只有一个黑色的墨点，其他什么也没有了。这位学生感到很费解，便向老师询问了起来。老师告诉了他这画的意义：这个墨点代表了生活中的挫折、不愉快、不开心、痛苦，而白纸则代表了开心，快乐，高兴。但是人们总是能感受到这个墨点的存在，而乎视了白纸的存在。就像人在生活中，总是会对痛苦的感受特别深，而对快乐的事情，很快就会忘记。说到这里，学生豁然开朗。

实际上,我们真的是这样,我们总是习惯性地抓住人生的黑点,却忘记了那一片美丽的白色。在生活中,我们应把那些该忘记的统统忘记,认真享受生活,快快乐乐地去过每时每刻。只有这样,生活才有意义。

许多人都抱怨过处境的艰难,但抱怨根本解决不了问题。当发现抱怨无济于事之后,很多人只能沉默,甚至一蹶不振。抱怨只会让人丧失勇气,还会让人失去朋友。试想谁不恐惧牢骚满腹的人,谁不怕自己受到消极情绪的传染?与其经常抱怨,为什么不停止抱怨,寻找解决问题的办法呢?

一天,美国著名的心理学家赛利格曼与5岁的女儿尼奇在园子里播种。赛利格曼虽然写了大量儿童著作,但在实际生活中跟孩子并不太亲密。他正在忙着种地,而女儿却手舞足蹈,甚至将种子抛向空中。

赛利格曼有点烦了,便让女儿老实点,女儿却跑过来对他说:"爸爸,你还记得我5岁生日吗?从3岁到5岁我一直都在抱怨,每天都说这个不好那个不好,当我长到5岁时,我决定不再抱怨了,这是我从来没做过的最困难的决定。如果我不抱怨了,你可以不再经常闷闷不乐了吗?"

赛利格曼突然产生了闪电般的震动。这一天改变了赛利格曼。他过去的50年都生活在阴暗的情绪中,而从那天开始,他决定让自己的心灵洒满阳光,让积极的情绪成为心灵的主导。

抱怨对问题的解决毫无帮助,反而会影响自己的情绪,更为严重的是,一味地抱怨,甚至会影响和朋友、同事、上司的关系。有人之所以会对某个朋友产生了看法,就是因为他的这个朋友只会抱怨,不知道从自身找原因。

即使遭遇了失败,只要我们振奋起来,还有机会从头再来,毕竟在人生的道路上,很少有人能永远一帆风顺。如果因为失败就满腹牢骚,只会让人厌烦。

抱怨不同于坦然承认失败。坦然承认失败的人,会赢得别人的尊重,看着他,人们如同看到一个伤痕累累、神色平静的勇士。人们本来同情弱者,但抱怨的人容易气急败坏,反而得不到别人的同情。

从现在开始,停止抱怨,把时间和精力都用在解决问题上。换句话说,就是你必须为自己所做的事负责,而不是做错了事之后找各种各样的借口。你可以经常对自己说:

1.要是我不满意自己现在的一切的话,那就应该努力改变这一切,而不是将责任推卸到别人身上。

2.要是我有什么目标的话,抱怨并不能使我实现目标。目标能否实现完全取决于我是否努力。

3.要是我不高兴的话,那一定是因为我自己,而不是别人让我不高兴。

4.要是我遇到了困难或者挫折,我应该努力去解决这些困难,这是我自己的事情,不能等待他人的帮助或者希望事情自然出现转机。

5.要是有人遇到困难,我有责任不带任何目的地去帮助他们。

6.要是我希望和他们交往,那么我应该主动去邀请他们,让他们觉得我有吸引力,而不是等他们先伸出双手。

……

从现在起停止抱怨,学会调节心理平衡,别给自己制定过高的目标。一个人的快乐,不在于他拥有多少,而是他知道自己拥有多少。时刻保持放松的心情,把注意力转到让自己快乐的事情上来,该忘记的别记住,该记住的别忘记,为自己创造一个积极、宽松、和谐的生活环境。不管遇到什么问题,都抱着"车到山前必有路"的潇洒气度,冷静地应对各种变化,化逆境为顺境,变压力为动力,为自己的灵魂找一个快乐的出口。

生活对每个人都是公平的,聪明的女人更要不钻牛角尖,用轻松的心态面对生活。世上没有救世主,我们自己才是能够拯救自己的上帝。

慢慢你会发现,给生活一个微笑,生活会还你一个微笑。有了这样的态度,女人才不会过分计较生活中的得失,才不会因为一点不如意而愁肠百结,这样的女人,才有幸福的资格。

昨天属于历史,而今天又是一个开始,忘记你该忘记的,不要总活在幽怨、痛苦的深渊。永远认为你是最好的,即使前一秒错了,后一秒改过了,你还是最好的。

你有无穷无尽的内涵去展现,你可以用智慧的头脑去使自己更完美。永远不要计较多多少少。一个人活着,首先要对得起自己,否则就不会懂得如何给他人一个美好的生活。不管你是18岁还是40岁,优雅的女人,请停止抱怨,积极面对,从你的心底彻底拔出岁月的痕迹,你的笑容就会灿烂得如朝阳映照大地。

## 不要"下意识"地从众,要做个独具个性和风采的女子

英国心理学家所罗门·阿希曾设计过这样一个实验:他请了一些大学生做他的实验对象,参加实验的还有另外6个事先串通好了的"托儿"。

实验很简单,阿希要大家做一个在我们平时看来非常容易的判断——比较线段的长度,并让那6个参加测试者故意异口同声地说出一个错误答案。结果,有76%的人至少做了一次从众的判断,只有24%的人一直没有从众,他们始终按照自己的正确判断来回答。这就是所谓的"从众心理"。人们总是自觉不自觉地以多数人的意见为准则,做出判断,形成印象。

很多女人心里,都有一点虚荣心,想得到别人的赞赏和认可。为了得到这种赞赏和认可,她们往往会去迎合别人,从大众心理出发去做事

情。跟着别人的脚步走，不允许自己有一点大众眼中的所谓落伍和纰漏，这样的做法也是从众心理的一种表现形式。

从表面上看，这样似乎没有什么害处，也没有什么不对。但是如果一个人不惜去做一些违心的事情，只是为了从外界获得和别人一样的评价、意见，甚至不惜以牺牲自己的尊严为代价去换得别人的认可，这就不仅仅是为了满足虚荣的从众心理，而是虚荣心过度膨胀的表现。当得到别人的认可成为你一切行为的动力时，就一定要警惕了！

十几年前，全国上下刮起了文眉风，后来又流行洗眉，随后流行的是秀眉，现在的潮流又改成了切眉。于是，很多女人都跟着潮流走，尽量让自己的两条眉毛显得更"时髦"一些。还有一些爱美的女人，看到大家都割了双眼皮，不管自己适不适合，就招呼上一帮好姐妹一起去做双眼皮了。

其实每个女人都渴望被认同，希望能够听到别人夸自己漂亮、聪明，因为她们的内心深处没有足够的安全感。于是，很多女人宁愿选择踩着别人的脚印走，努力让自己符合大众的口味。但是，这样做会让你失去对事物做出正确判断的能力，变得没有创造力，在从众的同时失去了自我。

下意识地跟在别人后面，也许不会遭致非议，但这究竟是不是你想要的？你真正的想法是什么？其实，不管别人奔向哪里，你都应该先在原地坐下来，冷静坦然地审视自己，确定自己的人生方向，找到那个真正属于自己的幸福指引之后再动身。

在现代都市的浮躁与繁华下，许多打工仔、打工妹陷入其中，迷失了自己。但一位在广州的打工妹却依然保持着清纯的农家女人的本色。看着同宿舍的其他女人都交上了男朋友，仍是"单身贵族"的她并不羡慕。

她告诉一个朋友:"我今后当然要找男朋友,但我会回家找个本分的男人,而不会选择广州的男人,因为我的根不在这里。我出来只想多挣点钱,一些寄给家里供弟弟妹妹读书,一些留着给自己置办嫁妆。我只想靠自己的努力工作挣钱,然后回家安安稳稳地过日子。像我的那些姐妹,她们不甘心在流水线上做蓝领,绞尽脑汁想去傍大款,但嫁给那样的男人能幸福吗?"

生活中,如果你把大量时间用在了努力征得他人的认可上,如果你过多地担心他人不同意你做的事情,那么你就应该提高警惕了。寻求他人的赞同没必要建立在牺牲自己想法的基础上。这样做只会迷失自己,让自己活不出真正属于自己的人生。

一味从众的女人是可悲的,她们根本不知道该怎样去爱自己,总是在摇摆不定中度过每一天。这种状态会给你带来许多痛苦和挫折,让你越来越没有信心。你会感到自己是软弱无力的,是没有社会地位的。

就像世界上没有完全相同的两片树叶一样,生活中也不可能有完全相同的两个人,这正是世界的奇妙所在。所以,不要为了任何人的引导,而刻意改变自我的生活方式。想要出类拔萃,你就得做个独具个性和风采的女子。

## 男人的宠爱乃身外之物,自己的宠爱才是货真价实

她今年36岁了,刚与丈夫离了婚,独自一人在异地谋生。她说,她的丈夫一直对她很不好,但是为了孩子,自己隐忍了十几年。孩子大了,她的忍受也到了极限。如今一个人远离家乡,日子过得分外艰辛。

女人啊,为什么总在婚姻、家庭的问题上扮演着如此相似的悲剧

角色？

有人这样调侃恋爱到结婚的过程，说男人是"从奴隶到将军"的奋斗历程，而女人是"从公主到厨娘"的不幸遭遇。话虽然是夸张了些，但其实也不无道理。中国延续了几千年的男权思想如今依然在作祟，女人在家庭里依旧扮演着"相夫教子"的角色。甚至，现在的女人们比自己的母亲和祖母承受了更多的压力，她们不仅要承担家里大部分的家务，同时还与男人一起在外面挣钱养家，如果是稍具上进心的女子，还要在事业上与男人去竞争、去角逐。

如今的男人的确也很聪明，颇具能屈能伸的大丈夫气概。我目睹了自己的几位闺中密友的恋爱过程。想当年，那些男孩子们无不是极尽殷勤之能事，他们清楚地记得她们的生日和喜好；他们体贴入微地关心她们的衣食住行；他们不惜耗费大把的时间接送、陪同她们。而最终，他们都顺利地把自己的新娘娶回了家。我的密友们也越来越多地向我抱怨她们的丈夫，说得最多的是："你不知道，人都是会变的呀，以前那些勤快体贴都是装出来的啊，结了婚，他就像抗战胜利一样……"

说归说，女人还是任劳任怨地承担了家庭的责任和义务。在平常人家里，很容易看到这样的景象。女人下了班，来不及缓解一下身心的疲惫，就开始围着灶台忙碌，而男人呢，不着家的说是工作忙碌，在外应酬，回了家的，就坦然地蜷在沙发里读报纸，看电视。吃过饭，有良心的男人会帮忙收拾一下碗筷，辅导一下孩子的功课，而更多的男人则把这些事情看作是女人理所当然的义务。

女人们为什么能够几十年如一日地操劳？经常能够听到这样的答案，"还不是为了家，为了孩子"。认为为家为孩子操劳即是自己此生应尽义务的女人们，却往往在猝不及防的时候遭遇到离婚的不幸。离了婚的女人们，再重新面对社会的时候，却是如此的孤立无援，如此的力不从心。

她们虽然都是从高等学府里走出来的知识分子，但电子电路、信息技术这些与油盐酱醋无关的知识,恐怕早就被她们还给了老师。她们的话题整日围绕着哪个市场的菜价便宜,谁家老公挣钱多,哪家的孩子乖巧……我们就这样眼看着一个个曾意气风发的学子逐渐失去了上进心,完全把自己依附在一个男人身上,将自己封闭进家庭这个狭隘的"温柔乡"里面,甚至连面对社会的谋生的能力都在一点点退化。

婚姻里的女人啊,善待自己吧!爱情不是永恒的,尤其是在这样一个自由的年代,诚如一个朋友所说的,在"你离了吗"和"你上网了吗"同样成为这个时代最时髦的问候语的时候,婚姻也就不可能再成为终生的保障了。学会在婚姻里保持自己的独立,学会在婚姻里保留自己的主动,学会在婚姻里保证与时代的同步,才可能在婚姻里赢得更多的尊重,才可能在不得不分开的时候减少伤害,才可能在需要独立生存的时候发现自己并没有离社会太远。

所幸的是,越来越多的女人不再被动,越来越多的女人能够自己驾驭命运,越来越多的女人知道为自己着想了。

善待自己,不能失去自我。有许多女性朋友在组成家庭以后,会整天围着丈夫转,等到有子女了,又忙不迭地围着子女转,往往忘记了自己,迷失了自我。天长日久,她们没有了独立的思考,没有了独特的见解,丈夫孩子说什么就是什么,就连吃饭穿衣,也不再自己做主了。更在甚者,她们心甘情愿地回归家庭,成了彻彻底底的家庭妇女。这样长期下去,连她们自己也感觉自己不再重要了,丈夫和孩子会对这种情况习惯成自然,那么,对你不再重视也是很顺理成章的。自己都不把自己当回事儿了,别人怎么会尊重呢?

一个女人,愿意为了家庭多付出是很正常的,不过,必须要自尊、自重、自强、自立,不仅要做个好妻子、好母亲,更要做个社会人。这样,才能体现女性的自身价值所在。我的老师的经历就证明了这一点。她的丈夫是博士研究生导师,她也不甘落后,研究生毕业以后,在同等条件的同事中,她也是较早成为教授的。她说在事业上不能和丈夫拉开太大的差距,不然,不仅自己会产生自卑感,而且与丈夫的共同语言也会越来越少,不利于婚姻保鲜、保质、保量。

有许多女性认为,丈夫经常要参与场面上的事,需要穿得好一些;儿子嘛,现在有条件了,要什么也能给他最好的。唯独不舍得在自己身上花钱。其实,最应该花钱的,是女人自己。爱美之心,人皆有之。漂亮的服饰,健美的身材,靓丽的肌肤,会让女性焕发出独特的女性魅力。这一切,也会让一个女人自信心十足。心情好了,对丈夫、对孩子、对工作,自然也充满了温情与激情,无论对家庭还是事业,都是很有帮助的。所以,女人要学会花钱。

当然,生活随意并不是说什么都可以随便。一个人的生活态度还是应该注意一下,这不仅仅是对别人的尊重,更是对自己的生活负责任。比如说平时的饮食就很有讲究,吃什么,怎么吃,那道理实在是太多了。合理的饮食,能让你和你的家人身体健康,美丽动人,何乐而不为呢?

只有在婚姻中保有自我,保有独立的精神和人格,我们才能将幸福长久地留在自己身边,留在我们的家人身边。

# 学会自信,为自己播撒希望的种子

一个圆环被切掉了一块,它很希望想自己重新完整起来,于是就到处去寻找丢失的那块儿。可是由于它不完整,因此它滚得很慢,它欣赏路边的花儿,它与虫儿聊天,它享受阳光。它发现了许多不同的小块儿,可是没有一块适合它。于是它继续寻找着。

终于有一天,圆环找到了非常适合的小块儿,它高兴极了,将那小块儿装上,然后又滚了起来。它终于成为了完美的圆环了。它能够滚得很快,以至于无暇注意花儿或者是和虫儿聊天。

当它发现,飞快的滚动使它的世界再也不像以前那样时,它停住了,把那一小块儿又放回到路边,缓慢地向前滚去……

人生确实有很多不完美之处,每个人都会有这样或者那样的缺憾。其实,没有缺憾,我们便无法去衡量完美。仔细想想,缺憾其实不也是一种美吗?

自信的女人要学会欣赏自己的不完美,因为它是你独一无二的特征,因为有了它才使你不至于平庸。

不完美使你区别于他人,世界也因你的不完美而多了点色彩。

缺陷和不足是人人都有的,但是作为独立的个体,你要相信,你有许多与众不同甚至优于别人的地方,你要用自己特有的形象装点这个丰富多彩的世界。

也许你在某些方面的确逊于他人,但是你同样拥有别人无法企及的专长,有些事情也许只有你能做而别人却做不了。

学会欣赏自己的不完美,并将它转化成为动力,才是最重要的。

有这样一则寓言故事:一个渔夫从海里捕捞到一颗世所罕见的大珍珠,他欣喜若狂。可回到家里仔细一看,才发现珍珠上有一个小黑点。渔夫觉得很遗憾,他想,如果能将小黑点去掉,那就更完美了,肯定会成为无价之宝。

于是他便去找工具,着手把黑点去掉,可剥掉一层,黑点仍在,再剥一层,黑点还在,剥到最后,黑点虽然没了,珍珠也不复存在了。

这个世界并不完美,以至于我们每个人的人生也不可能十全十美。要知道,许多东西是不能改变的,在发现自己的缺点之后,重要的是要坦然面对,去寻找自己的长处,以更积极的心态去面对生活。

正如卡耐基先生所说:"发现你自己,你就是你。记住,地球上没有和你一样的人……在这个世界上,你是一种独特的存在。你只能以自己的方式绘画。你的经验、环境、遗传造就了你。不论好坏与否,你只能耕耘自己的小园地;不论好坏与否,你只能在生命的乐章中奏出自己的音符。"

一个女人只要能正确地认识自己,能够给自己一个很乐观的评价,那么她就是一缕阳光,会给人一种充满朝气与活力的感觉,不论她是否还年轻,无论她是否还漂亮,我们都会觉得她就是最美的那种女性。所以,我们要学会看到自己的长处,给自己打气,给自己加油,人生路上纵有不如意,也不要气馁,而要昂起头来继续前行。

## 真诚的女人是上帝最美的艺术品

在女人的优雅品质里,"真"占据了最首要的位置。"真"是美的基础和前提,是一个女人的魅力最重要的组成部分。

一个女人如果具备了这几样特质,纵然是一字不识的乡野村妇,也有她淳朴原始的可爱。如棉布的拙朴粗砾,如山风的清新扑面,如那山野里遍天漫地的野花,泼辣辣自由自在地开放,该开花就开花,该结果就结果,该凋谢就凋谢,不矫揉造作,不扭捏作态,自自然然,以生命赋予的最初的状态,呈现一份未经雕琢的天然古朴的美。你欣赏也好,你忽视也罢,它都不会介意,而只是快乐地,竭尽所能地去绽放。

如果是养在玻璃房里华贵的牡丹花,也很好。它气度雍容,沉稳大气,任你多少人围观赞叹,驻足观望,它自从容优雅,宠辱不惊,不恃才傲物,不咄咄逼人。如牡丹花一般的女人,美丽的外表、渊博的学问、养尊处优的环境均不能掩盖她骨子里蕴涵的一份真,这份真令她的美笼罩了一层悲天悯人的光辉,她犹如一个女神,手举圣洁的橄榄枝,把温暖、幸福和爱心在人间播撒,走近的人都可以感受到她的恩泽。

她也许不够漂亮,也许不够练达,也许不会八面玲珑,长袖善舞,也许不会算计,不会钻营,不会为达目的不择手段,不会走捷径迅速地去获取所谓的"成功",但是,面对这样的一个女人,你会觉得犹如面对一条清澈见底的小溪,不用伪饰,不用设防。你也会解除掉捆绑在心灵上的层层枷锁,解脱掉束缚于灵魂的种种重负,洗净世俗不洁的尘埃,摆脱功利场上尔虞我诈的凶险丑恶,回复到孩童般纯净透明的真。

一个真实、真诚的女人,本身就是上帝最精美的艺术品。

真诚的人是让人信任的,一个真诚的女人更容易博得众人的好感。女人会因为真诚而美丽。一个善解人意的、真诚的女人,会有更多的人喜欢与之交往,因为她们值得信赖。

真诚是要付出行动的,而不是嘴上说说而已。好听的话每个人都会说,看一个人真实与否,最重要的是看她为人处世的态度。一个人的行动往往能表现出她的内心,所以一切的伪装总有被别人看穿的时候,与其那样,不妨拿出一颗真心去换取别人的信任。

如果你希望别人喜欢你,就必须真诚地付出你的关怀。你越真诚,别人就会越喜欢和你交朋友;你与他人的关系越亲密,你们之间的感情就越深厚。

真诚地付出你的关怀并不是很难,最基本的有以下几点:

**一是说话不要"拐弯抹角"**

在和朋友交流的过程中,即使你和对方的意见和看法不一样,也不要隐瞒和矫饰,更不要随声附和,或者"拐弯抹角"。因为,这样不仅不利于和对方顺畅地沟通,还会给人不诚实和生分的感觉。

纵然是在指出朋友缺点和批评朋友过失的时候,你也应该真诚而明白地指出来,这样不仅不会伤害对方的感情,反而有助于增进友谊和加深关系。

**二是赞美但不要奉承**

当朋友事业有成或者有什么高兴事时,在适当的场合和时间给予真心实意的祝福和赞美,并与之共同分享快乐,但是千万不要认为所有的好听话都会受到欢迎。其实,一个人真正想从朋友那里得到的,是善意的忠告和警戒,而不是华而不实的恭维话。很多人就是从别人说的话中来判断是否和对方成为朋友的。

**三是安慰并给予实际的帮助**

当别人遇到困难的时候,给予亲切的安慰和实际的帮助更能体现一个人的真诚。当对方心情不好或者遇到麻烦的时候,如果你说的既不是安抚和宽慰对方的话,也不是帮助对方解决问题的建议,而是些不着边际或者无关紧要的话,那别人肯定会觉得你是一个"事不关己,高高挂起"的冷漠者。你怎样对别人,别人也会怎样对待你,从此以后,你就不要指望别人会真诚地对你了。

**四是站在别人的角度思考**

不要只想着从别人那里得到关怀,应该多为别人考虑。在你说一句话、下一个决定、做一件事情的时候,应尽量站在别人的角度上思考一下,顾及别人的感受,衡量别人的得失。只有这样,你才不会伤害到别人,别人也会因此对你心怀感激,把你当做好朋友。维也纳心理学家爱佛瑞·艾德纳在其著的《人生真义》一书中就曾说过:"只有不懂得关怀别人的人,其生活才会面临真正的痛苦,甚至伤及他人。人类之所以充满失败,正是由这些人所造成的。"

# 智慧,让女人的魅力历久弥醇

同这世界上大多数不易被人忘却的美人一样,张曼玉的魅力历久弥醇,愈发经得起时光雕琢。哪怕岁月的痕迹已经爬上了眉眼之间,但张曼玉却比年轻时更为抢眼。

支撑这些的不是她风韵十足的外貌,而是她的内心。看她明亮的眼神,从容不迫的谈笑,仿佛可见其内心的饱满丰盈。在她身上,岁月的消逝反而使她更具魅力,这给了多少女人信心呀。张曼玉是不老也不必怕老的,她的美随着年龄的增长最后修炼成了一种难以言喻的高贵气质,让人心折。

张曼玉曾这样谈女人的年纪:"亚洲人才比较介意老这个事情。我小时候在英国长大,然后在巴黎生活了十年,那里的人没有这种观念。为什么非要年轻,没有皱纹才是美呢?人不是一定要美,美不是一切,它很浪费人生。美要加上滋味,加上开心,加上别的东西,才是人生的完满。"

可见,女人可以不美丽,但不能不智慧。智慧能重塑美丽,唯有智慧能使美丽常驻,智慧能使美丽有质的内涵。人的追求不完全来自外貌,它主要来自人的内在力量。漂亮自然值得庆幸,但并不代表有魅力,有气质。

外貌漂亮的确是一种优势,但在这个世界上,那种天生尤物毕竟为数不多,大多数的人都是相貌平平。这些相貌平平甚至有些丑陋的女人所表现的美,就是其内在的品德修养所散发的气质与智慧。

女性的智慧之美,甚过容颜,因为心智不衰;超越青春,因而智慧永驻。"石韫玉而山辉,水怀珠而川媚",古人陆机这样品评智慧之美。

**智慧是穿不破的衣裳**

"智慧之美"的魅力,是拥有独立自主的意识状态和自尊自重的情感状态。有智慧的女人勇于接受来自各方面的挑战,善于从大自然与人类社会这两部书中采撷智慧,不再留有"男性附庸"的余味。

有智慧的女人,善于对日常应用的思维方式和行为方式进行艺术的提炼。例如,遇人遇事如何以有效的思维方式,迅速采用最恰当的接待方式,以便使行为方式表现出稳重有序、落落大方的风度。

有智慧的女人有自己的想法,会独立思考,她们不会随波逐流,人云亦云。她们不一定十分漂亮,但却气质高雅,风度迷人,修养高深,很有涵养;她们不一定非常有文化,但却能明辨是非,善于化解矛盾,能力很强;她们不一定很有财富,但却善于理财。她们不因美貌活着,只用智慧经营人生。她们是美丽的,她们的生活也是充实的。

有智慧的女人是快乐的。她们活色生香,心理健康,自信,自尊,自强,自立,谈吐风趣而丰富,既给别人带来快乐,同时也快乐着自己。她们拥有幸福的法宝,因为智慧让她们认识到世界的丰富与广阔,让她们能洞悉世事百态和人间万象。她们淡定面对荣辱,化挫折为动力,化险为夷。她们的心中每天都盛开着一朵幸福美丽的花,在她们的脸上没有郁闷和忧愁,更听不见她们的抱怨和叹息,她们是从容的,幸福的,美丽的。

**智慧让女人更美丽**

美丽其实与爱情一样是难以企及的境界。很多女人经过不懈努力,却只能达到漂亮,而不够美丽。

俗话说,30岁前的相貌是天生的,30岁后的相貌靠后天培养。所以美丽需要长年累月地培植。相由心生,我们的容颜和气质最终是靠内心滋养的。你所经历的一切,将一点点地写在你的脸上。每天美丽一点点,你要为自己做的,便是不断的滋润自己,使自己变得更美丽,而不是消耗和透支美丽。青春已逝,但美丽可以永存。

当女人拥有真正的智慧,那么这就是她与市井中小女人有区别的时候。智慧是与人的领悟力相关的。大至人的命运,小至日常生活,悟性使女人面对大小问题时懂得分寸,能够做出明智的抉择。智慧绝不是天生的,丰富的学识、阅历,和善于吸取经验教训,会使一个人迅速成长起来。

智慧就这样一点点地从内心雕琢一个人,塑造一个人。智慧使女人能真正把握好自己,并获得从容自信,最后她们周身都将散透出超然的气质,从人群中脱颖而出。

智慧,是闪光的金钥匙,是开启成功之门的法宝。它可以让你大放光彩,脱颖而出。

在一次选拔"香港小姐"的决赛中,为了测试参赛小姐的思维敏捷程度和她们应对技巧,主持人提出了这样的一个问题:"假如你必须在肖邦和希特勒两个人中间选择一个为终身伴侣的话,你会选择哪一个?"

对这个问题,绝大多数的参赛小姐都选择了肖邦。答案自然不能算错误,但是不够有特色,显得人云亦云,千篇一律。

其中一位参赛小姐是这样回答的:"我选择希特勒。如果我嫁给希特勒的话,我相信我会感化他,那么第二次世界大战就不会发生了,也就不会有那么多无辜的百姓家破人亡了。"这位小姐的巧妙回答赢得了人们的掌声,因为这位小姐不仅出人意料,与众不同地选择了希特勒,而且做出了合情合理的正义善良的回答。

不要为长相平平没有吸引力而沮丧,应该学会取长补短,用智慧和善良弥补外貌的不足。久而久之,你就会变得超然,变得自信,自爱,自强,能对他人多一份在意,对自己多一份自律。

美貌会凋谢,智慧却会增加。智慧不仅来自学历,更主要来自于生活体验后的感悟和总结。人生不同阶段有它不同的智慧和理念,可以互补,但是不可互相代替。特别是在文化多元、群体高素质的大环境下,智慧更是一个人脱颖而出的必备要素,因为视野一开阔,外表的美丽就在人们的视野中习以为常了。而且,如果一位美丽的女人不把美丽作为利用的资本,而是靠实力进取,那么她将比只有美丽外表的女人更具吸引力。

## 注意自己的涵养,气质比美貌更出众

在现实生活中,有相当数量的女性只注重穿着打扮,并不怎么注意自己的气质是否合乎美的标准。诚然,美的容貌、入时的服饰、精心的打扮,都能给人以美感,但这种外表的美总显得浅淡短暂,如同天上的流云。如果你是有心人,则会发现,气质给人的美感是不受年龄、服饰和打扮的制约的。

女性真正的美主要在于其特有的气质。这种气质对异性有着异常的吸引力。

女性的气质之美表现在丰富的内心世界。理想则是内心丰富的一个重要方面。因为理想是人生的动力和目标,没有理想和追求,内心则会空虚贫乏,是谈不上气质美的。

品德是女性气质美的一个重要方面,为人诚恳,心地善良,对爱情专一,是中国女性的传统美德,也是现代女性不可缺少的品德。一定的科学文化知识会使女性的气质美大放异彩,因为科学文化知识既是当代女性立足社会之本,也是她们自身修养的一个重要方面。再说,女性的文化水平在一定程度上影响着家庭生活气氛和后代的成长。此外,还要胸襟开阔,法国作家雨果说过,比大海宽阔的是天空,比天空宽阔的是人的胸怀。

气质之美看似无形,实为有形。它是通过一个人对待生活的态度、个性特征、言语行为等表现出来的。有气质的人,一举手,一投足,待人接物的每个举止都会让人觉得很舒服。初交,互相打量,立刻产生了好的印象,这个好感除了言谈之外,就是举止的作用了,要热情而不轻浮,大方而不造作。

女性的气质美还表现在温柔的性格上。这就要求女性注意自己的涵养,要忌怒、忌狂,能忍让、体贴人。那些盛气凌人、傲气十足的女性,会使大多数男子敬而远之。温柔并非沉默,更不是逆来顺受,毫无主见。相反,开朗的性格往往更容易表现内心感情,而富有感情的人更能引起别人的共鸣。

高雅的兴趣也是女性气质美的一种表现。爱好文学并有一定的表达能力,欣赏音乐且有较好的乐感,喜欢美术而有基本的色彩感,有一定的舞蹈素质,其他如游泳、滑冰、栽花、养鱼、编织、缝纫等,都会使女性的生活充满迷人的色彩。

有许多女性并不是大美人,但她们身上却洋溢着夺目的气质之美。科学工作者的认真、执著;教师的聪慧、安详;作家、诗人的洒脱、敏锐;企业家的精明、干练;个体劳动者的勤快、自信;大学生的好学上进、朝气蓬勃……这是真正的美,和谐统一的美。